Der Streit um das VW-Gesetz

MAX-PLANCK-INSTITUT FÜR GESELLSCHAFTSFORSCHUNG
MAX PLANCK INSTITUTE FOR THE STUDY OF SOCIETIES

Benjamin Werner, Dr. rer. pol., ist wissenschaftlicher Mitarbeiter am Sonderforschungsbereich 597 »Staatlichkeit im Wandel« an der Universität Bremen.

Benjamin Werner

Der Streit um das VW-Gesetz

Wie Europäische Kommission und Europäischer Gerichtshof die Unternehmenskontrolle liberalisieren

Campus Verlag
Frankfurt/New York

Schriften aus dem Max-Planck-Institut für Gesellschaftsforschung Köln, Band 79

Bibliografische Information der Deutschen Nationalbibliothek
Die Deutsche Nationalbibliothek verzeichnet diese Publikation in der Deutschen Nationalbibliografie. Detaillierte bibliografische Daten sind im Internet über http://dnb.d-nb.de abrufbar.
ISBN 978-3-593-39995-9

Umschlagmotiv: Gebäude des Max-Planck-Instituts für Gesellschaftsforschung, Köln
Satz: Thomas Pott, MPIfG
Druck und Bindung: CPI buchbücher.de, Birkach
Gedruckt auf säurefreiem und chlorfrei gebleichtem Papier.
Printed in Germany

Dieses Buch ist auch als E-Book erschienen.
www.campus.de

Inhalt

Vorwort

Der Europäische Gerichtshof ist bedeutender »Motor« der europäischen Integration. Durch seine entschieden proeuropäische Auslegung des europäischen Rechts führte er immer wieder bedeutende Integrationsvertiefungen herbei, die andernfalls nur mühsam durch die Verabschiedung von Richtlinien oder gar Vertragsveränderungen hätten durchgesetzt werden können. Seit Ende der 1990er-Jahre dringt diese »Integration durch Recht« zunehmend in politisch hochsensible und besonders integrationsresistente Sachbereiche vor, wo sie die bestehenden nationalen Lösungen untergräbt. Die hier vorgelegte Untersuchung greift mit der EuGH-Rechtsprechung zu Goldenen Aktien und VW-Gesetz einen besonders umstrittenen Fall dieser jüngsten Expansionsphase der Integration durch Recht auf und fragt nach den politischen Bedingungen, die diese neue Phase richterrechtlich betriebener Integration ermöglichen.

Die Studie ist Ergebnis meines Dissertationsprojekts, das ich zwischen 2008 und 2012 unter hervorragenden Bedingungen am Kölner Max-Planck-Institut für Gesellschaftsforschung (MPIfG) durchgeführt habe. Während dieser Zeit habe ich in hohem Maße von den klugen Anregungen und Kommentaren sowie der praktischen Unterstützung einer Vielzahl von Personen profitiert.

Mein besonderer Dank gilt Martin Höpner, der mich 2008 in seine neu errichtete Forschungsgruppe »Die Politische Ökonomie der Europäischen Integration« aufnahm und der mein Dissertationsvorhaben auf denkbar wünschenswerte Weise betreut hat. Durch seine Bereitschaft, sich meine Ideen und Probleme jederzeit geduldig anzuhören und höchst konstruktiv zu diskutieren, habe ich weit mehr gelernt, als für das Verfassen einer Doktorarbeit nötig ist. Wolfgang Streeck, der die Arbeit als Zweitbetreuer begleitet hat, möchte ich für seine vielfältigen vorzüglichen Hinweise und Hilfestellungen ebenfalls herzlich danken. Zudem gilt mein Dank Fritz W. Scharpf, der mir bei verschiedenen Gelegenheiten immer wieder wichtige Impulse gegeben hat.

Darüber hinaus haben aber auch die zahlreichen – aktuellen wie ehemaligen – Kolleginnen und Kollegen am MPIfG zum Gelingen dieses Buches beigetragen. Besonders hervorheben möchte ich hier meinen Bürogenossen Daniel Seikel, mit dem ich viele Fragen auf sehr anregende und produktive Weise erörtern konnte, sowie Armin Schäfer, der mir oft und in vielerlei Hinsicht ein sehr guter Ratgeber war. Alexander Petring hat vor allem zu Beginn meines Forschungsvorhabens geholfen, Thema und Fragestellung zu präzisieren. Sascha Münnich, Britta Rehder, Philipp Gerlach, Michael Reif, Andreas Kammer, Philip Mader, Roy Karadag und Mark Lutter waren ebenfalls wichtige Impuls- und Ratgeber. Nicht zu vergessen sind zudem die Kolleginnen und Kollegen der Servicegruppen des Instituts – Bibliothek, Verwaltung, Redaktion, EDV – sowie der in vielerlei Hinsicht unersetzliche Ernst Braun. Auch sie haben mich auf vielfältige Weise hervorragend unterstützt. Allen hier genannten Kolleginnen und Kollegen möchte ich ganz herzlich danken.

Großer Dank gilt auch meinen Interviewpartnern, die bereit waren, im politisch so brisanten VW-Gesetz-Fall meine Fragen zu beantworten. Sie haben sich oftmals viel Zeit genommen, um mir ihre Erfahrungen und Sichtweisen zu schildern und die Details des Streits verständlich zu machen. Dadurch haben sie ebenfalls maßgeblich zum Gelingen meines Dissertationsprojekts beigetragen.

Schließlich möchte ich mich bei meiner Familie bedanken: bei meinen Eltern, die immer an mich geglaubt und mich vorbehaltlos unterstützt haben; bei meiner Tante Renate Werner, die auf unermüdliche Weise verschiedene Versionen des Manuskripts Korrektur gelesen hat; und natürlich bei meiner Partnerin Nina Cöster, die mich die letzten Jahre begleitet hat und immer für mich da war.

Gewidmet ist dieses Buch Jupp Esser, ohne den ich dieses Projekt nie angefangen hätte, sowie Nina Cöster, ohne die das Buch nie fertig geworden wäre.

Köln, im Juli 2013 *Benjamin Werner*

Kapitel 1
Einleitung

Das 1960 erlassene »Gesetz über die Überführung der Anteilsrechte an der Volkswagen GmbH in private Hand« – kurz VW-Gesetz – regelte die Machtverhältnisse beim Volkswagen-Konzern (VW), Europas größtem Automobilhersteller und einem der bedeutendsten Unternehmen in Deutschland. Besonderes Merkmal des Gesetzes war, dass den Arbeitnehmern sowie dem Land Niedersachsen, Heimat der Wolfsburger Konzernzentrale und Großaktionär des Unternehmens, erweiterte Mitsprache- und sogar Vetomöglichkeiten bei wesentlichen Unternehmensentscheidungen eingeräumt wurden. Wirtschaftsliberale haben diese Regelung deshalb immer wieder als Ausdruck von »Staatssozialismus«[1] gebrandmarkt. Andere hingegen, wozu vor allem niedersächsische Politiker, VW-Betriebsrat und Gewerkschaftsfunktionäre gehören, verteidigten das Gesetz stets als »Symbol« der »deutschen Variante des sozial gebändigten Kapitalismus«.[2] Mit Erfolg: Bis ins neue Jahrtausend hinein konnten sie verhindern, dass das Gesetz entscheidend verändert oder abgeschafft wurde.

Dies änderte sich jedoch, als die Europäische Kommission 2001 begann, juristisch gegen das Gesetz vorzugehen. Die Brüsseler Behörde betrachtete die deutsche Regelung als Verstoß gegen die europäische Kapitalverkehrsfreiheit,[3] da zentrale Bestimmungen des Gesetzes den Einfluss privater Aktionäre auf die Kontrolle des Unternehmens beschränken und somit die Attraktivität einer Investition in das Unternehmen verringern würden. In Deutschland sorgte dieses Vorgehen für erheblichen Unmut, und es entstand eine breite politische Koalition, die auf den Erhalt des Gesetzes drängte. Doch die Kommission beharrte auf ihrem Standpunkt, und so wurde der Streit schließlich an den Europäischen Gerichtshof (EuGH) verwiesen. Dieser gab der Kommission im Oktober 2007 weitgehend recht und verwarf zentrale Bestimmungen des VW-Gesetzes. Nun,

1 Frankfurter Allgemeine Zeitung, 11. Februar 2008, S. 9.

2 VW-Betriebsratsvorsitzender Bernd Osterloh in: Die ZEIT, 13. März 2008, S. 24.

3 Die Kapitalverkehrsfreiheit (Artikel 63 AEUV) ist neben der Warenverkehrsfreiheit (Artikel 28 AEUV), der Dienstleistungsfreiheit (Artikel 56 AEUV) und der Niederlassungsfreiheit (Artikel 49 AEUV) eine der vier sogenannten Grundfreiheiten, die den EU-Binnenmarkt rechtlich konstituieren.

so frohlockten manche, könne VW endlich zu einem »normalen Unternehmen« werden, das nicht länger vor »dem harten Wind des Wettbewerbs« geschützt werde.[4] Für andere hingegen war die EuGH-Entscheidung »ein Rückschlag für die aufkeimenden Hoffnungen der Menschen auf eine soziale Ausrichtung der Europäischen Union«.[5]

Der Streit zwischen Kommission und Deutschland um das VW-Gesetz ist kein Einzelfall, sondern vielmehr eine einzelne, wenngleich besonders wichtige Etappe eines größeren Konflikts zwischen der Brüsseler Behörde und den Mitgliedstaaten um die Rolle des Staates bei der Kontrolle bedeutender Unternehmen. Bereits seit Ende der 1990er-Jahre hatte die Kommission damit begonnen, systematisch gegen sogenannte Goldene Aktien vorzugehen. Dieser Begriff bezeichnet Sonderrechte, die dem Staat spezielle Kontrollbefugnisse in einzelnen Unternehmen einräumen. In der Europäischen Union (EU) wurden diese Regelungen hauptsächlich im Zuge der Privatisierungen ehemaliger Staatsbetriebe eingeführt, insbesondere in den späten 1980er- und 1990er-Jahren. Viele Mitgliedstaaten griffen auf dieses Instrument zurück, um auch über die Privatisierung hinaus Einfluss auf die Unternehmen, die oftmals von großer ökonomischer oder politischer Bedeutung für die jeweiligen Volkswirtschaften waren, ausüben zu können. In manchen Fällen waren die Privatisierungen gar erst durch den Erhalt solcher Sonderrechte innenpolitisch durchsetzbar. Die Kommission sah in diesem Instrument jedoch eine unzulässige Beschränkung des freien Kapitalverkehrs und leitete gegen zahlreiche Mitgliedstaaten Vertragsverletzungsverfahren[6] ein, wovon sich eines auch gegen das VW-Gesetz richtete. Da die von den Verfahren betroffenen Mitgliedstaaten die Rechtsauffassung der Kommission allerdings nicht durch geltendes EU-Recht gedeckt sahen, musste in beinahe allen Fällen der EuGH über die Rechtmäßigkeit von Goldenen Aktien und VW-Gesetz befinden. In seinen Urteilen bestätigte der Gerichtshof schließlich fast gänzlich die Position der Kommission und schränkte damit den Gebrauch solcher Sonderrechtsbestimmungen durch die Mitgliedstaaten drastisch ein.

4 Frankfurter Allgemeine Zeitung, 24. Oktober 2007, S. 1.

5 So der Erste Vorsitzende der Gewerkschaft IG Metall Jürgen Peters (Pressemeldung der IG Metall, Nr. 47/2007, 23. Oktober 2007).

6 Vertragsverletzungsverfahren nach Artikel 258 AEUV sind das wichtigste Instrument der Kommission, ihrer Aufgabe als »Hüterin der Verträge« nachzukommen. Ihr obliegt es, über die Einhaltung europäischen Rechts durch die Mitgliedstaaten zu wachen und bei etwaigen Verstößen einzuschreiten. Auf diese Weise soll für die effektive Aufrechterhaltung der gemeinsamen Rechtsordnung gesorgt werden. Stellt die Kommission fest, dass sich eine Regierung nicht an europäische Vorgaben hält, kann sie ein mehrstufiges Rechtsverfahren gegen diese einleiten. Während in den ersten Stufen noch versucht wird, den Mitgliedstaat zu einer freiwilligen Beseitigung der Vertragsverletzung zu bewegen, kann die Kommission als *ultima ratio* die betroffene Regierung vor dem EuGH verklagen und so gegebenenfalls die Ausräumung des Versäumnisses erzwingen.

Das juristische Vorgehen der Kommission sowie die Bestätigung der von ihr vertretenen Rechtsauffassung durch den EuGH sind äußerst bemerkenswert. Denn die supranationalen Organe griffen hiermit in ein Politikfeld ein, das sich die Mitgliedstaaten bislang zur eigenständigen Regelung vorbehalten hatten. Die Auseinandersetzungen um Goldene Aktien und VW-Gesetz drehten sich nämlich wesentlich um die Frage, inwieweit die Mitgliedstaaten dazu berechtigt sind, die interne Organisationsstruktur eines Unternehmens nach eigenen Vorstellungen rechtlich zu gestalten. Diese Frage bildet den Kern des Politikfelds der Unternehmenskontrolle (Corporate Governance). Darunter werden all jene gesetzlichen Regeln gefasst, die die formalen Entscheidungsstrukturen in einem Unternehmen bestimmen. Sie legen fest, wer darüber entscheiden darf, welche Ziele ein Unternehmen wie verfolgt. Ihre Ausgestaltung ist von erheblicher politischer Bedeutung, da sie die Funktionsweise der zentralen Organisationen der Wirtschaft maßgeblich bestimmen und damit Einfluss auf Beschäftigung und Wohlstand haben. Weil die Vorstellungen der einzelnen Mitgliedstaaten über die »richtige« Gestaltung dieser Regeln aber erheblich voneinander abweichen, ist es bis heute nicht gelungen, einheitliche Vorgaben für diesen Politikbereich im europäischen Recht zu verankern. Zu groß waren die Widerstände der Mitgliedstaaten gegen das Abweichen oder gar Aufgeben zentraler Merkmale ihrer bestehenden Unternehmenskontrollsysteme. Wenn überhaupt europäische Regelungen auf diesem Gebiet verabschiedet werden konnten, dann berührten sie entweder keine wesentlichen Fragen oder aber sie blieben in den entscheidenden Punkten unverbindlich. Die Mitgliedstaaten setzten folglich bewusst auf autonomieschonende Lösungen, die ihnen auch weiterhin die eigenständige Gestaltung ihrer Unternehmenskontrollsysteme garantierte.

Trotz dieses Mangels an eindeutigen Vorgaben zur Regulierung der Unternehmenskontrolle verbot der EuGH den Einsatz von Goldenen Aktien und VW-Gesetz weitgehend. Zugleich prägten die Europa-Richter mit ihren Urteilen eine weitreichende Interpretation der Kapitalverkehrsfreiheit: Alle nationalen Bestimmungen, die den Erwerb von Aktien potenziell weniger attraktiv machen könnten, sind fortan als Beschränkung des freien Kapitalverkehrs zu werten und bedürfen der Rechtfertigung durch zwingende Gründe des Allgemeininteresses. Als attraktivitätsmindernd stufte der EuGH insbesondere solche Regelungen ein, die die Kontrollbefugnisse von Aktionären im Unternehmen beschneiden. Hierdurch könnten, so die Richter, Anleger von einer Unternehmensbeteiligung abgehalten werden. Rechtsexperten haben darauf hingewiesen, dass sich auf Grundlage dieser Judikatur zukünftig noch viele weitere nationale Regelungen, die in irgendeiner Weise die Kontrollrechte von Aktionären beschneiden, als europarechtswidrig einstufen ließen (Armour/Ringe 2011; Demirakou 2011; Gerner-Beuerle 2012; Grundmann/Möslein 2003; Roth 2008).

Prominentestes Beispiel des davon betroffenen nationalen Rechts könnten etwa all jene Vorgaben sein, die – wie die deutsche Aufsichtsratsmitbestimmung – den Arbeitnehmern Einfluss auf die Unternehmensverwaltung einräumen; mit seiner Rechtsprechung zu Goldenen Aktien und VW-Gesetz

> nimmt sich der EuGH das Recht, die von den Mitgliedstaaten für Anteilseigner vorgesehenen Kontrollrechte materiell zu prüfen. Wenn diese Kontrollrechte hinter einer vom EuGH selbst gesetzten Norm zurückbleiben, liegt eine Beschränkung der Kapitalverkehrsfreiheit vor. Nach dieser Logik ließe sich grundsätzlich auch das deutsche Mitbestimmungsgesetz als Beschränkung der Kapitalverkehrsfreiheit verwerfen. Schließlich beschränkt es die Einflussmöglichkeiten der Anteilseigner und dürfte daher zur Folge haben, dass potentielle Investoren entmutigt werden und vom Erwerb einer Beteiligung absehen. (Hellwig 2008: 777)

In seinen Urteilen zu den staatlichen Sonderrechten verankerte der EuGH folglich spezifische Vorgaben im europäischen Recht, die die Mitgliedstaaten in Zukunft bei der Ausgestaltung ihrer Unternehmenskontrollsysteme zu berücksichtigen haben. Er begrenzte das Recht der Mitgliedstaaten, die Macht der Eigentümer in den Unternehmen auf nationaler Ebene einzuschränken. Damit hatten Kommission und EuGH erreicht, was politisch bislang weder gewollt noch durchsetzbar war: eine Integrationsvertiefung im Bereich der Unternehmenskontrolle auf marktliberalem Nenner.

Die hier skizzierte Urteilsserie zu Goldenen Aktien und VW-Gesetz stellt somit einen bedeutenden Integrationsfortschritt in einem Politikbereich dar, der sich bislang als äußerst integrationsresistent erwiesen hatte. Diese Integrationsvertiefung beruht jedoch nicht auf einem Beschluss der europäischen Legislative (das heißt von Ministerrat und Europäischem Parlament), sondern wurde durch die supranationalen Organe Kommission und EuGH eigenständig durchgesetzt. Damit behandelt die vorliegende Studie ein Phänomen, das in der einschlägigen Forschungsliteratur *Integration durch Recht* beziehungsweise *judikative Integration* genannt wird.[7] Diese Begriffe sollen jenen Teil des Integrationsprozesses bezeichnen, der nicht auf politische Übereinkünfte, sondern auf die expansive Interpretation des europäischen Rechts durch die supranationalen Organe Kommission und EuGH zurückzuführen ist. Denn es ist inzwischen sowohl unter Juristen als auch unter Politikwissenschaftlern unumstritten, dass insbesondere der Europäische Gerichtshof durch seine entschieden proeuropäische Auslegung der Europäischen Verträge maßgeblich zur Vertiefung der Integration beigetragen hat. Bekanntestes Beispiel hierfür dürften die Grundsätze des

7 »Integration durch Recht« ist die deutsche Übersetzung des englischen Terminus »Integration Through Law«, welcher der Titel einer Buchserie war, die in den 1980er-Jahren im Rahmen des »European Legal Integration Project« am rechtswissenschaftlichen Fachbereich des European University Institute entstanden ist (Cappelletti/Seccombe/Weiler 1985).

Vorrangs und der Direktwirkung des Gemeinschaftsrechts sein, wodurch der Gerichtshof die völkerrechtlichen Verträge von Rom in ein verfassungsähnliches Dokument transformierte (Weiler 1991; Alter 2001). Andere, kaum weniger bedeutsame Beispiele sind etwa die Interpretation der Grundfreiheiten des EU-Binnenmarkts als Beschränkungs- statt als Diskriminierungsverbote (Kingreen 2003), die Staatshaftung bei Nicht-Umsetzung von Richtlinien (Danwitz 1997) oder die Ausgestaltung der Unionsbürgerschaft (Hilpold 2008). All diese – über den Wortlaut der entsprechenden vertraglichen Rechtsnormen weit hinausreichenden – Rechtsfortbildungen ermöglichten letztlich die Verwirklichung von bedeutenden Integrationsschritten, die andernfalls nur mühsam durch die Verabschiedung von Richtlinien oder gar Vertragsveränderungen hätten durchgesetzt werden können. Der EuGH betätigte sich also ein ums andere Mal als Ersatzgesetzgeber, der eigenhändig Fortschritte bei der Integration erzielte.

Inzwischen liegt ein etablierter politikwissenschaftlicher Forschungsstand über Folgen und Determinanten der judikativen Integrationsdynamik vor (eine Überblicksdarstellung findet sich bei Stone Sweet 2010). Im Hinblick auf die Folgen ist etwa aufgezeigt worden, dass die Integration durch Recht nicht nur das Verhältnis zwischen mitgliedstaatlichen und europäischen Zuständigkeiten, sondern auch das Verhältnis zwischen Staat und Markt verändert (Höpner 2008; Höpner/Schäfer 2012; Scharpf 1999, 2001, 2010). Denn zu den bedeutendsten Instrumenten, auf die die supranationalen Organe zur Integrationsvertiefung zurückgreifen können, gehören bis heute das europäische Wettbewerbsrecht und die Grundfreiheiten des Binnenmarkts.[8] Indem Kommission und EuGH diese Bestimmungen extensiv interpretieren, können sie nicht nur die Reichweite des europäischen Rechts ausdehnen, sondern zugleich auch die Möglichkeiten der Mitgliedstaaten beschränken, Märkte – jedenfalls im nationalen Rahmen – zu begrenzen und zu korrigieren. Vor allem aufgrund dieser politökonomischen Folgen ist zudem auf eine weitere mit dem judikativen Integrationsmodus einhergehende Konsequenz aufmerksam gemacht worden, nämlich eine Legitimationsproblematik (besonders akzentuiert etwa bei Scharpf 2009): Schließlich ist durchaus fraglich, inwieweit bürokratisch oder richterrechtlich herbeigeführte Integrationsentscheidungen – zumal in politisch so sensiblen Bereichen wie der Unternehmenskontrolle – dasselbe Maß an Legitimation beanspruchen können wie solche Entscheidungen, die in demokratischen Verfahren zustande kommen. So gesehen trägt die Integration durch Recht zum Demokratiedefizit der EU bei.

Neben den Folgen haben Politikwissenschaftler auch die Bestimmungsfaktoren der Integration durch Recht analysiert. Dabei haben sich zwei Lager

8 Zu letzteren zählt auch die in dieser Untersuchung im Mittelpunkt stehende Kapitalverkehrsfreiheit.

herausgebildet, die zu sehr unterschiedlichen Einschätzungen gelangen: Die sogenannten Intergouvernementalisten halten richterrechtlich durchgesetzte Integrationsschritte nur für möglich, wenn dies im Einklang mit den Präferenzen der Mitgliedstaaten erfolgt (Garrett 1992, 1995; Garrett/Kelemen/Schulz 1998). Erklärungen der judikativen Integration müssten demnach an den Interessen und Vorstellungen der (einflussreichsten) Mitgliedstaaten ansetzen. Die Supranationalisten widersprechen dieser Deutung und gehen davon aus, dass die supranationalen Organe aufgrund bestimmter Bedingungen durchaus in der Lage sind, die Integration auch gegen den Willen der Mitgliedstaaten vorantreiben zu können (Burley/Mattli 1993; Mattli/Slaughter 1998; Stone Sweet 2004; Stone Sweet/Brunell 1998; Stone Sweet/Sandholtz 1997).

Zu dieser Debatte leistet die vorliegende Untersuchung einen Beitrag. Denn wie ich darlegen werde, entzieht sich der Fall der judikativen Integration auf dem Gebiet der Unternehmenskontrolle *beiden* Erklärungsangeboten. Die von den jeweiligen Lagern identifizierten Erfolgsbedingungen für Integration durch Recht lagen hier nämlich gar nicht oder jedenfalls nur bedingt vor. Demnach waren die Erfolgsaussichten für supranationale Rechtsdurchsetzung in diesem Fall denkbar ungünstig. Dass es auf diesem Wege dennoch zu einem Integrationsfortschritt gekommen ist, bedeutet folglich, dass die Durchsetzungsfähigkeit des judikativen Integrationsmodus auf weiteren, von der Forschung bislang noch nicht identifizierten Faktoren beruhen muss. Um diese unerkannten Determinanten aufzuspüren, wird daher im Folgenden eine Tiefenanalyse dieses Falls vorgenommen. Das Augenmerk liegt dabei nicht nur auf den rechtlichen Aspekten, sondern ebenso auf den politischen Umständen, die den Integrationsfortschritt im Bereich der Unternehmenskontrolle begleitet haben. Im Fokus stehen die neun zwischen den Jahren 2000 und 2007 ergangenen EuGH-Urteile zu den staatlichen Sonderrechten, wobei die Untersuchung der Auseinandersetzung um das VW-Gesetz besonders detailliert ausfällt. Dieser Streit weist nämlich – was noch zu erläutern ist – eine Reihe von Eigenschaften auf, die für das Verständnis des hier untersuchten Falls von Integration durch Recht sehr aufschlussreich sind.

Durch diese Analyse lässt sich schließlich zeigen, dass der Erfolg der judikativen Integration im Politikfeld der Corporate Governance im Wesentlichen auf vier Faktoren beruhte:

- *Erstens* haben die Mitgliedstaaten den hier untersuchten Prozess durch die Einführung der Kapitalverkehrsfreiheit selbst ausgelöst. Dabei haben sie allerdings weder beabsichtigt noch antizipiert, mit welchen Konsequenzen dies für ihre Unternehmenskontrollsysteme verbunden sein würde.

- *Zweitens* gelang es den Mitgliedstaaten anschließend nicht, die Klagen gegen Goldene Aktien und VW-Gesetz abzuwehren. Denn die Initiatorin dieser Klagen, die Kommission, erwies sich als durchsetzungsfähiger als von der bestehenden Forschung vorhergesagt. Die Gründe hierfür lagen nicht nur in den formalen Kompetenzen der Kommission, sondern auch in der mangelnden Solidarität unter den Mitgliedstaaten sowie in deren Optimismus, dass die juristischen Argumente der Kommission vor Gericht nicht würden bestehen können.
- *Drittens* erwies sich der EuGH als relativ immun gegen die Einwände der Mitgliedstaaten. Trotz der enormen politischen Brisanz der ihm vorgelegten Fragen ließ er sich kaum auf die Präferenzen der Mitgliedstaaten ein.
- *Viertens* führte die Integrationsvertiefung – obwohl sie gegen den Willen der Mitgliedstaaten erfolgte – nicht zu größerem, in Korrekturversuchen mündendem Widerstand. Verantwortlich dafür sind drei Mechanismen, die sich wechselseitig durchdringen und verstärken.
  a) Der *schleichend-kumulative Charakter der Rechtsprechung:* Hierdurch sank das Vermögen, Gegenwehr zu mobilisieren, erheblich, da nach einem einzelnen Urteil die vollen Konsequenzen der Rechtsprechung nur schwer abzusehen waren.
  b) Die *unterschiedlichen Zeithorizonte von Richtern und Politikern:* Da die Politiker in erster Linie am Erhalt ihrer konkret betroffenen Regelungen interessiert waren, konnten die Richter durch kleinere Zugeständnisse im konkreten Sachverhalt den Protest gegen die langfristigeren und folgenschwereren Konsequenzen der Urteile begrenzen.
  c) Die *spezifischen Maßnahmen der Mitgliedstaaten zur Schadensbegrenzung:* Durch »kreative Compliance« konnten die Regierungen den unmittelbaren Schaden der Urteile eindämmen, was den Bedarf an umfassenderen Korrekturen der Rechtsprechung ebenfalls reduzierte.

Diese Befunde sind mit den Annahmen des Intergouvernementalismus über die Bestimmungsgründe der Integration durch Recht nicht zu vereinbaren. Vielmehr stützen sie die zentrale Einschätzung der Supranationalisten, wonach die supranationalen Organe den Fortgang der europäischen Integration durchaus eigenmächtig gestalten können. Gleichwohl weisen die hier herausgestellten Erkenntnisse – insbesondere die drei Mechanismen der Widerstandsreduktion – über diese Bestätigung hinaus. Sie zeigen, dass es neben den in der supranationalistischen Literatur bereits aufgearbeiteten Machtressourcen von Kommission und EuGH weitere entscheidende Determinanten der judikativen Integration gibt. Insgesamt wird damit deutlich, dass die supranationale Rechtsdurchsetzung weit besser vor politischer Einflussnahme geschützt ist, als in der Forschung bislang angenommen wurde. Sie gelingt aufgrund der hier identifizierten Faktoren auch dann gegen den Willen der Mitgliedstaaten, wenn ihre Erfolgsaussichten – jedenfalls aus Sicht der bestehenden Literatur – höchst ungünstig sind.

Diese Einschätzung hat Implikationen, die über die Debatte um die Bestimmungsfaktoren der judikativen Integration hinausweisen und auf die Diskussion über die Folgen dieser Integrationsform ausstrahlen: So steht angesichts der hohen Durchschlagskraft dieses Integrationsmodus etwa zu erwarten, dass sich weitere Liberalisierungsschritte[9] auf dem Gebiet der Unternehmenskontrolle, die durch rechtsfortbildende Maßnahmen seitens Kommission und EuGH initiiert werden, kaum verhindern lassen. Sollte es tatsächlich zu solchen Schritten kommen – wofür es gute, noch darzulegende Gründe gibt –, dann kann dies weitreichende Konsequenzen für die Funktionsweise jener mitgliedstaatlichen Wirtschaftsordnungen haben, denen die supranational vorgegebenen Unternehmenskontrollprinzipien fremd sind. Denn wie die Vergleichende Politische Ökonomie nachgewiesen hat, sind die einzelnen Institutionen, die ein spezifisches Wirtschaftsmodell konstituieren, hochgradig interdependent (Hall/Soskice 2001). Die durch die supranationalen Organe angestoßene Liberalisierung der Unternehmenskontrolle könnte also auch auf andere Institutionen Anpassungsdruck ausüben und damit im Extremfall sogar tief greifenden Wandel in den betroffenen Ökonomien anstoßen. Diese Überlegung hat wiederum Implikationen für die Debatte um die Legitimationsqualität der Integration durch Recht: Ein Politikdurchsetzungsmodus, der demokratischer Kontrolle weitgehend entzogen ist, gleichzeitig aber weitreichende Transformationsprozesse in den Mitgliedstaaten anstoßen kann, droht die Akzeptanz des Integrationsprojekts noch weiter zu untergraben, als Kritiker bereits jetzt befürchten.

Die in dieser Einleitung skizzierten Sachverhalte, Befunde und Überlegungen werden in den folgenden Kapiteln nach und nach ausführlich entfaltet. Zuvor soll noch das Forschungsdesign der Studie erläutert sowie ein Überblick über die einzelnen Kapitel gegeben werden.

9 Unter Liberalisierung wird hier die Durchsetzung von Marktprinzipien, das heißt die Delegation von Allokations- und Distributionsentscheidungen an Märkte, verstanden. Dazu zählt hauptsächlich die Stärkung von privaten Eigentumsrechten und der damit einhergehenden Freiheiten (Höpner et al. 2011: 3).

1.1 Methodik und Datengrundlage der Untersuchung

Die vorliegende Untersuchung analysiert ein sich aus mehreren Etappen – einer Reihe von EuGH-Urteilen – zusammensetzendes Einzelereignis, nämlich die eigenmächtige Vertiefung der Integration auf dem Gebiet der Unternehmenskontrolle durch Kommission und EuGH. Forschungslogisch handelt es sich damit um eine Einzelfallstudie.

Solch ein Forschungsdesign ist nicht unumstritten. Immer wieder wurden Einzelfallstudien als wenig geeignet befunden, um valide wissenschaftliche Erkenntnisse zu generieren (statt vieler: Gerring 2007: 5ff.; Hancké 2009: 61). Denn nur, so die Kritiker, wenn die im Rahmen einer Untersuchung gewonnenen Einsichten über den konkreten Fall hinaus Gültigkeit bewiesen, könne von begründetem wissenschaftlichem Fortschritt gesprochen werden. Erreicht werde dies aber, wenn überhaupt, lediglich über den systematischen Vergleich einer Vielzahl von Fällen. Nur auf diese Weise sei feststellbar, inwieweit eine Erklärung nicht allein fallspezifisch, sondern generell zutreffe. Aus denselben Gründen wäre es auch vermessen, anhand eines Falls die allgemeine Gültigkeit einer Theorie zu widerlegen oder zu bestätigen. Dies sind gewichtige Einwände, die ernst zu nehmen sind. Deshalb wird mit der vorliegenden Untersuchung auch gar nicht erst angestrebt, eine universell gültige Erklärung für Integrationsschritte, die die supranationalen Organe eigenmächtig herbeiführen, anzubieten oder bestehende Theorien abschließend zu verifizieren oder zu falsifizieren.

Richtig eingesetzt, können Einzelfallstudien aber dennoch ein wichtiges Erkenntnismittel sein (Streeck/Höpner 2003: 34; Scharpf 2000: 61). Der Schlüssel hierzu ist, sich bewusst zu machen, wie sich der untersuchte Fall zu anderen Fällen eines Phänomens verhält (Eckstein 1975; Gerring 2004; Bennett/Elman 2006; Gerring 2007; Seawright/Gerring 2008). Wird dieser Aspekt berücksichtigt, dann lassen sich durchaus über den gewählten Fall hinausweisende, generelle Aussagen treffen. Klassisches Beispiel hierfür ist etwa die Untersuchung von sogenannten kritischen, extremen oder abweichenden Fällen. Diese Fälle werden ausgewählt, weil sie besondere Merkmalsausprägungen aufweisen, die im Normalfall – auf denen die bisherigen Erklärungen eines Phänomens beruhen – nicht auftreten und daher von den bestehenden Deutungsansätzen entweder nicht angemessen erfasst oder in ihrer Wirkung anders eingeschätzt werden. Indem untersucht wird, welche Auswirkungen diese Besonderheiten hatten, kann die Stichhaltigkeit der bestehenden Theorien über das allgemeine Phänomen geprüft und verbessert werden.

Auch hier handelt es sich um solch einen besonderen Fall: Das Gelingen der judikativen Integration im Bereich Unternehmenskontrolle ist zunächst lediglich ein Fall des allgemeinen Phänomens »Integration durch Recht«. Bei näherer

Betrachtung stellt sich jedoch heraus, dass er zahlreiche – noch zu erläuternde – Merkmale aufweist, die das Auftreten dieses Phänomens aus Sicht der bestehenden Theorien erklärungsbedürftig machen. Ziel der vorliegenden Studie ist es daher, herauszufinden, *warum* die Integration durch Recht auch unter diesen Bedingungen gelingen konnte. Es sollen folglich bislang unentdeckte Faktoren und Mechanismen für die Durchsetzungsfähigkeit dieses Integrationsmodus aufgespürt werden. Gelingt dies, so kann diese Einzelfallstudie durchaus zu einem tieferen Verständnis der Logik und Dynamik der judikativen Integration beitragen und unser Wissen über dieses Phänomen erweitern.

Die folgende Analyse bedient sich des Instruments der systematischen Prozessanalyse (Bennett 2010; George 1979; George/Bennett 2005; Hall 2008; Tansey 2007). Dieses Untersuchungsverfahren dient in besonderem Maße dazu, soziale Mechanismen zu identifizieren (Mayntz 2004). Soziale Mechanismen sind Modelle, die erklären, warum bestimmte Akteure unter bestimmten strukturellen und institutionellen Bedingungen ein bestimmtes Interaktionsergebnis produzieren (Genschel 2002: 19). Um solche Mechanismen aufzudecken, wird im Verfahren der Prozessanalyse die Entstehung des untersuchten Ereignisses so detailliert und vollständig wie möglich nachgezeichnet. Auf diese Weise soll der Komplexität des Falls Genüge getan werden und es sollen die entscheidenden Akteure, Interaktionsbedingungen sowie kausalen Zusammenhänge aufgespürt und in ihrer jeweiligen Bedeutung richtig eingeschätzt werden. Die Prozessanalyse ist also besonders dazu geeignet, das zu leisten, worum es in dieser Arbeit geht: jene Mechanismen aufzudecken, die den so erklärungsbedürftigen Fall der judikativen Integration auf dem Gebiet der Unternehmenskontrolle ermöglicht haben.

Um eine möglichst umfassende Rekonstruktion dieses Falls zu gewährleisten, beruht die folgende Untersuchung auf verschiedenen Arten von Quellen. Während die Auseinandersetzung um die Goldenen Aktien (Kapitel 5) weitgehend allein anhand offizieller Dokumente (insbesondere der Urteile des EuGH, der Stellungnahmen der beim EuGH angesiedelten Generalanwälte sowie der verschiedenen dazu vorliegenden Schriftstücke der Kommission) nachgezeichnet wurde, beruht die deutlich ausführlichere Analyse des Streits um das VW-Gesetz (Kapitel 6) auf zwei weiteren Materialquellen.[10] Zum einen wurden die Archive der Frankfurter Allgemeinen Zeitung, der Financial Times Deutschland, des Handelsblatts sowie der WirtschaftsWoche systematisch nach relevanten Hinweisen durchsucht. Wo nötig, wurde dieses Material zudem durch die Meldungen anderer – deutscher wie internationaler – Presseorgane ergänzt. Zum

10 Die Auseinandersetzung um das VW-Gesetz wird eingehender untersucht als die Streitigkeiten um die Goldenen Aktien, weil sie besonders aufschlussreich für die Erklärung des hier analysierten Falls ist. Siehe dazu die Einleitung zu Kapitel 6.

anderen wurden sechzehn leitfadengestützte Interviews mit Experten und Expertinnen geführt, das heißt solchen Personen, die unmittelbar an der Auseinandersetzung beteiligt waren oder aus verschiedenen Gründen einen sehr guten Einblick in den Vorgang hatten (siehe dazu das Interviewverzeichnis im Anhang). Den Interviewten wurde Anonymität zugesichert. Wo der Text sich auf diese Gespräche bezieht, wird lediglich die Interviewnummer, bei direkten Zitaten auch die institutionelle Zuordnung des Interviewten kenntlich gemacht.

1.2 Aufbau der Arbeit

Das Buch ist wie folgt aufgebaut. Das nächste, zweite Kapitel erläutert zunächst den Untersuchungsgegenstand ausführlicher. Dazu wird in Kapitel 2.1 der Begriff der Unternehmenskontrolle eingehender entfaltet und die politökonomische Bedeutung dieses Politikfelds verdeutlicht. Zudem zeige ich, dass sich die nationalen Unternehmenskontrollsysteme in Europa im Hinblick auf die Mitwirkungsrechte der verschiedenen Akteure im Unternehmen erheblich unterscheiden. Daran anschließend wird dann geschildert, wie alle politischen Bemühungen auf europäischer Ebene zur Vereinheitlichung dieser Systeme bis heute am Widerstand der Mitgliedstaaten gescheitert sind (Kapitel 2.2). Kapitel 2.3 beschreibt schließlich, wie der EuGH seit Beginn des neuen Jahrtausends in seiner Rechtsprechung damit begonnen hat, spezifische, aktionärsorientierte Vorgaben zur Regulierung der Unternehmenskontrolle im europäischen Recht zu verankern.

Im Anschluss daran wird in Kapitel 3 dargelegt, warum dieser Fall von Integration durch Recht erklärungsbedürftig ist. Hierzu erläutere ich zunächst eingehender, welches Phänomen sich hinter dem Begriff der Integration durch Recht verbirgt (Kapitel 3.1). Kapitel 3.2 rekapituliert dann den Forschungsstand über die Determinanten dieses besonderen Integrationsmodus und stellt die beiden konkurrierenden Erklärungsangebote (Intergouvernementalismus und Supranationalismus) vor. Abschließend wird gezeigt, inwiefern diese beiden Deutungsansätze Schwierigkeiten haben, die judikative Integration im Bereich der Unternehmenskontrolle zu erklären (Kapitel 3.3).

Die darauffolgenden Kapitel dienen dazu, dieses Erklärungsdefizit zu beseitigen. Dafür wird die Entstehung der Rechtsprechung zu Goldenen Aktien und VW-Gesetz in drei Etappen – Kapitel 4, 5 und 6 – umfassend rekonstruiert. In Kapitel 4 werden zunächst die vertraglichen Grundlagen der Kapitalverkehrsfreiheit aufgearbeitet. Dadurch wird ersichtlich, dass die Mitgliedstaaten nicht nur die Durchsetzung und Überwachung eines ungehinderten Kapitalverkehrs an die europäische Ebene delegiert, sondern den supranationalen Organen dazu auch erheblichen Spielraum bei der Interpretation der entsprechenden Vertragsnormen eingeräumt haben. Gleichwohl wird hier aber auch deutlich, dass die Mitgliedstaaten mit diesem Mandat weder intendiert noch antizipiert haben, was später passieren würde – nämlich dass der EuGH die Kapitalverkehrsfreiheit in ein Instrument zur Liberalisierung der nationalen Unternehmenskontrollsysteme transformiert.

Anschließend folgen die beiden empirischen Hauptkapitel, in denen die Transformation der Kapitalverkehrsfreiheit detailliert nachvollzogen wird. Kapitel 5 widmet sich den zwischen 2000 und 2006 ergangenen Urteilen zu den Goldenen Aktien. Ich schildere, wie die Kommission die Auslegungsbedürftigkeit der Kapitalverkehrsfreiheit dazu nutzte, rechtliche Schritte gegen verschiedene Mitgliedstaaten wegen Goldener Aktien einzuleiten, wie und mit welchen Argumenten sich die Mitgliedstaaten dagegen wehrten und wie sich der EuGH letztlich weitgehend auf die Seite der Kommission schlug. Kapitel 6 analysiert mit der Auseinandersetzung zwischen Kommission und Deutschland um das VW-Gesetz schließlich die letzte Etappe der erfolgten Integration durch Recht, wobei auch die historischen Ursprünge des Gesetzes, die ungewöhnlich einflussreiche Stellung der Arbeitnehmer sowie der Übernahmeversuch Porsches berücksichtigt werden. Dabei wird deutlich, mit welchen Strategien die deutschen Verteidiger des VW-Gesetzes versuchten, Kommission und EuGH zum Einlenken zu bewegen, und wie sie im Anschluss an das 2007 ergangene Urteil darangingen, die aus ihrer Sicht negativen Folgen der Entscheidung mittels »kreativer Compliance« einzudämmen.

In Kapitel 7 werden die Ergebnisse der empirischen Analyse dann in Bezug zum Forschungsstand gesetzt. Ich zeige, dass das Erklärungsangebot des Supranationalismus deutlich überzeugender ist als das des Intergouvernementalismus. Zugleich wird aber auch deutlich, dass der Erfolg der Integration durch Recht auf dem Gebiet der Unternehmenskontrolle auf weiteren, von den Supranationalisten bislang übersehenen Determinanten beruht. Dazu gehören vor allem der schleichend-kumulative Charakter der Rechtsprechung, die unterschiedlichen Zeithorizonte von Richtern und politischen Akteuren sowie die verbleibenden Spielräume zur Begrenzung der durch die Urteile entstandenen Schäden (Kapitel 7.4). Damit werden der bestehenden Forschungsliteratur über die Ursachen der Integration durch Recht nicht nur neuartige Einsichten hinzugefügt, sondern es wird darüber hinaus auch deutlich, dass dieser Integrationsmodus als durchsetzungsstärker eingeschätzt werden muss, als es bislang der Fall ist.

Im letzten, achten Kapitel diskutiere ich die allgemeineren Implikationen, die sich aus meinen Befunden ergeben. Dabei gehe ich auf zwei Aspekte ein: Zum einen zeige ich, dass die hier gewonnenen Erkenntnisse einen deutlichen Liberalisierungsimpuls für die Unternehmenskontrolle in Europa erwarten lassen (Kapitel 8.1); zum anderen verdeutliche ich, warum der judikative Integrationsmodus ein Legitimationsproblem für das europäische Integrationsprojekt darstellt und inwiefern sich dies durch seine hohe Effektivität noch weiter vergrößert (Kapitel 8.2).

Kapitel 2
Europäische Integration und Unternehmenskontrolle

Für das Verständnis der europäischen Integrationsdynamik ist die von Weiler und Scharpf geprägte analytische Unterscheidung zwischen zwei verschiedenen Integrationsmodi von zentraler Bedeutung (Scharpf 1999, 2001; Weiler 1981). Demnach können Integrationsfortschritte entweder mittels *politischer Integration* oder aber durch *judikative Integration* beziehungsweise *Integration durch Recht* erzielt werden. Im ersten Modus sind Integrationsentscheidungen Ergebnis politischer Übereinkünfte, die allein durch die nationalen Regierungen (Vertragsverhandlungen) oder im Zusammenspiel mit Kommission und Europäischem Parlament (Verabschiedung von Sekundärrecht, das heißt Richtlinien) zustande kommen. Im Modus der judikativen Integration hingegen kann Integration durch die Anwendung und Auslegung europäischen Rechts durch Kommission und EuGH ohne die Mitwirkung der Regierungen oder des Europa-Parlaments herbeigeführt werden.

Die folgenden Ausführungen zeigen, dass diese beiden Modi im Bereich der Unternehmenskontrolle sehr unterschiedliche Ergebnisse hervorgebracht haben. Während die politischen Bemühungen zur Vereinheitlichung der nationalen Unternehmenskontrollsysteme weitgehend gescheitert sind, so trifft diese Beobachtung auf jene Bestrebungen, die durch Integration durch Recht verfolgt wurden, nicht zu. Denn inzwischen ist es den supranationalen Organen Kommission und EuGH gelungen, eigenständig spezifische Vorgaben zur Ausgestaltung der Corporate Governance im europäischen Recht zu verankern. Es fällt allerdings auf, dass sich diese Vorgaben an einem spezifischen – marktliberalen – Modell der Unternehmenskontrolle orientieren.

2.1 Was ist Unternehmenskontrolle?

Mit dem Begriff *Unternehmenskontrolle* oder auch *Corporate Governance* werden hier all jene institutionellen Regeln bezeichnet, die bestimmen, wie in einem Unternehmen Entscheidungen getroffen werden, wer welchen Einfluss auf diese

Entscheidungsfindung hat und wie die unterschiedlichen Interessen der Einflussberechtigten gegeneinander abgewogen werden (für ähnliche Definitionen siehe Cioffi 2000: 573f.; Lane 2003: 80; Schmidt 2006: 5).[1] Diese Regeln betreffen also die Funktionsweise der zentralen Organisation des kapitalistischen Wirtschaftssystems. Sie haben damit nicht nur maßgeblichen Einfluss auf Beschäftigung, Arbeits- und Produktionsbedingungen sowie Verwendung und Verteilung der vom Unternehmen erwirtschafteten Überschüsse,[2] sondern sie strukturieren auch die Macht über die »gesellschaftlichen Produktionsmittel«, was vor allem das Kräfteverhältnis zwischen Kapital und Arbeit in einer Gesellschaft berührt. Die Unternehmenskontrolle ist folglich von erheblicher politischer Bedeutung (Apeldoorn/Horn 2007; Jürgens 2008; Streeck 2001b).

In der (Vergleichenden) Politischen Ökonomie wird der Corporate Governance zudem eine wichtige funktionale Bedeutung zugesprochen. Dies rührt zunächst einfach daher, dass die Unternehmenskontrolle – neben Bereichen wie Arbeitsbeziehungen, Finanzsystem, Wettbewerbsordnung oder Ausbildungswesen – als eine der zentralen institutionellen Sphären betrachtet wird, die die Funktionslogik eines (nationalen) Kapitalismusmodells oder Produktionsregimes konstituieren und damit auch dessen Leistungsfähigkeit bestimmen (Hall/Soskice 2001; Höpner 2003). Doch dieses Argument geht tiefer. Denn, so die Vertreter dieses Forschungszweigs weiter, zwischen den verschiedenen Sphären eines Produktionsregimes bestehen erhebliche Interaktionseffekte, die für die Leistungsfähigkeit des Systems als Ganzes relevant sind. Die Funktionsfähigkeit einer Wirtschaftsordnung resultiert demnach nicht nur aus den unabhängig voneinander bestehenden, kumulierten Effekten einzelner institutioneller Felder, sondern gerade auch aus ihrem Zusammenspiel.

Dieses Argument beruht auf dem Konzept der »institutionellen Komplementarität«, demzufolge die Funktionalität eines Elements vom Vorhandensein anderer Elemente mitbedingt wird (Hall/Soskice 2001: 17ff.; Höpner 2005; Crouch et al. 2005). Die Funktionsfähigkeit eines spezifischen Corporate-Governance-Systems lässt sich also nicht *per se* beurteilen, sondern hängt maßgeblich von der Ausgestaltung der anderen Sphären des Produktionsregimes ab. Ein Beispiel hilft, dies zu verdeutlichen: So gelten etwa ein System der internen Unternehmenskontrolle und ein System koordinierter Lohnfindung als komplementär (zum Beispiel Hall/Soskice 2001: 27; Hall/Gingerich 2009: 465). Angenommen sei dazu ein Unternehmen, das auf eine Produktionsstrategie setzt,

1 Zu den verschiedenen existierenden Begriffsbestimmungen sowie den damit unterschiedlich betonten Aspekten der Unternehmenskontrolle siehe Aguilera/Jackson (2010).

2 So hat etwa Sjöberg gezeigt, dass die Art und Weise der Ausgestaltung der Unternehmenskontrolle einen signifikanten Einfluss auf die Einkommensverteilung in einer Gesellschaft hat (Sjöberg 2009).

die ihm – beruhend auf dem hohen Qualifikationsniveau seiner Mitarbeiter – Wettbewerbsvorteile auf qualitätskompetitiven Märkten verspricht. Für dieses Unternehmen ist ein insiderorientiertes Modell der Corporate Governance, in welchem den Kreditgebern des Unternehmens Aufsichtsrechte im Unternehmen eingeräumt werden, von großem Vorteil. Denn durch die verstärkte Einbindung der Kreditgeber erhält das Unternehmen Zugang zu langfristig orientierter Unternehmensfinanzierung, was dem Unternehmen ermöglicht, seine Mitarbeiter auch in Krisenzeiten im Unternehmen halten zu können. Diese langfristige Mitarbeiterbindung bildet wiederum die Voraussetzung dafür, dass sich die hohen Investitionen des Unternehmens in die für die Herstellung qualitativ hochwertiger Produkte notwendige Aus- und Weiterbildung seiner Mitarbeiter rentieren. Für das Unternehmen besteht nun allerdings die Gefahr, dass diese Investitionen durch die Abwerbung der qualifizierten Mitarbeiter verloren gehen. Ein koordiniertes Lohnfindungssystem, in dem die Löhne für ganze Berufsgruppen und Sektoren zentral festgelegt werden, verhindert dies, da andere Unternehmen die qualifizierten Mitarbeiter nicht länger mittels attraktiverer Lohnangebote abwerben können. Damit verstärkt die institutionelle Eigenschaft des Lohnsystems die Effektivität des Corporate-Governance-Systems.

Die Annahme, dass zwischen den einzelnen Sphären eines Produktionsregimes relevante Interaktionseffekte bestehen, hat eine für diese Arbeit wichtige Implikation: Veränderungen im System der Unternehmenskontrolle können Konsequenzen für die Funktionsfähigkeit der anderen institutionellen Bereiche eines Produktionsregimes und damit letztlich sogar für das System als Ganzes haben. Die Einführung europäischer Vorgaben zur Gestaltung der Unternehmenskontrolle könnte demnach potenziell nicht nur die Leistungsfähigkeit derjenigen nationalen Ökonomien untergraben, deren Corporate-Governance-System von diesen Vorgaben abweichen, sondern auch erheblichen Anpassungsdruck auf die anderen Sphären dieser Wirtschaftsordnungen entfalten. Im Extremfall könnte ein von der europäischen Ebene angestoßener Wandel der Unternehmenskontrolle sogar zu einer tief greifenden Transformation des gesamten Produktionsregimes eines Mitgliedstaates führen.

Neben der großen politischen wie funktionalen Bedeutung der Unternehmenskontrolle ist hervorzuheben, dass sich weltweit verschiedene Systeme der Unternehmenskontrolle herausgebildet haben. In der Regel wird zwischen zwei Modellen unterschieden, dem *Shareholder-System* einerseits und dem *Stakeholder-System* andererseits.[3]

3 Vgl. Aguilera/Jackson (2003), Gourevitch/Shinn (2005), Hall/Soskice (2001), Jackson/Deeg (2006), Jürgens (2005), Roe (2003), Streeck (2001b), Vitols (2001).

Wesentliches Merkmal des *Shareholder-Systems* – auch liberales Modell genannt – ist, dass die Entscheidungsfindung innerhalb des Unternehmens vorrangig oder ausschließlich auf die Profitmaximierung zielt und somit auf die Interessen der Eigentümer beziehungsweise der Aktionäre zugeschnitten ist. Eine Reihe von Mechanismen soll sicherstellen, dass das Management auch tatsächlich im Sinne der Eigentümer handelt. Darunter ist ein »Markt für Unternehmenskontrolle«[4] von besonderer Bedeutung, da das Management hierdurch gezwungen wird, den Unternehmenswert permanent zu maximieren (Manne 1965; Windolf 1994; Höpner/Jackson 2006). Dahinter steht die Überlegung, dass der Aktienkurs eines Unternehmens (das heißt der Unternehmenswert) sinkt, sobald das Management die Profitmaximierung vernachlässigt. Der niedrige Aktienkurs wiederum macht für andere Investoren eine Übernahme des Unternehmens attraktiv. Denn nachdem diese das Unternehmen günstig erworben haben, können sie das alte Management durch ein neues ersetzen, welches dann wieder verstärkt der wesentlichen Aufgabe des Managements (das heißt der Profitmaximierung) nachkommt und so den Unternehmenswert steigert. Aufgrund der Gefahr entlassen zu werden, wird das alte Management daher alles daransetzen, dass der Aktienkurs hoch bleibt und eine Übernahme erst gar nicht passieren kann. Befürworter eines liberalen Modells der Unternehmenskontrolle bevorzugen dementsprechend ein politisches Regelwerk, welches das effektive Funktionieren eines Marktes für Unternehmenskontrolle sicherstellt. Zentrale Bestandteile solch eines Regelwerks sind zum einen Maßnahmen, die die Möglichkeiten des Managements minimieren, (feindliche) Übernahmen zu blockieren. Hier ist etwa die sogenannte Neutralitätsregel zu nennen, die den Unternehmensvorstand zur Passivität im Übernahmefall verpflichtet. Das heißt, dieser darf keine Abwehrmaßnahmen, wie etwa Kapitalerhöhungen oder Ver- beziehungsweise Zukauf von Unternehmensbestandteilen, ohne Genehmigung der Aktionäre ergreifen. Eine andere Klasse von Maßnahmen zielt darauf, ungleiche Stimmgewichte zwischen den Aktionären zu verbieten. Durch die Wahrung des Prinzips »eine Aktie – eine Stimme« (Proportionalität von unternehmerischem Risiko und Kontrolle) sollen Übernahmen ebenfalls erleichtert werden. Denn Instrumente, die von diesem Prinzip abweichen – etwa Goldene Aktien oder Höchst- und Mehrfachstimmrechte –, erschweren es den übernehmenden Aktionären, von ihren Kontrollrechten Gebrauch zu machen und das Management zu disziplinieren.[5]

4 Auf diesem Markt werden die Eigentumsanteile an einem Unternehmen und die damit verbundenen Kontrollrechte gehandelt. Der Ort dieses Handels ist typischerweise der Aktienmarkt (Windolf 1994; Höpner/Jackson 2006).

5 Eine weitere wichtige Klasse von Mechanismen zur Herstellung eines Marktes für Unternehmenskontrolle sind zudem Maßnahmen, die Prinzipien der Transparenz hinsichtlich zentraler

Im Gegensatz zur liberalen Variante der Unternehmenskontrolle wird das Management im *Stakeholder-System* dazu verpflichtet, nicht nur die Eigentümerinteressen, sondern auch andere Anliegen bei der Unternehmensführung zu berücksichtigen.[6] Dazu zählen allen voran die Interessen der Arbeitnehmer, aber auch die der übrigen Akteure, die von Verwaltungsentscheidungen des Unternehmens betroffen sind. Zu nennen sind hier vor allem die kreditgebenden Banken oder Zulieferbetriebe, aber auch jene politischen Akteure, in deren Zuständigkeitsbereich sich das Unternehmen befindet. Angesichts dieser Interessenvielfalt bei der Unternehmenskontrolle ist die Steigerung des Aktienkurses lediglich eines von mehreren Zielen der Unternehmensführung. Stabilität, Wachstum und langfristige Gewinnerzielung sind mindestens ebenso bedeutsame – wenn nicht gar dominierende – Orientierungsgrößen für das Management. Um sicherzustellen, dass die vielfältigen und zum Teil konfligierenden Interessen bei der Unternehmensführung Berücksichtigung finden, wird weniger auf Marktmechanismen als vielmehr auf unternehmensinterne, netzwerkbasierte Kontrollinstrumente zurückgegriffen. Daher heißt diese Variante der Corporate Governance auch Insider-Modell (Lane 2003; Vitols 2004) oder nichtliberales Kontrollsystem (Streeck 2001a).[7] Besonders exemplarisch für eine nichtliberale Form der Unternehmenskontrolle ist etwa die deutsche Mitbestimmung, die den Arbeitnehmern nicht nur Informations- und Konsultations-, sondern tatsächliche Mitentscheidungsrechte einräumt. In der Konsequenz können zentrale Unternehmensentscheidungen nicht allein von den Eigentümervertretern getroffen, sondern müssen mit den Arbeitnehmern ausgehandelt werden. Das Stakeholder-System basiert also weniger auf der Vorstellung, ein Unternehmen sei reine Privatangelegenheit seiner Eigentümer. Vielmehr betont dieses Corporate-Governance-Modell den »Charakter der Unternehmen als soziale Institu-

Unternehmensinformationen wie der Geschäftsergebnisse oder der Unternehmensstrategien durchsetzen sollen (Apeldoorn/Horn 2007; Jürgens 2005).

6 »Als Stakeholder von Unternehmen bezeichnet man die Personen und Personengruppen, die in wesentlicher Weise davon betroffen sind, wie in einem Unternehmen entschieden wird und wie erfolgreich das Unternehmen ist. Für diese Personen und Personengruppen steht etwas auf dem Spiel, auf Englisch: *they have something at stake, they hold a stake*. So gesehen sind Investoren-Eigentümer-Shareholder natürlich auch Stakeholder. Aber sie sind nicht die einzigen Stakeholder« (Schmidt 2006: 3).

7 Der Begriff »nichtliberal« bezeichnet »regimes of economic governance […] that […] place relatively little trust in free-market *laissez-faire*. Instead they rely on various forms of hierarchical and organizational coordination that sometimes require heavy injections of public authority, with vertical control or collective bargaining often overriding contractual exchanges as entered into by private agents on their own volition, discretion, and calculation« (Streeck 2001a: 6).

tion und ihre Einbettung in soziale Kontexte mit einer Vielzahl von Stakeholdern« (Jürgens 2008: 116; vgl. auch Gamble/Kelly 2000; Streeck 2001b).[8]

In den Mitgliedstaaten der Europäischen Union haben sich aufgrund sehr unterschiedlich verlaufender politischer, sozialer und ökonomischer Auseinandersetzungen sowohl Shareholder-Systeme (etwa in Großbritannien) als auch unterschiedliche Formen von Stakeholder-Systemen herausgebildet, wobei letztere nach wie vor in der Überzahl sind. So zeigt etwa eine aktuelle Studie, dass siebzehn Mitgliedstaaten den Arbeitnehmern – wenn auch in unterschiedlichem Ausmaß – Mitbestimmungsrechte im Unternehmen einräumen (Conchon 2011; vgl. auch Höpner 2004). Andere Untersuchungen zeigen zudem, dass etliche Mitgliedstaaten Mechanismen institutionalisiert haben (etwa Abweichungen vom Prinzip »eine Aktie – eine Stimme« oder Instrumente zur Abwehr feindlicher Übernahmen), die nur schwer mit einem Markt für Unternehmenskontrolle zu vereinbaren sind (Grundmann/Möslein 2003a; Lannoo 1999). Im folgenden Abschnitt wird deutlich, dass sich diese Heterogenität für die im politischen Modus verfolgten Integrationsbemühungen als erhebliches Problem erwies.

2.2 Das Scheitern der politischen Integration

In den 1950er- und 1960er-Jahren herrschte in Europa ein Konsens zwischen den Mitgliedstaaten, dass die Regulierung von Unternehmen eine der zentralen Aufgaben der Europäischen Wirtschaftsgemeinschaft sein sollte (Wouters 2000: 283). Dies sollte einerseits über das Wettbewerbsrecht geschehen (durch die Artikel 85 bis 94 EWG),[9] andererseits über die Vereinheitlichung (»Harmonisierung«) jener internen Rechtsstrukturen, denen Gründung und Führung eines Unternehmens unterliegen. Letzteres fand Ausdruck in Artikel 54 EWG, der das Verfahren zur Verwirklichung der Niederlassungsfreiheit regelte. Diese Bestimmung sah in Absatz 3, Abschnitt g vor, dass Rat und Kommission

> soweit erforderlich die Schutzbestimmungen koordinieren, die in den Mitgliedstaaten den Gesellschaften […] im Interesse der Gesellschafter sowie Dritter vorgeschrieben sind, um diese Bestimmungen gleichwertig zu gestalten.

8 In Deutschland bringt dies übrigens Artikel 14 des Grundgesetzes zum Ausdruck, demzufolge Eigentum dem Allgemeinwohl zu dienen habe. Davon leitet sich dann ab, jedenfalls nach Auffassung des Bundesverfassungsgerichts, dass die Unternehmenskontrolle nicht allein Sache der Eigentümer ist (vgl. hierzu das Urteil des Bundesverfassungsgericht vom 1. März 1979 über das Mitbestimmungsgesetz von 1976, BVerfG, 1 BvR 532/77).

9 Heute Artikel 101–109 AEUV.

Dieser Satz war insbesondere auf Druck Frankreichs entstanden und als Kompensation gedacht. Denn Frankreich befürchtete, dass die Niederlassungsfreiheit die heimischen Unternehmen dazu einladen könnte, in jene Länder abzuwandern, die anspruchslosere Anforderungen an Gründung und Führung eines Unternehmens stellten. Dabei dachte man vor allem an das niederländische Gesellschaftsrecht, welches zum Zeitpunkt der Unterzeichnung des Vertrages von Rom als besonders anforderungsarm galt. Solch ein Standortwettbewerb könnte dazu führen, so die damaligen Befürchtungen, dass die Interessen von Arbeitnehmern, Gläubigern oder Aktionären im Unternehmen nicht mehr angemessen berücksichtigt würden. »This was the specter [...] which it was feared would lead to a ›race to the bottom‹ or to ›laxity‹ [...]« (Grundmann 2004: 605). Folglich wurde darauf gedrängt, dieses »Gespenst« des Unterbietungswettbewerbs durch Vereinheitlichung der Schutzbestimmungen zu bekämpfen:

> The harmonization requirement of Article 54(3)(g) was therefore included in the Chapter on the right of establishment as a counterpart to the liberal grant of this right to all companies incorporated under the law of a Member State [...]. (Timmermans 1991: 132)

Bis heute ist dieser Harmonisierungsauftrag Bestandteil der Europäischen Verträge (nun Artikel 50, Absatz 2, Abschnitt g AEUV).

In den Jahrzehnten nach Inkrafttreten des Vertrages von Rom kam die Kommission diesem Auftrag nach und legte zahlreiche Vorschläge zu gesellschaftsrechtlichen Fragen vor. Zudem flankierte sie die auf Artikel 54(3)(g) EWG gestützten Angleichungsversuche durch Projekte, die darauf zielten, für bestimmte Sachverhalte ein genuin europäisches Unternehmensrecht zu schaffen. Dazu zählten etwa die Verordnung über eine Europäische wirtschaftliche Interessenvereinigung (EWIV) von 1985[10] oder die Bestimmungen zur Europäischen Aktiengesellschaft (SE) von 2001.[11] Auf den ersten Blick erscheint die Bilanz dieser Bemühungen beeindruckend. Bis heute gelang es, nicht weniger als dreizehn Richtlinien und zwei Verordnungen[12] zu verabschieden. Diese regeln Fragen wie Publizitätspflichten zur rechtlichen und finanziellen Situation eines

10 Verordnung (EWG) Nr. 2137/85 des Rates vom 25. Juli 1985 über die Schaffung einer Europäischen wirtschaftlichen Interessenvereinigung (EWIV), ABl. L 199 vom 31.7.1985, S. 1–9.

11 Diese Initiativen stützten sich allerdings nicht auf Artikel 54 (3)(g) EWG, sondern vielmehr auf die generellen Bestimmungen des Vertrages von Rom zur Angleichung jener Rechtsvorschriften, die sich auf Errichtung und Funktionieren des Gemeinsamen Marktes auswirken (zunächst Artikel 235 EWG).

12 In dieser Aufzählung sind nur jene Regelungen aufgezählt, die im engeren Sinne dem Gesellschaftsrecht zuzuordnen sind. Zählt man etwa noch die für Unternehmen relevanten Kapitalmarkt- und Aktienrechtsregulierungen hinzu, kommt man auf eine deutlich höhere Zahl (vgl. etwa die Tabelle in Enriques 2006: 9, wo mehr als fünfzig Bestimmungen aufgezählt sind).

Unternehmens[13], Erhaltung und Änderung des Kapitals von Aktiengesellschaften[14], Unternehmensverschmelzung und -spaltung[15], Rechnungslegung[16], Ein-Personen-Gesellschaften, grenzüberschreitende Zweigniederlassungen[17], Unternehmensübernahmen[18], Aktionärsinformationsrechte[19] sowie die Gründung von Unternehmen mit genuin europäischer Rechtsform.[20] Zudem wurden inzwi-

13 Erste Richtlinie 68/151/EWG des Rates vom 9. März 1968 zur Koordinierung der Schutzbestimmungen, die in den Mitgliedstaaten den Gesellschaften im Sinne des Artikels 58 Absatz 2 des Vertrages im Interesse der Gesellschafter sowie Dritter vorgeschrieben sind, um diese Bestimmungen gleichwertig zu gestalten, ABl. L 65 vom 14.3.1968, S. 8–12.

14 Zweite Richtlinie 77/91/EWG des Rates vom 13. Dezember 1976 zur Koordinierung der Schutzbestimmungen, die in den Mitgliedstaaten den Gesellschaften im Sinne des Artikels 58 Absatz 2 des Vertrages im Interesse der Gesellschafter sowie Dritter für die Gründung der Aktiengesellschaft sowie für die Erhaltung und Änderung ihres Kapitals vorgeschrieben sind, um diese Bestimmungen gleichwertig zu gestalten, ABl. L 26 vom 31.1.1977, S. 1–13.

15 Dritte Richtlinie 78/855/EWG des Rates vom 9. Oktober 1978 gemäß Artikel 54 Absatz 3 Buchstabe g) des Vertrages betreffend die Verschmelzung von Aktiengesellschaften, ABl. L 295 vom 20.10.1978, S. 36–43; Sechste Richtlinie 82/891/EWG des Rates vom 17. Dezember 1982 gemäß Artikel 54 Absatz 3 Buchstabe g) des Vertrages betreffend die Spaltung von Aktiengesellschaften, ABl. L 378 vom 31.12.1982, S. 47–54; Richtlinie 2005/56/EG des Europäischen Parlaments und des Rates vom 26. Oktober 2005 über die Verschmelzung von Kapitalgesellschaften aus verschiedenen Mitgliedstaaten, ABl. L 310 vom 25.11.2005, S. 1–9.

16 Vierte Richtlinie 78/660/EWG des Rates vom 25. Juli 1978 aufgrund von Artikel 54 Absatz 3 Buchstabe g) des Vertrages über den Jahresabschluß von Gesellschaften bestimmter Rechtsformen, ABl. L 222 vom 14.8.1978, S. 11–31; Siebente Richtlinie 83/349/EWG des Rates vom 13. Juni 1983 aufgrund von Artikel 54 Absatz 3 Buchstabe g) des Vertrages über den konsolidierten Abschluß, ABl. L 193 vom 18.7.1983, S. 1–17; Achte Richtlinie 84/253/EWG des Rates vom 10. April 1984 aufgrund von Artikel 54 Absatz 3 Buchstabe g) des Vertrages über die Zulassung der mit der Pflichtprüfung der Rechnungslegungsunterlagen beauftragten Personen, ABl. L 126 vom 12.5.1984, S. 20–26.

17 Elfte Richtlinie 89/666/EWG des Rates vom 21. Dezember 1989 über die Offenlegung von Zweigniederlassungen, die in einem Mitgliedstaat von Gesellschaften bestimmter Rechtsformen errichtet wurden, die dem Recht eines anderen Staates unterliegen, ABl. L 395 vom 30.12.1989, S. 36–39; Zwölfte Richtlinie 89/667/EWG des Rates vom 21. Dezember 1989 auf dem Gebiet des Gesellschaftsrechts betreffend Gesellschaften mit beschränkter Haftung mit einem einzigen Gesellschafter, ABl. L 395 vom 30.12.1989, S. 40–42.

18 Richtlinie 2004/25/EG des Europäischen Parlaments und des Rates vom 21. April 2004 betreffend Übernahmeangebote, ABl. L 142 vom 30.4.2004, S. 12–23.

19 Richtlinie 2007/36/EG des Europäischen Parlaments und des Rates vom 11. Juli 2007 über die Ausübung bestimmter Rechte von Aktionären in börsennotierten Gesellschaften, ABl. L 184 vom 14.7.2007, S. 17–24.

20 1. SE: Die Verordnung (EG) Nr. 2157/2001 des Rates vom 8. Oktober 2001 über das Statut der Europäischen Gesellschaft (SE), ABl. L 294 vom 10.11.2001, S. 1–21, sowie die Richtlinie 2001/86/EG des Rates vom 8. Oktober 2001 zur Ergänzung des Statuts der Europäischen Gesellschaft hinsichtlich der Beteiligung der Arbeitnehmer, ABl. L 294 vom 10.11.2001, S. 22–32; 2. Europäische wirtschaftliche Interessenvereinigung (EWIV): Verordnung (EWG) Nr. 2137/85

schen einige der älteren Regelungen geändert, ohne jedoch ihren wesentlichen Gehalt zu verändern.

Bei näherer Betrachtung fällt jedoch auf, dass diese Richtlinien und Verordnungen kaum in die internen Verwaltungsstrukturen der Unternehmen eingreifen. Die Versuche der Kommission in dieser Hinsicht scheiterten immer wieder an den unterschiedlichen Auffassungen darüber, wessen Interessen bevorzugt zu schützen seien beziehungsweise wie ein akzeptabler Interessenausgleich aussehen könnte. Folglich fallen die Einschätzungen zur Bedeutung des europäischen Rechts zur Unternehmenskontrolle seit Längerem schon eher nüchtern aus (Gerum 1998; Sorge 2006; Wouters 2000):

> In the area of company law, progress has been limited. The most important reform measures have failed after decades of efforts at harmonization. Overall, the more they tried to harmonize ›corporate governance‹ the less successful they were. (Lannoo/Khachaturyan 2004: 44)

Exemplarisch dafür stehen die Schicksale dreier zentraler gesellschaftsrechtlicher Richtlinienvorschläge: einerseits die Fünfte Gesellschaftsrichtlinie zur Struktur von Aktiengesellschaften sowie das Regelwerk für das Statut einer Europäischen Aktiengesellschaft, die beide an der Frage der Arbeitnehmerrechte im Unternehmen scheiterten; andererseits die Übernahmerichtlinie, die aufgrund des mangelnden Konsenses über Aktionärsrechte im Fall von Unternehmensübernahmen weit hinter den ursprünglichen Zielen zurückblieb.

Integrationshindernis Arbeitnehmerrechte

Anfang der 1970er-Jahre entstanden auf europäischer Ebene erste Initiativen zur Vereinheitlichung der Regulierung von Aktiengesellschaften. Da dies zu einem Zeitpunkt geschah, als fast alle Mitgliedstaaten mit korporatistischen Arrangements auf die weltwirtschaftlichen Krisenphänomene der späten 1960er-Jahre zu reagieren versuchten (Gerum 1998; Streeck/Schmitter 1991), griff auch die Kommission diesen »neokorporatistischen« Schwung auf und verkündete:

> There is now a need for more active participation by workers in the selection of development targets and in the operations of firms. The Commission is convinced that industrial expansion could be speeded up if two series of conditions were fulfilled. […] On the one hand, private enterprise and competition must be recognized and the profit motive accepted; on the other hand, economic development must at all levels be guided by objectives agreed jointly. […] Looked at from this angle, participation is not only a requirement for man's progress but also a

---

des Rates vom 25. Juli 1985 über die Schaffung einer Europäischen wirtschaftlichen Interessenvereinigung (EWIV), ABl. L 199 vom 31.7.1985, S. 1–9.

factor contributing to industrial efficiency. Participation must be introduced progressively and in varying forms at all levels.[21]

Orientierungshilfe bot dabei die deutsche Mitbestimmung, deren hoher Standard auf ganz Europa ausgedehnt werden sollte (Gerum 1998; Streeck 1997: 647). Diese Vorstellungen schlugen sich sowohl in der Initiative zur »Strukturrichtlinie« als auch in den Vorschlägen zur Europäischen Aktiengesellschaft nieder.

Einen Entwurf über eine Richtlinie zur Struktur von Aktiengesellschaften, welche die internen Kontroll- und Entscheidungsstrukturen dieser Unternehmensform europaweit einheitlich regeln sollte, legte die Kommission erstmals 1972 vor.[22] Entsprechend dem deutschen Modell sollte die Unternehmensführung in geschäftsführenden Vorstand und den diesen kontrollierenden Aufsichtsrat aufgespalten werden (»dualistisches System«). Zudem sollte im Aufsichtsrat ein Drittel der Vertreter durch die Arbeitnehmer gestellt werden (für weitere Details siehe Conlon 1975).

Die Widerstände gegen diese Vorschläge waren enorm (Callaghan 2006; Streeck 1997; Sorge 2006). Vor allem die britische Regierung lehnte die Vorschläge ab, da ihr die Arbeitnehmerrechte zu weit gingen. Unterstützung fand Großbritannien in den Arbeitgeberverbänden ganz Europas, auf nationaler wie auf europäischer Ebene, die sich geschlossen gegen die Mitbestimmungsvorschläge aussprachen. Überraschenderweise kam aber auch Widerstand vonseiten der Gewerkschaften. Zwar begrüßten die Arbeitnehmerorganisationen allesamt die Bestrebungen der Kommission als Fortschritt in Richtung »industrieller Demokratie«. Dass dies aber auf die Europäisierung des deutschen Mitbestimmungsmodells hinauslaufen sollte, rief bei jenen Gewerkschaften Widerstand hervor, die einem anderen Modell verpflichtet waren. Unterschiedliche Auffassungen über das »richtige« Verhältnis von Kapital und Arbeit oder den »richtigen« Weg der Einflussnahme in den Leitungsorganen der Unternehmen sorgten etwa bei britischen und französischen Gewerkschaften für Unmut über die Pläne der Kommission. Es kam nicht zu einem transnationalen Schulterschluss der Gewerkschaften, sondern zu »institutional nationalism« (Streeck 1997: 648).

Aufgrund dieser Widerstände dauerte es mehr als zehn Jahre, bis sich die Kommission in der Lage sah, den Mitgliedstaaten einen neuen Vorschlag zu

21 Commission of the European Communites: The Community's Industrial Policy. Commission Memorandum to the Council, COM(70) 100 final, Brüssel, 18. März 1970, S. 7.

22 Kommission der Europäischen Gemeinschaften: Vorschlag einer fünften Richtlinie zur Koordinierung der Schutzbestimmungen, die in den Mitgliedstaaten den Gesellschaften im Sinne des Artikels 58 Absatz 2 des Vertrages im Interesse der Gesellschafter sowie Dritter hinsichtlich der Struktur der Aktiengesellschaft sowie der Befugnisse und Verpflichtungen ihrer Organe vorgeschrieben sind, KOM(72) 887 endg., Brüssel, 27. September 1972.

unterbreiten. Dieser überarbeitete, 1983 vorgelegte Entwurf[23] sah nun vor, die zentralen Punkte flexibler zu gestalten. Statt das »dualistische System« und die Arbeitnehmerbeteiligung einheitlich vorzuschreiben, sollte Mitgliedstaaten und Unternehmen nun die Möglichkeit eingeräumt werden, zwischen vier verschiedenen Modellen zu wählen. Um jedoch ein »regime shopping« durch die Unternehmen zu unterbinden, war vorgesehen, die Informations-, Konsultations- und Mitbestimmungsrechte für Arbeitnehmer in allen vier Modellen gleichwertig zu gestalten (Streeck 1997: 650). Trotz dieser Flexibilisierung blieb der Widerstand einiger Mitgliedstaaten sowie aller Arbeitgeberverbände bestehen. Und auch weitere Vorschläge zur Aufweichung der zentralen Prinzipien konnten dem Vorhaben nicht zum Durchbruch verhelfen. 2001 wurde die Arbeit an dieser Richtlinie offiziell eingestellt.[24]

Während die Fünfte Gesellschaftsrichtlinie darauf zielte, die nationalen Vorschriften zur Kontrolle und Entscheidungsfindung von Aktienunternehmen zu harmonisieren, sollten die Pläne zur SE eine eigene, genuin europäische Unternehmensrechtsform schaffen. Jene Aktiengesellschaften, die in mindestens zwei verschiedenen Mitgliedstaaten niedergelassen sind, sollten von der Wahl entbunden werden, sich für eine der nationalen Rechtsformen entscheiden zu müssen und stattdessen die Möglichkeit erhalten, sich eine in allen Mitgliedstaaten gleichermaßen anerkannte Rechtsform zu geben (Streeck 1997: 647).

Den ersten Vorschlag über eine Europäische Aktiengesellschaft legte die Kommission 1970 vor.[25] Dieser Entwurf war äußerst detailliert und sah fast 300 Vorschriften zu allen nur denkbaren Bereichen der Unternehmensregulierung vor (Teichmann 2003: 309). Entsprechend fanden sich darunter auch Vorschläge für die Beteiligung der Arbeitnehmer an der Unternehmenskontrolle. Wie bei der Fünften Gesellschaftsrichtlinie sahen diese ebenfalls die Trennung von Vorstand und Aufsichtsrat sowie die Ein-Drittel-Vertretung der Arbeitnehmer in letzterem vor. Daher entwickelte sich – kaum überraschend – auch hier eine vergleichbare Widerstandskonstellation: geschlossene Ablehnung Großbritanniens und der Arbeitgeberverbände einerseits, widerstreitende Präferenzen bei den Gewerkschaften andererseits (Callaghan 2006: 225ff.).

23 Kommission der Europäischen Gemeinschaften: Geänderter Vorschlag einer fünften Richtlinie des Rates nach Artikel 54 Absatz 3 Buchstabe g) des Vertrages über die Struktur der Aktiengesellschaft sowie die Befugnisse und Verpflichtungen ihrer Organe, KOM(83) 185 endg., Brüssel, 12. August 1983.

24 Kommission der Europäischen Gemeinschaften: Vorschläge, die von der Kommission zurückgezogen werden, KOM(2001) 763 endg./2, Brüssel, 21. Dezember 2001, S. 22.

25 Kommission der Europäischen Gemeinschaften: Vorschlag einer Verordnung des Rates für das Statut für Europäische Aktiengesellschaften, KOM(70) 600 endg., Brüssel, 30. Juni 1970.

Im Jahr 1975 legte die Kommission daher einen überarbeiteten Entwurf vor.[26] Doch statt den mitbestimmungskritischen Positionen entgegenzukommen, beabsichtigte die Kommission eine weitere Aufwertung der Arbeitnehmerseite. Beschäftigte und Eigentümer sollten nun beide nur jeweils ein Drittel der Mitglieder des Aufsichtsrats stellen dürfen, das verbleibende Drittel sollte hingegen von beiden Seiten gemeinsam ernannt werden. Angesichts der ohnehin schon ablehnenden Haltung der Arbeitgeber verwundert es kaum, dass sich die anschließenden Verhandlungen bis in die 1980er-Jahre schleppten und schließlich gänzlich zum Erliegen kamen. 1988 schlug die Kommission schließlich die Wiederbelebung des SE-Projekts vor,[27] da sie dieses Vorhaben nun als essenziell für die Vollendung des Binnenmarkts bis 1992 ansah:

> [T]he Statute is essential to completion of the internal market in 1992 being designed to stimulate cooperation among business people and bring progress on the social front by providing a mechanism for worker participation along various lines.[28]

Statt weitreichender, detaillierter Vorschriften sollten den Unternehmen aber nun größere Wahlmöglichkeiten eingeräumt werden. Für die Mitbestimmung hieß dies etwa, dass das weitreichende, verbindliche Mitbestimmungssystem der früheren Vorschläge durch ein Wahlsystem ersetzt werden sollte, bei dem die SE-Gründer zwischen verschiedenen, aber gleichwertigen Arbeitnehmerbeteiligungsmodellen auswählen dürfen. In den folgenden Jahren (1989 und 1991) konkretisierte die Kommission diese Idee in einem erneuten, stark überarbeiteten und verschlankten Richtlinienentwurf.[29] Demnach sollten die Unternehmen sowohl zwischen dem »dualistischen«, dem »monistischen«[30] als auch zwischen verschiedenen, nach Kommissionsvorstellung gleichwertigen Mitbestimmungsmodellen wählen dürfen. Damit ähnelten die neuen SE-Vorschläge den 1983 vorgelegten Vorschlägen zur Strukturrichtlinie (Streeck 1997: 650).

---

26 Kommission der Europäischen Gemeinschaften: Geänderter Vorschlag für eine Verordnung des Rates bezüglich des Statuts für Europäische Aktiengesellschaften, KOM(75) 150 endg., Brüssel, 30. April 1975.

27 Kommission der Europäischen Gemeinschaften: Binnenmarkt und industrielle Zusammenarbeit – Statut für die Europäische Aktiengesellschaft – Weißbuch über die Vollendung des Binnenmarkts, Rdnr. 137 (Memorandum der Kommission an das Parlament, den Rat und die Sozialpartner), KOM(88) 320 endg., Brüssel, 15. Juli 1988.

28 Ebd.: S. 5.

29 Kommission der Europäischen Gemeinschaften: Vorschlag für eine Richtlinie des Rates zur Ergänzung des SE-Statuts hinsichtlich der Arbeitnehmer, KOM(89) 268 endg., Brüssel, 25. August 1989; Kommission der Europäischen Gemeinschaften: Geänderter Vorschlag für eine Richtlinie des Rates zur Ergänzung des SE-Statuts hinsichtlich der Stellung der Arbeitnehmer, KOM(91) 174 endg., Brüssel, 6. Mai 1991.

30 Demnach sind Aufsichtsrat und Vorstand in einem Organ zusammengefasst.

Darüber hinaus spaltete die Kommission die SE-Pläne in zwei Gesetzesvorlagen auf (Streeck 1997: 651). Die Bestimmungen zur Frage der Arbeitnehmerbeteiligung wurden aus dem ursprünglichen Entwurf ausgegliedert und in einen eigenständigen Richtlinienvorschlag verwandelt. Durch diesen Kniff sollte die Verabschiedung des SE-Projekts vereinfacht werden, da so die erforderlichen Mehrheiten für die Annahme der Richtlinien von Einstimmigkeit auf eine qualifizierte Mehrheit herabgesenkt werden konnten. Statt sich weiterhin auf Artikel 235 EWG zu beziehen, welcher Einstimmigkeit des Rates verlangte, gründete die Kommission ihre Vorschläge nun auf Artikel 100 EWG (für die SE) beziehungsweise Artikel 54(3)(g) (für die Arbeitnehmerbeteiligung), für die beide seit der Einheitlichen Europäischen Akte eine qualifizierte Mehrheit zur Verabschiedung ausreichte. Die Kommission setzte damit auf die Möglichkeit, sowohl ein ablehnendes Votum Großbritanniens wegen zu viel Mitbestimmung als auch eines seitens Deutschlands wegen zu wenig Mitbestimmung zu vermeiden.

Dennoch brachten weder die Aufweichung der zentralen Punkte noch die prozeduralen Veränderungen den Durchbruch. Entscheidendes Hindernis blieb auch weiterhin die Mitbestimmungsfrage. Erst auf dem Gipfeltreffen von Nizza im Dezember 2000 konnten sich die Mitgliedstaaten – mit qualifizierter Mehrheit (Callaghan 2006: 21) – zur Verabschiedung des SE-Projekts durchringen. Möglich wurde dies, weil die Vorschriften zur Arbeitnehmerbeteiligung erneut aufgeweicht wurden. Diese Lösung sah nun ein Verhandlungsmodell vor: Demnach sollten Arbeitgeber und -nehmer innerhalb eines festgesetzten Zeitraums die Arbeitnehmerrechte im Unternehmen aushandeln. Würde innerhalb dieses Zeitraums keine Einigung über die Arbeitnehmerrechte im Unternehmen gefunden werden, dann sollte diejenige nationale Mitbestimmungsregelung greifen, die unter den Ländern, in denen die betroffene SE aktiv ist, die höchsten Partizipationsrechte vorschreibt. Eine – wie ursprünglich geplant – einheitliche und verbindliche Antwort auf die Mitbestimmungsfrage blieb somit auch hier aus.

Integrationshindernis Aktionärsrechte

Die Vereinheitlichung der Unternehmenskontrolle scheiterte aber nicht nur an der Mitbestimmungsfrage. Ein ähnliches Schicksal ereilte auch die Bemühungen zur Harmonisierung von Aktionärsrechten. Exemplarisch dafür steht das Schicksal der Dreizehnten Gesellschaftsrechtsrichtlinie zur Harmonisierung von Unternehmensübernahmen. Die Vorschläge der Kommission orientierten sich dabei am britischen Übernahmerecht und basierten auf der Idee, dass allein die Aktionäre über das Zustandekommen einer Übernahme entscheiden sollten. In der Konsequenz zielte dieses Vorhaben somit auf einen Markt für Unternehmenskontrolle (Höpner/Jackson 2006; Windolf 1994).

Das Thema Übernahmerichtlinie stand bereits in den frühen 1970er-Jahren auf der Agenda der Kommission, einen Richtlinienentwurf legte sie aber erst 1989 vor.[31] Wie bereits erwähnt, orientierte sich dieser Vorschlag am britischen Takeover Code und enthielt als Herzstück eine »Neutralitätsregel«, welche dem Management Maßnahmen gegen Übernahmen untersagen sollte. Dieser Entwurf stieß auf breite Ablehnung bei jenen Mitgliedstaaten, für deren Unternehmenskontrollsysteme dieses liberale Element des Richtlinienentwurfs fremd war. Vor allem die deutsche Regierung wies die Pläne der Kommission zurück (Callaghan 2006: 65). Hinter dieser Haltung stand nicht nur die geschlossene Ablehnung der Gewerkschaften, die negative Effekte und fehlende Mitsprachemöglichkeiten für Arbeitnehmer bemängelten. Auch die Kapitalseite konnte sich zu keinem gemeinsamen Standpunkt zur Unterstützung des Vorhabens durchringen. Bis zur Verabschiedung der Richtlinie 2004 gab es in den Wirtschaftsverbänden Debatten über die Vor- und Nachteile eines Marktes für Unternehmenskontrolle in Europa (Callaghan 2006: 165ff.). Erschwerend kam schließlich noch hinzu, dass anfangs selbst die britische Regierung, die die Pläne der Kommission zwar grundsätzlich begrüßte, sich gegen den Entwurf aussprach, da sie ihr sich selbst regulierendes System nicht durch ein gesetzlich verbindliches System ersetzt sehen wollte (Edwards 2004; Skog 2002).

In den folgenden Jahren überarbeitete die Kommission ihren Vorschlag daher mehrmals,[32] bis von einem umfassenden und detaillierten Regelungskatalog schließlich nur noch eine »Rahmenrichtlinie« übrigblieb.[33] Diese enthielt allerdings weiterhin die Neutralitätsregel (Edwards 2004: 420ff.). Im Jahr 2000 nahm der Ministerrat diesen Entwurf an. Möglich wurde dies jedoch erst, nachdem die Neutralitätsregel aufgeweicht wurde: Es sollte der Geschäftsführung gestattet werden, Gegenmaßnahmen zu ergreifen, sofern dazu ein entsprechen-

31 Kommission der Europäischen Gemeinschaften: Vorschlag für eine dreizehnte Richtlinie des Rates auf dem Gebiet des Gesellschaftsrechts über Übernahmeangebote, KOM(88) 823 endg., Brüssel, 16. Februar 1989.

32 Die erste überarbeitete Fassung legte die Kommission bereits 1990 vor (Kommission der Europäischen Gemeinschaften: Geänderter Vorschlag für eine dreizehnte Richtlinie des Rates auf dem Gebiet des Gesellschaftsrechts über Übernahmeangebote, KOM(90) 416 endg., Brüssel, 10. September 1990). Aufgrund anhaltenden Widerstands seitens der Mitgliedstaaten wurden die Arbeiten an der Richtlinie daraufhin eingestellt. 1992 beschloss der Ministerrat, dass der Entwurf im Lichte des »Subsidiaritätsprinzips« (Artikel 3b EGV) gründlich überarbeitet werden sollte (Edwards 2004; Skog 2002).

33 Kommission der Europäischen Gemeinschaften: Vorschlag für eine dreizehnte Richtlinie des Europäischen Parlaments und des Rates auf dem Gebiet des Gesellschaftsrechts über Übernahmeangebote, KOM(95) 655 endg., Brüssel, 7. Februar 1996; sowie: Kommission der Europäischen Gemeinschaften: Geänderter Vorschlag für eine dreizehnte Richtlinie des Europäischen Parlaments und des Rates auf dem Gebiet des Gesellschaftsrechts über Übernahmeangebote, KOM(97) 565 endg., Brüssel, 10. November 1997.

der, maximal achtzehn Monate zurückliegender Hauptversammlungsbeschluss der Aktionäre vorlag (»Vorratsbeschluss«; Lambrecht 2002). Dieser Kompromiss wurde schließlich dem Europäischen Parlament vorgelegt, wo sich erneut Widerstand gegen das Vorhaben regte.

Im Fokus der Kritik stand dreierlei (Callaghan 2006: 55; Edwards 2004: 425; Knudsen 2005: 511). *Erstens* monierten die Parlamentarier die mangelnde Berücksichtigung von Arbeitnehmerinteressen im Übernahmefall. *Zweitens* forderten sie, die Neutralitätsregel noch weiter aufzuweichen und dem Management das Recht einzuräumen, auch ohne die Einwilligung der Aktionäre Gegenmaßnahmen im Übernahmefall zu ergreifen. Andernfalls, so die Abgeordneten, drohe ein Wettbewerbsnachteil gegenüber den USA, wo solche Maßnahmen erlaubt seien. *Drittens* schließlich bemängelten die Parlamentarier, dass die fehlende Gleichheit von Aktionären ebenfalls problematisch sei. Denn viele Mitgliedstaaten erlaubten Abweichungen vom Prinzip »eine Aktie – eine Stimme« oder »Proportionalitätsprinzip«, wonach einigen Aktionären mehr beziehungsweise weniger Stimmrechte eingeräumt werden dürfen, als ihrer tatsächlichen Beteiligungshöhe entspricht. Instrumente wie Mehrfachstimmrechte, Höchststimmrechte oder »Goldene Aktien« erleichterten aber die Kontrolle eines Unternehmens durch einzelne Aktionäre und erschwerten somit eine Übernahme durch andere. Insbesondere die deutschen Europa-Parlamentarier befürchteten Wettbewerbsnachteile für inländische Unternehmen, da Deutschland 1998 im Zuge der Aktienrechtsreform das Prinzip »eine Aktie – eine Stimme« weitgehend durchgesetzt hatte.

Aufgrund dieser Einwände forderte das Parlament zahlreiche Veränderungen,[34] die jedoch sowohl von der Kommission[35] als auch vom Ministerrat abgelehnt wurden (Skog 2002: 308). Infolgedessen kam es zur Bildung eines Vermittlungsausschusses, der einen Kompromiss zwischen den Positionen von EP, Ministerrat und Kommission erarbeiten sollte. Die im Juni 2001 gefundene Lösung[36]

34 Europäisches Parlament: Empfehlung für die zweite Lesung betreffend den Gemeinsamen Standpunkt des Rates im Hinblick auf den Erlass der Richtlinie des Europäischen Parlaments und des Rates auf dem Gebiet des Gesellschaftsrechts über Übernahmeangebote (A5-0368/2000), 29. November 2000.

35 Kommission der Europäischen Gemeinschaften: Stellungnahme der Kommission gemäß Artikel 251 Absatz 2 Buchstabe c) des EG-Vertrages zu den Abänderungen des Europäischen Parlaments des gemeinsamen Standpunkts des Rates betreffend den Vorschlag für eine Richtlinie des Europäischen Parlaments und des Rates auf dem Gebiet des Gesellschaftsrechts über Übernahmeangebote zur Änderung des Vorschlags der Kommission gemäß Artikel 250, Absatz 2 des EG-Vertrages, KOM(2001) 77 endg., Brüssel, 12. Februar 2001.

36 Europäisches Parlament: Bericht über den vom Vermittlungsausschuss gebilligten gemeinsamen Entwurf einer Richtlinie des Europäischen Parlaments und des Rates auf dem Gebiet des Gesellschaftsrechts über Übernahmeangebote (A5-0237/2001), 25. Juni 2001.

sah vor, den Arbeitnehmern mehr Informationsrechte einzuräumen sowie die Neutralitätsregel in ihrer ursprünglichen Form beizubehalten, ihr Inkrafttreten aber hinauszuzögern. Das Problem der in Europa nicht gegebenen Gleichheit zwischen Aktionären wurde ausgeklammert, und die Kommission wurde angewiesen, für dieses Problem gesondert eine angemessene Antwort zu finden.[37] Im Parlament blieb das Ergebnis des Vermittlungsausschusses jedoch weiter umstritten. Vor allem der deutsche Berichterstatter Klaus-Heiner Lehne, unterstützt von deutschen Unternehmen wie Volkswagen und BASF sowie den deutschen Gewerkschaften, machte vor der entscheidenden Abstimmung im Europäischen Parlament gegen den Kompromissvorschlag mobil (Edwards 2004: 426). Mit Erfolg: Die im Juli 2001 gehaltene Abstimmung ergab ein Unentschieden, womit die Übernahmerichtlinie vorerst gescheitert war.[38]

Da die Übernahmerichtlinie jedoch ein zentraler Bestandteil des Projekts der »Finanzmarktintegration« war (Apeldoorn/Horn 2007; Beckmann 2007; Bieling/Steinhilber 2002), bemühte sich die Kommission weiterhin um die Verabschiedung dieser Richtlinie. Noch 2001 setzte sie eine Expertenkommission ein (»Winter-Gruppe«), die einen neuen Vorschlag für eine Übernahmerichtlinie erarbeiten sollte. Im Januar 2002 legte die Winter-Gruppe ihren Bericht vor.[39] Darin schlugen die Experten vor, am Kompromiss hinsichtlich der Arbeitnehmer (Informations- statt Mitspracherechte) und der Neutralitätsregel festzuhalten und die mangelnde Gleichheit zwischen Aktionären durch eine »Durchbruchsregel« zu beheben. Demnach sollten jegliche Stimmrechtsbeschränkungen oder andere Sonderstellungen von Aktionären im Fall einer Übernahme ausgesetzt werden. Der Vorschlag der Winter-Gruppe war demnach marktliberaler als der bisherige, im Parlament gescheiterte Richtlinienentwurf.

Die Kommission übernahm diese Vorschläge jedoch nicht vollständig. Wie aus dem 2004 vorgelegten Entwurf[40] hervorgeht, sollte die Durchbruchsregel

---

37 Europäisches Parlament: Bericht über den vom Vermittlungsausschuss gebilligten gemeinsamen Entwurf einer Richtlinie des Europäischen Parlaments und des Rates auf dem Gebiet des Gesellschaftsrechts über Übernahmeangebote (A5-0237/2001), 25. Juni 2001, S. 7.

38 Wie Höpner und Callaghan gezeigt haben, verlief die Abstimmung nicht entlang Parteilinien, sondern entlang nationaler Linien (Callaghan/Höpner 2005): Kamen die Parlamentarier aus einem Land, in dem die Unternehmenskontrolle vergleichsweise stark an den Aktionären ausgerichtet war, stimmten sie parteiübergreifend zumeist für den Richtlinienvorschlag; kamen die Parlamentarier hingegen aus Ländern mit vornehmlich stakeholderorientierten Systemen, votierten sowohl bürgerlich-konservative als auch sozialdemokratisch-sozialistische Abgeordnete mehrheitlich gegen den Richtlinienvorschlag.

39 Bericht der Hochrangigen Gruppe von Experten auf dem Gebiet des Gesellschaftsrechts über die Abwicklung von Übernahmeangeboten, Brüssel, 10. Januar 2002.

40 Kommission der Europäischen Gemeinschaften: Vorschlag für eine Richtlinie des Europäischen Parlaments und des Rates betreffend Übernahmeangebote, KOM(2002) 534 endg., Brüssel, 2. Oktober 2002.

nur in modifizierter Weise gelten: Statt ausnahmslos alle Regelungen, die vom Proportionalitätsprinzip abweichen, dieser Regel zu unterwerfen, nahm der Entwurf manche dieser Regelungen, etwa Mehrfach- und Doppelstimmrechte, ausdrücklich von der Durchbruchsregel aus. Dieser Vorschlag hätte die Mitgliedstaaten asymmetrisch betroffen, da solche Sonderrechte lediglich in einigen Ländern (etwa Schweden, Frankreich, Belgien oder Großbritannien) erlaubt sind, in anderen hingegen nicht (zum Beispiel Deutschland). Höpner und Schäfer haben darauf hingewiesen, dass die Kommission mit diesem Vorhaben gerade nicht die Durchsetzung gleicher Wettbewerbsbedingungen beabsichtigte, sondern lediglich eine Mehrheit für die Richtlinie organisieren wollte (Höpner/Schäfer 2008: 142ff.).

Aber auch dieser Richtlinienentwurf blieb umstritten, insbesondere im Ministerrat (Höpner/Schäfer 2008: 145). Keiner der Mitgliedstaaten war bereit, die in seinem Land gültigen Abweichungen vom Proportionalitätsprinzip aufzugeben. Dennoch kam es schließlich zu einem – gegen den Willen der Kommission gefundenen – Kompromiss zwischen Rat und EP, weshalb die Richtlinie im April 2004 schließlich verabschiedet werden konnte.[41] Die erzielte Einigung ähnelte der bei der SE gefundenen »flexiblen« Lösung: Statt verbindlicher Vorschriften hinsichtlich der Rechte von Aktionären wurden sowohl Neutralitäts- als auch Durchbruchsregel, die Herzstücke des Richtlinienvorschlags, für optional erklärt. Den Mitgliedstaaten wurde also das Recht eingeräumt, frei darüber zu entscheiden, ob die beiden Vorschriften innerhalb der nationalen Grenzen anzuwenden seien.[42] Somit behielten die Mitgliedstaaten das Recht, auch zukünftig darüber zu entscheiden, auf welche Weise (und zu wessen Gunsten) sie Unternehmensübernahmen regulieren wollen. Aus Sicht des zuständigen EU-Kommissars Frits Bolkestein war das Ergebnis entsprechend enttäuschend: Der Kompromiss sei »das Papier nicht wert [...], auf dem er geschrieben steht«.[43]

Fazit

Resümierend lässt sich also festhalten, dass es bis heute nicht gelungen ist, über den Modus der politischen Integration zentrale Fragen der Unternehmenskontrolle europaweit einheitlich zu gestalten:

41 Richtlinie 2004/25/EG des Europäischen Parlaments und des Rates vom 21. April 2004 betreffend Übernahmeangebote (Text von Bedeutung für den EWR), ABl. L 142 vom 30.4.2004, S. 12–23.

42 Zudem wurde den Unternehmen gestattet, sich unter gewissen Bedingungen »Neutralitätsregel« und »Durchbruchsregel« freiwillig zu unterwerfen. So sollte »durch die Hintertür letztlich doch noch ein ›Level playing field‹ erzielt werden, wenn auch auf niedrigem Niveau«, heißt es in einer Pressemitteilung des Europäischen Parlaments (Pressemitteilung des EP vom 16.12.2003).

43 Financial Times Deutschland, 17. Dezember 2003, S. 30.

> So far, the European Commission's attempts to promote convergence of corporate governance within the European Union have borne little fruit. More than thirty years after the beginning of harmonization efforts, EU member states are still a long way from agreeing on rules that affect the influence of shareholders and workers on managerial decisions.
> (Callaghan 2006: 21)

Alle dazu gestarteten Initiativen verliefen entweder gänzlich ergebnislos oder aber sie blieben, wenn sie wie die SE-Regelung oder die Übernahmerichtlinie dennoch verabschiedet wurden, in den wesentlichen Punkten unverbindlich.

Als wesentliche Gründe für dieses Scheitern erwiesen sich in erster Linie drei Faktoren: die Heterogenität der Mitgliedstaaten, die politische Brisanz des Themas sowie die hohen Konsensanforderungen an die Verabschiedung der Richtlinien- und Verordnungsentwürfe. Bereits zu Beginn der europäischen Integration unterschieden sich die Mitgliedstaaten hinsichtlich der Ausgestaltung ihrer Unternehmenskontrollregime, und über die Zeit haben diese Unterschiede durch die verschiedenen Erweiterungsrunden stetig zugenommen. Spätestens mit der Aufnahme Großbritanniens 1973 wurde dies unübersehbar, da das britische Unternehmenskontrollsystem deutlich marktliberaler war als das der meisten kontinental-europäischen Mitgliedstaaten. Eine gemeinsame Leitidee für die Gestaltung dieses Politikfelds, an dem sich die legislativen Vorschläge der Kommission hätten orientieren können, gab es in Europa folglich nie. Diese Heterogenität wäre unter bestimmten Bedingungen allerdings nicht weiter problematisch gewesen: Wären etwa die Regierungen bereit gewesen, Veränderungen an ihren nationalen Modellen zugunsten einer europäischen Regelung zuzulassen, dann wären die Harmonisierungsbemühungen sicher erfolgreicher verlaufen. Doch genau diese Kompromissbereitschaft stellte sich im Zuge der politischen Integrationsversuche als Illusion heraus. Kaum eine Regierung war bereit, zentrale Merkmale ihrer nationalen Spielart der Unternehmenskontrolle aufzugeben. Das Politikfeld erwies sich als politisch zu sensibel für einfache und schnelle Übereinkünfte. Und da sich die Kommissionsinitiativen – in Ermangelung eines gemeinsamen Leitbildes – immer an einer spezifischen nationalen Variante orientierten (bei der Mitbestimmungsfrage am deutschen, bei den Aktionärsrechten am britischen Modell), erscheint es wenig überraschend, dass diese keine Mehrheiten fanden. Die Vorschläge wurden immer von jenen Mitgliedstaaten abgelehnt, deren Modell von jenem des Regulierungsentwurfs abwich. Aber auch dieses Problem hätte gelöst werden können, wäre die Schwelle für die Annahme der Gesetzesentwürfe nicht so hoch gewesen. Unter den Bedingungen von Einstimmigkeit oder qualifizierter Mehrheit waren die Aussichten, dieses Kriterium angesichts der großen Heterogenität und der politischen Unbeweglichkeit in diesen Fragen zu erreichen, jedoch sehr gering.

Völlig irrelevant ist das bestehende europäische Unternehmenskontrollrecht freilich nicht (auch wenn manche diese These vertreten: Enriques 2006). Gerade die Regelungen der letzten Dekade, wie jene zur Europäischen Aktiengesellschaft (SE), zur Verschmelzung von Kapitalgesellschaften oder zu Unternehmensübernahmen, räumen den Unternehmen bis zu einem gewissem Grade die Wahl zwischen verschiedenen nationalen Bestimmungen ein. Dies gibt den Unternehmen die Möglichkeit, sich den Standort mit dem attraktivsten Gesellschaftsrecht auszusuchen und so restriktivere Regelungen etwa zu Eigenkapital, Finanzierung oder Aktienausgabe zu umgehen (Armour/Ringe 2011; Enriques 2004). Zudem lässt sich für die SE beobachten, dass – entgegen den Intentionen der Richtlinie – die hohen Standards der deutschen Mitbestimmung unterlaufen werden können (Keller/Werner 2009).

Aber auch dies darf nicht darüber hinwegtäuschen, dass die politischen Bestrebungen in diesem Politikfeld – dem Harmonisierungsauftrag des Vertrages von Rom zum Trotz – bis heute keine Vereinheitlichung der nationalen Unternehmenskontrollsysteme hervorgebracht haben. Würden die Integrationsbemühungen in diesem Politikfeld allein anhand der legislativen Anstrengungen bewertet werden, dann scheint der Befund eindeutig: Da es auf europäischer Ebene nach wie vor keine expliziten Vorgaben über die »richtige« Rolle von Aktionären, Management, Arbeitnehmern und anderen Stakeholdern in Europas Aktiengesellschaften gibt, dürfen allein die Mitgliedstaaten über die konkrete Ausgestaltung dieser Frage entscheiden.

2.3 Der Erfolg der judikativen Integration

Diese Einschätzung muss jedoch relativiert werden, wenn neben den legislativen Bemühungen auch die Rechtsprechung des EuGH in die Betrachtung der europäischen Regulierung der Unternehmenskontrolle miteinbezogen wird. Denn seit Ende der 1990er-Jahre begann sich der Gerichtshof in einer Reihe von Urteilen ebenfalls zu diesem Thema zu äußern. Dies geschah über zwei der vier sogenannten Grundfreiheiten, also jene Vertragsbestimmungen, die für den Europäischen Binnenmarkt konstitutiv sind und der Überwachung durch die Gemeinschaftsorgane unterstehen.[44]

---

44 Die vier Grundfreiheiten, die die rechtliche Grundlage des europäischen Binnenmarkts bilden, sind der freie Warenverkehr (Artikel 28 bis 37 AEUV), die Niederlassungsfreiheit (Artikel 49 AEUV), die Dienstleistungsfreiheit (Artikel 56 AEUV) sowie die Kapitalverkehrsfreiheit (Artikel 64 AEUV).

Anhand der Niederlassungsfreiheit (Artikel 49 AEUV) kippten die Europarichter die sogenannte »real seat doctrine« oder »Sitztheorie« (statt vieler: Armour/Ringe 2011: 7ff.; Roth 2008). Dieser Grundsatz war bis Ende der 1990er-Jahre vorherrschende Rechtsauffassung in der EU. Er besagte, dass sich der rechtliche Status einer Gesellschaft nach dem Recht des Ortes ihres tatsächlichen Verwaltungssitzes zu richten hat – und nicht nach dem Recht, unter dem die Gesellschaft rechtmäßig gegründet wurde. Ein in Deutschland ansässiges Unternehmen unterlag folglich deutschem Recht, auch wenn es ursprünglich in einem anderen Mitgliedstaat gegründet worden war. In mehreren Urteilen (»Centros«, »Überseering« und »Inspire Art«)[45] kam der EuGH jedoch zu dem Ergebnis, dass dieser Grundsatz gegen die Niederlassungsfreiheit verstößt. Europäisches Recht erlaube es vielmehr, so die Richter, dass eine Gesellschaft ihre ursprüngliche Rechtsform auch nach der Verlegung ihres Verwaltungssitzes behalten dürfe. Seitdem können Unternehmen, die etwa in den Niederlanden oder Großbritannien rechtmäßig gegründet wurden, auch nach einer Sitzverlegung nach Deutschland ihre niederländische oder britische Rechtsform beibehalten. Von besonderer Brisanz ist dabei, dass der EuGH auch Briefkastengründungen (Gründung einer Gesellschaft mit Sitz im Ausland, der allerdings fiktiv ist und allein aus einer Postanschrift besteht) für zulässig erklärte. In der Konsequenz bedeutet dies, dass Unternehmer sich bei der Gründung ihres Unternehmens nun diejenige Rechtsform aussuchen dürfen, die ihnen von allen in der EU verfügbaren nationalen Rechtsformen am attraktivsten erscheint – auch wenn es gar keinen tatsächlichen Bezug zu diesem Land gibt.

Für Fragen der Unternehmenskontrolle ist dies insoweit relevant, als die Mitgliedstaaten sehr unterschiedliche Vorgaben in dieser Hinsicht machen – etwa wenn es um die Beteiligung von Arbeitnehmern an der Unternehmensverwaltung geht. Durch die Rechtsprechung des EuGH können nun hohe Standards, zum Beispiel weitreichende Mitbestimmungsvorschriften, ganz legal unterlaufen werden. Dass dies keineswegs nur eine theoretische Möglichkeit ist, haben Sick und Pütz nachgewiesen (Sick/Pütz 2011): Demnach werden die Urteile des EuGH zunehmend dazu genutzt, die weitreichenden deutschen Vorgaben zur Arbeitnehmermitbestimmung im Aufsichtsrat zu umgehen. Damit hat der EuGH eine der zentralen Institutionen des deutschen Unternehmenskontrollsystems geschwächt – was politisch nicht nur brisant ist, sondern angesichts der zu Beginn dieses Kapitels geschilderten funktionalen Bedeutung der Unterneh-

45 Slg. 1999, Seite I-01459, Urteil des EuGH vom 9. März 1999 in Rs. C-212/97 (Centros); Slg. 2002, Seite I-09919, Urteil des EuGH vom 5. November 2002 in Rs. C-208/00 (Überseering); Slg. 2003, Seite I-10155, Urteil des EuGH vom 30. September 2003 in Rs. C-167/01 (Inspire Art).

menskontrolle auch weitreichende Konsequenzen für das deutsche Produktionsregime insgesamt haben könnte.

Ein weiterer Eingriff des EuGH in Fragen der Unternehmenskontrolle erfolgte über die Kapitalverkehrsfreiheit (Artikel 63 AEUV). Obschon dieser Strang der Rechtsprechung noch nicht so weit fortgeschritten ist wie jener im Bereich der Niederlassungsfreiheit, könnte er doch potenziell viel dramatischere Konsequenzen für die Machtverteilung in Europas Unternehmen haben. Denn im Gegensatz zu den Urteilen zur Niederlassungsfreiheit, die Fragen der Unternehmenskontrolle eher indirekt berühren, werden diese Fragen in der Rechtsprechung zur Kapitalverkehrsfreiheit nun ganz direkt mit einer sehr eindeutigen Antwort versehen. Daher werde ich mich in dieser Arbeit allein auf die Entstehung dieser Linie der Rechtsprechung konzentrieren.

Wie in der Einleitung bereits beschrieben, hatte der EuGH seit Ende der 1990er-Jahre über die Vereinbarkeit von Goldenen Aktien und VW-Gesetz mit der Kapitalverkehrsfreiheit zu befinden. Goldene Aktien und VW-Gesetz bezeichnen spezielle unternehmenskontrollrechtliche Regelungen, mit denen die Mitgliedstaaten einzelne, ökonomisch oder strategisch besonders wichtige Unternehmen der alleinigen Kontrolle durch private Aktionäre entzogen hatten. Diese Bestimmungen sind im Zuge der Privatisierung dieser Unternehmen entstanden und garantierten – wenngleich auf sehr unterschiedliche Weise –, dass der Staat auch nach der Privatisierung das letzte Wort bei der Zusammensetzung der Eigentümerstruktur oder bei wichtigen Unternehmensentscheidungen hatte.

Bis 2007 urteilte der Gerichtshof über Goldene Aktien in Italien, Portugal, Frankreich, Belgien, Spanien, Großbritannien und den Niederlanden sowie über das deutsche VW-Gesetz. In allen Fällen – bis auf den belgischen – entschied der EuGH gegen die Mitgliedstaaten. Zwar betrafen all diese Regelungen In- und Ausländer gleichermaßen (lediglich im Fall Portugals lag eine diskriminierende Regelung vor). Aber, so die Richter, das in Artikel 63 AEUV niedergelegte Verbot, den freien Kapitalverkehr zu beschränken, gehe »über die Beseitigung einer Ungleichbehandlung der Finanzmarktteilnehmer aufgrund ihrer Staatsangehörigkeit hinaus«.[46] Vielmehr läge eine Beschränkung der Kapitalverkehrsfreiheit bereits dann vor, wenn eine nationale Bestimmung dazu geeignet sei, »den Erwerb von Aktien der betreffenden Unternehmen zu verhindern oder zu beschränken oder aber Investoren anderer Mitgliedstaaten davon abzuschrecken, in das Kapital dieser Unternehmen zu investieren«.[47] Genau solch eine beschrän-

46 Slg. 2002, Seite I-04731, Urteil des EuGH vom 4. Juni 2002 in Rs. C-367/98 (Kommission/Portugal), Rnr. 44.

47 Slg. 2006, Seite I-09141, Urteil des EuGH vom 28. September 2006 in Rs. C-282/04 und C-283/04 (Kommission/Niederlande), Rnr. 20.

kende Wirkung erkannte der EuGH in Goldenen Aktien und VW-Gesetz, da diese die Kontrollrechte der anderen Aktionäre einschränkten und somit die Attraktivität einer Investition in das betroffene Unternehmen verringerten.

Juristen haben darauf hingewiesen, dass der in den Urteilen entwickelte Grundsatz, wonach alle nationalen Regelungen eine Beschränkung des freien Kapitalverkehrs darstellen, die in die Kontrollbefugnisse von Aktionären eingreifen, nicht nur Goldene Aktien und VW-Gesetz, sondern potenziell noch viele andere Regelungen der Unternehmenskontrolle erfassen könnte:

> Wenn eine nationale Regel schon als behindernd angesehen wird, weil sie Verwaltungsrechte der Aktionäre beschneidet, und nicht nur, wenn sie den Erwerb der Aktien beschränkt, stellt sich die Frage nach den Grenzen. Denn dann kann potentiell jede Norm mit Rückwirkung auf Aktionärsverwaltungsrechte Behinderungswirkung entfalten. Sie muss dann daher, zumal wenn die Anteile der Gesellschaft an international zugänglichen Kapitalmärkten gehandelt werden, nach der Grundfreiheitendogmatik gerechtfertigt werden. Jede solche nationale Norm wäre damit europarechtlich revisibel. (Grundmann/Möslein 2003b: 331)

Dieser weite Beschränkungsbegriff würde eine Vielzahl nationaler Regelungen betreffen, darunter solche, die dem Management keine strikte Neutralität im Übernahmefall zugestehen, oder solche, die einige Aktionäre gegenüber anderen bevorzugen (etwa durch Mehrfachstimmrechte) und somit vom Prinzip »eine Stimme – eine Aktie« abweichen (Grundmann/Möslein 2003b: 350ff.; Roth 2008: 470ff.). Denkbar wäre zudem auch, dass Vorgaben zur Arbeitnehmermitbestimmung – die ja gerade darauf zielen, dass die Unternehmensverwaltung nicht allein von den Aktionären bestimmt wird – zu Beschränkungen des freien Kapitalverkehrs erklärt werden könnten (Roth 2008: 474). Dieser vom EuGH entwickelte Grundsatz hat folglich das Potenzial, zukünftig erheblichen Liberalisierungsdruck auf die nationalen Unternehmenskontrollregime auszuüben, da von dieser Rechtsprechung sämtliche nationalen Bestimmungen betroffen sein könnten, die in irgendeiner Weise in die Kontrollrechte von Aktionären eingreifen.[48] Davon dürften dann insbesondere jene Mitgliedstaaten betroffen sein, in denen sich nichtliberale Unternehmenskontrollsysteme herausgebildet haben, also solche Länder, die die Unternehmenskontrolle nicht allein als Sache der Eigentümer betrachten. In Anbetracht der politischen wie funktionalen Bedeutung der Corporate Governance droht diese Rechtsprechung damit nicht nur große politische Spannungen, sondern auch beträchtlichen ökonomischen Transformationsdruck zu generieren.

48 Vgl.: Adolff (2002), Armbrüster (2003), Grundmann/Möslein (2003b), Spindler (2003), Andenas/Gütt/Pannier (2005), Möslein (2007), Ringe (2008), Roth (2008), Rickford (2009), Demirakou (2011), Gerner-Beuerle (2012).

Wie sich diese Rechtsprechung in Zukunft fortentwickeln und konkret auswirken wird, lässt sich nicht sagen.[49] Aber es kann bereits festgehalten werden, dass der EuGH mit seiner Rechtsprechung zur Kapitalverkehrsfreiheit ein Integrationsniveau im Bereich der Unternehmenskontrolle geschaffen hat, welches klar über das hinausgeht, was über den politischen Integrationsmodus bislang erreicht werden konnte. Die vermeintliche Autonomie der Mitgliedstaaten, Fragen der Unternehmenskontrolle nach eigenen Vorstellungen gestalten zu können, ist fortan erheblich beschränkt. Zukünftig müssen die Regierungen bei der Regulierung dieses Politikfelds Vorgaben beachten, die sie nicht selbst erwirkt, sondern vom EuGH vorgeschrieben bekommen haben. Diese richterrechtlich entwickelten Grundsätze orientieren sich jedoch einseitig am liberalen Modell der Unternehmenskontrolle – was in der EU nie konsensfähig war. Der Erfolg der judikativen Integration hatte also einen Preis: Er ist im politökonomischen Sinne parteiisch.

49 Beachte allerdings die im Schlusskapitel dazu angestellten Überlegungen.

Kapitel 3
Integration durch Recht: Forschungsstand und Forschungsbedarf

Wie lässt sich der soeben beschriebene Erfolg der judikativen Integration erklären? Warum war es möglich, auf diese Weise eine marktliberal ausgerichtete Integrationsvertiefung im Bereich der Unternehmenskontrolle zu erzielen? Was waren die hierfür entscheidenden Bedingungen und Mechanismen? Im folgenden Abschnitt sollen mögliche Antworten auf diese Frage skizziert werden. Dazu werde ich zunächst näher erläutern, welches Phänomen sich hinter dem Begriff Integration durch Recht beziehungsweise judikative Integration verbirgt. Anschließend rekapituliere ich den Stand der Forschung zu diesem Integrationsmodus, wobei ich mich auf die Diskussion zwischen *Intergouvernementalisten* und *Supranationalisten* konzentriere. Dieser Diskussion lassen sich im Wesentlichen zwei im Gegensatz zueinander stehende Antworten entnehmen, die den Erfolg der judikativen Integration im Bereich der Unternehmenskontrolle erklären könnten: Demnach haben die Mitgliedstaaten (so die eine Antwort) diesen Erfolg billigend in Kauf genommen oder aber (so die andere Antwort) sie konnten ihn aus verschiedenen Gründen nicht verhindern. Diese Erklärungsangebote werde ich abschließend im Lichte meines Forschungsgegenstands diskutieren. Dabei zeigt sich, dass beide Erklärungen, wenn auch in höchst unterschiedlichem Maße, den in dieser Arbeit untersuchten Erfolg der Integration durch Recht nicht überzeugend begründen können.

3.1 Das Phänomen Integration durch Recht

Abstrakt bezeichnet Integration die Zusammenführung einzelner, voneinander unabhängiger Elemente zu einem Ganzen. Übertragen auf den europäischen Kontext bedeutet dies, dass es um die Zusammenführung der einzelnen Nationalstaaten zu einer sie umfassenden Einheit geht – wobei diese Einheit verschiedene Formen annehmen kann, angefangen von einem losen Staatenbund über eine föderale, bundesstaatliche Struktur bis hin zu einem Zentralstaat. Von entscheidender Bedeutung in diesem Integrationsprozess ist die Frage, inwieweit eine den einzelnen Staaten übergeordnete Instanz geschaffen werden soll, die mit legislativen, exekutiven oder judikativen Kompetenzen ausgestattet ist. Es geht also um die Frage, wie viel Staatsgewalt im Namen der Integration auf supranationaler Ebene zentralisiert werden und wie viel Autonomie den einzelnen Gliedstaaten noch bleiben soll. Je stärker die Integration vorangetrieben wird (und damit auch der Grad der Zentralisierung), desto größer werden auch die Kompetenzen der europäischen Organe.

Wenn nun in diesem Zusammenhang von Integration durch Recht gesprochen wird, dann bezeichnet dies zunächst nichts weiter als eine spezielle Verfahrensweise zur Durchsetzung von Integration beziehungsweise der Zentralisierung von Kompetenzen auf europäischer Ebene. Statt diesen Vorgang durch legislative oder exekutive Akte voranzutreiben, wird die Integration in diesem Modus durch die Judikative, das heißt von Gerichten und ihrer Rechtsprechung, herbeigeführt (Cappelletti/Seccombe/Weiler 1985). Welche *Rolle der Judikative im Prozess der europäischen Integration* zukommt, ist Gegenstand der hier vorgelegten Untersuchung. Bevor dies jedoch am konkreten Beispiel des Politikfelds Unternehmenskontrolle geschieht, sollen anhand des einschlägigen Forschungsstands wesentliche Grundlagen und Erklärungsmuster skizziert werden.

Sowohl in der rechtswissenschaftlichen als auch in der politologischen Forschungsliteratur wird die Rolle der Judikative im europäischen Einigungsprozess durchweg als »revolutionär« beschrieben (die maßgeblichen juristischen Arbeiten in diesem Kontext sind: Stein 1981; Weiler 1991, 1994; in politikwissenschaftlicher Hinsicht sind insbesondere folgende Arbeiten hervorzuheben: Burley/Mattli 1993; Stone Sweet/Brunell 1998; Alter 2001; Stone Sweet 2004). Begründet wird diese »Revolutionsthese« mit einer Reihe dezidiert proeuropäischer, integrationsvertiefend wirkender Urteile des EuGH, wodurch die Autonomie der Mitgliedstaaten zunehmend reduziert und die Kompetenzen der europäischen Ebene stetig erweitert wurden. Dieser Autonomieverlust der Mitgliedstaaten stärkte aber nicht nur die supranationale Ebene, sondern bedeutete zugleich auch eine Aufwertung von Marktfreiheiten gegenüber nationalstaatlichen Eingriffen in diese Freiheiten (grundlegend hierzu: Scharpf 1999, 2001, 2010). Eine detaillierte und möglichst umfassende Darstellung dieser Rechtsprechung kann hier nicht geleistet werden, allerdings werden die wegweisenden Entscheidungen des EuGH kurz vorgestellt (eine Sammlung mit allen wesentlichen Fällen findet sich etwa bei Hummer/Vedder 2005).

Die Konstitutionalisierung der Europäischen Verträge …

Die Gründungsverträge des europäischen Integrationsprojekts, die 1957 geschlossenen Verträge von Rom, basierten auf Völkerrecht. Völkerrechtliche Verträge gelten nur zwischen den vertragschließenden Staaten und enthalten keine Rechte, die einzelne Staatsbürger gegenüber ihren Regierungen einklagen können. Im Gegensatz dazu stellte der EuGH in seinem Urteil »van Gend & Loos« von 1963 jedoch fest, dass die Rechtssubjekte der Verträge »nicht nur die Mitgliedstaaten, sondern auch die Einzelnen sind«.[1] Damit konnten sich fortan Private, das heißt einzelne Staatsbürger oder auch juristische Personen wie Unternehmen, auf Bestimmungen der Verträge berufen und gegenüber den Mitgliedstaaten einfordern. Der EuGH hatte durch dieses Urteil also einen völkerrechtlichen Vertrag in eine Rechtsordnung transformiert, die direkt und unmittelbar in den Mitgliedstaaten wirksam war (»Direktwirkung« oder auch »unmittelbare Wirkung«). Dieses Prinzip baute der Gerichtshof in den folgenden Jahren stetig weiter aus, indem er die Direktwirkung beispielsweise auf europäisches Sekundärrecht ausweitete.[2] Demnach konnten sich die Bürger der Nationalstaaten in Rechtsangelegenheiten nicht nur auf Bestimmungen der Verträge, sondern auch auf die von den politischen Organen der EU erlassenen Richtlinien oder Verordnungen berufen.

Hieraus ergab sich jedoch das Problem, dass nun unklar war, in welchem Verhältnis nationales und europäisches Recht zueinander stehen. »Wenn [...] europäische Vorschriften direkt wirken sollten, musste in der Tat ihr Verhältnis zum nationalen Recht geklärt werden« (Scharpf 1999: 55). Die Lösung, die der EuGH fand, war einfach, aber nicht minder revolutionär wie die Doktrin der Direktwirkung: In ihrem Urteil im Fall »Costa/ENEL« vom 15. Juli 1964[3] erklärten die Richter kurzerhand, dass europäisches Recht über nationalem Recht stehe. Durch das Prinzip des »Vorrangs« hatte sich nationales Recht fortan, einerlei ob Verwaltungsvorschrift oder Verfassungsnorm, im Kollisionsfall den europäischen Bestimmungen unterzuordnen.

Neben diesen, in den 1960er-Jahren getroffenen grundlegenden Entscheidungen, die nichts anderes als die *Konstitutionalisierung* der europäischen Verträge bedeutete (Stein 1981; Weiler 1991), begann der Gerichtshof in den 1970er-Jahren, die Reichweite europäischen Rechts noch weiter auszudehnen. In zwei wegweisenden Urteilen[4] erklärten die Richter die »Drittwirkung« oder auch »Privatwirkung« des Europarechts. Demnach sind europäische Vorgaben nicht nur für die nationalen Gesetzgeber, sondern auch für Private wie Verbände oder Firmen verpflichtend. Diese Rechtsprechung, deren Ausmaß in der rechtswis-

1 Slg. 1963, S. 1, Urteil des EuGH vom 5. Februar 1963 in Rs. C-26/62 (van Gend & Loos), Rnr. 10.

2 Slg. 1974, S. 1337, Urteil des EuGH vom 4. Dezember 1974 in Rs. C-41/74 (van Duyn).

3 Slg. 1964, S. 1141, Urteil des EuGH vom 15. Juli 1964 in Rs. C-6/46 (Costa/ENEL).

4 Slg. 1974, S. 1405, Urteil des EuGH vom 12. Dezember 1974 in Rs. C-36/74 (Walrave und Koch); Slg. 1976, S. 455, Urteil des EuGH vom 8. April 1976 in Rs. C-43/75 (Defrenne).

senschaftlichen Literatur allerdings nach wie vor umstritten ist (Kingreen 2003: 676ff.; Streinz/Leible 2000), hat insbesondere im Bereich der sogenannten Grundfreiheiten (mehr dazu unten) erhebliche Bedeutung erlangt. So hat der EuGH etwa in aktuelleren Entscheidungen (»Viking« und »Laval«)[5] festgestellt, dass sich auch die Tarifpartner bei der Lohnaushandlung an die Bestimmungen der EU-Verträge halten müssen. Konkret bedeutet dies etwa, dass Gewerkschaften die Grundfreiheiten nur unter bestimmten Voraussetzungen durch Streiks beeinträchtigen dürfen (Höpner 2008).

... und ihre liberalisierende Ausrichtung

Neben diesen Urteilen, in denen der EuGH im Zuge »revolutionärer rechtsdogmatischer Schritte« die europäischen Verträge in eine Art Verfassung verwandelt hatte (Haltern 2005: 552), entwickelte der Gerichtshof in den 1970er-Jahren zudem Rechtsprinzipien von enormer politökonomischer Bedeutung. Da die Römischen Verträge darauf abzielten, die Integration Europas durch die Schaffung eines gemeinsamen Wirtschaftsraums zu realisieren, enthielten sie eine Reihe von wirtschaftsrechtlichen Bestimmungen. Dies sind die Vorschriften des Wettbewerbsrechts sowie die sogenannten Grundfreiheiten, die Beschränkungen des Warenverkehrs, der Niederlassungsfreiheit, der Dienstleistungsfreiheit und des Kapital- und Zahlungsverkehrs zwischen den Mitgliedstaaten verbieten. Dem Vertragstext lässt sich entnehmen, dass durch die Grundfreiheiten sichergestellt werden sollte, dass Wirtschaftsteilnehmer in allen Mitgliedstaaten gleichbehandelt werden, das heißt, für ausländische Marktakteure sollten die gleichen Regeln gelten wie für die inländischen. »Es musste also ein Diskriminierungstatbestand vorliegen, damit die Handlungen von Staaten oder Wirtschaftsteilnehmern sanktioniert werden konnten« (Höpner 2008: 15). In zwei wegweisenden Urteilen nahm der EuGH jedoch eine Reinterpretation der Grundfreiheiten vor, indem er diese von Diskriminierungs- in *Beschränkungsverbote* umdeutete (Eilmansberger 1999a, 1999b). In seiner Dassonville-Entscheidung[6] zur Warenverkehrsfreiheit stellte er fest:

> Jede Handelsregelung der Mitgliedstaaten, die geeignet ist, den innergemeinschaftlichen Handel unmittelbar oder mittelbar, tatsächlich oder potentiell zu behindern, ist als Maßnahme mit gleicher Wirkung wie eine [nach Art. 28 EGV verbotene] mengenmäßige Beschränkung anzusehen.[7]

5 Slg. 2007, S. I-10779, Urteil des EuGH vom 11. Dezember 2007 in Rs. C-438/05 (Viking); Slg. 2007, S. I-11767, Urteil des EuGH vom 18. Dezember 2007 in Rs. C-341/05 (Laval).

6 Slg. 1974, S. 837, Urteil des EuGH vom 11. Juli 1974 in Rs. C-8/74 (Dassonville).

7 Ebd.: Rnr. 5.

Damit schützten die Grundfreiheiten fortan nicht nur vor diskriminierenden, sondern vor allen nationalen Regelungen, die – und sei es nur potenziell – ein Hindernis grenzüberschreitenden Warenverkehrs darstellen. »Mit der Entscheidung *Dassonville* wird also der Anspruch erhoben, grundsätzlich alle Beschränkungen des innergemeinschaftlichen Handels am Maßstab der Grundfreiheiten zu prüfen« (Kingreen 2003: 638). Durch diese Formel hatte der EuGH folglich nicht nur die Reichweite europäischen Rechts massiv ausgeweitet, sondern diesem zugleich auch einen liberalisierenden, marktschaffenden Drall gegeben, der über die ursprünglich beabsichtigte antiprotektionistische Ausrichtung hinausging.

Die Dassonville-Formel, die so weit ist, dass sie prinzipiell jede marktbehindernde Regelung in den Mitgliedstaaten erfasst – angefangen von Verbraucher- und Umweltschutzbestimmungen bis hin zu sozial- und wirtschaftspolitischen Regelungen –, erschien aber selbst dem EuGH zu weit. Doch statt die Weite der Formel wieder einzuengen und einen Teil der Entscheidungsautonomie an die Mitgliedstaaten zurückzugeben, entwickelten die Richter eine integrationsfreundliche Lösung. Im Urteil *Cassis de Dijon*[8] befand der Gerichtshof:

> Hemmnisse für den Binnenhandel der Gemeinschaft [...] müssen hingenommen werden, soweit diese Bestimmungen notwendig sind, um zwingenden Erfordernissen gerecht zu werden, insbesondere den Erfordernissen einer wirksamen steuerlichen Kontrolle, des Schutzes der öffentlichen Gesundheit, der Lauterkeit des Handelsverkehrs und des Verbraucherschutzes.[9]

Demnach blieb die Dassonville-Formel bestehen, doch wurde den Mitgliedstaaten nun das Recht eingeräumt, eine Beschränkung aufrechtzuerhalten, sofern sie »zwingenden Erfordernissen« entspricht. Die Definition dessen, was solch ein Erfordernis ist und nach welchen Kriterien geprüft wird, ob solch ein Erfordernis vorliegt, behielt der EuGH allerdings in seinen Händen. Denn hätte er die Deutungshoheit den nationalen Regierungen überlassen, wäre es für jene ein Leichtes, bei jeder für wichtig erachteten nationalen Regelung einen gewichtigen Ausnahmetatbestand zu konstruieren. Dies hätte die europäische Integration qua Marktintegration in der Tat nicht vorantreiben können. Folglich entließ der EuGH die Frage, was ein legitimer Grund für eine Beschränkung ist, gar nicht erst in die Zuständigkeit der Mitgliedstaaten, sondern behielt sich hierbei das letzte Wort vor. Zudem unterlegte er die »zwingenden Erfordernisse« noch zusätzlich einem Verhältnismäßigkeitstest. Konnte ein Mitgliedstaat vor Gericht also ein Erfordernis angeben, das der Gerichtshof akzeptierte, so mussten die Richter anschließend noch davon überzeugt werden, dass die nationale Maß-

8 Slg. 1979, S. 649, Urteil des EuGH vom 20. Februar 1979 in Rs. C-120/78 (Cassis de Dijon).
9 Ebd.: Rnr. 8.

nahme geeignet und erforderlich ist, um das mit der Beschränkung verfolgte Ziel zu erreichen.

As a consequence, the *Cassis* formula maximizes the Court's quasi-discretionary control over the substance of member-state policies. Even in policy areas where no powers have been delegated to the EU, it is for the Court, rather than for national constitutions and national democratic processes, to determine the legitimate purposes of national policy. And it is for the Court, rather than for national governments and legislatures, to judge the effectiveness and necessity of measures employed in the pursuit of allowable policy purposes. (Scharpf 2010: 219)

Diese in den 1970er-Jahren anhand der Warenverkehrsfreiheit entwickelten Prinzipien hat der EuGH seitdem auch auf die anderen Grundfreiheiten ausgedehnt (Oliver/Roth 2004). Durch das Urteil »Säger«[10] wurde die Beschränkungsverbotsdogmatik auf die Dienstleistungsfreiheit, durch die »Bosman-Entscheidung«[11] auf die Arbeitnehmerfreizügigkeit und im »Gebhard-Fall«[12] auf die Niederlassungsfreiheit übertragen. In zuletzt genanntem Urteil wird die grundlegende Dogmatik der Grundfreiheiten besonders griffig auf den Punkt gebracht:

Nationale Maßnahmen, die die Ausübung der durch den Vertrag garantierten grundlegenden Freiheiten behindern oder weniger attraktiv machen können, müssen vier Voraussetzungen erfüllen: Sie müssen in nichtdiskriminierender Weise angewandt werden, sie müssen aus zwingenden Gründen des Allgemeininteresses gerechtfertigt sein, sie müssen geeignet sein, die Verwirklichung des mit ihnen verfolgten Zieles zu gewährleisten, und sie dürfen nicht über das hinausgehen, was zur Erreichung dieses Zieles erforderlich ist.[13]

Anhand der im vorangegangenen Abschnitt aufgeführten Urteile zu den Goldenen Aktien erkennt man, dass der EuGH diese Formel inzwischen auch für die Kapitalverkehrsfreiheit anwendet.

Mit der Konstitutionalisierung und der Ausweitung der Grundfreiheiten auf Schutzrechte vor Markteingriffen hatte der EuGH also ein Rechtssystem geschaffen, »das sich von Intention und Anlage der Vertragsbestimmungen erfolgreich emanzipiert hatte« (Höpner 2008: 16). Von nun an konnten sich Wirtschaftsakteure auf Bestimmungen der europäischen Verträge beziehen und vor allem solche nationalen Bestimmungen (unerheblich, ob sie auf staatliches oder privates Handeln zurückgehen) gerichtlich für unzulässig erklären lassen, die – sofern sie nicht zwingenden Gründen des Allgemeininteresses dienten und verhältnismäßig waren – marktbeschränkend wirkten. Angesichts dieser über den Wortlaut der Verträge hinausgehenden Errungenschaften gilt der EuGH heute unzweifelhaft als einer der »Motoren der Integration« (Pollack 2003). Durch sei-

10 Slg. 1991, S. I-4221, Urteil des EuGH vom 25. Juli 1991 in Rs. C-76/90 (Säger).

11 Slg. 1995, S. I-4921, Urteil des EuGH vom 15. Dezember 1995 in Rs. C-415/93 (Bosman).

12 Slg. 1995, S. I-4165, Urteil des EuGH vom 30. November 1995 in Rs. C-55/94 (Gebhard).

13 Ebd.: Leitsatz Nr. 6.

ne innovative Rechtsprechung hat er erheblich zur Vertiefung der europäischen Integration beigetragen und maßgeblich dafür gesorgt, dass das europäische Integrationsprojekt heute weit über den Charakter einer klassischen internationalen Organisation des Völkerrechts hinausgewachsen ist.

3.2 Politikwissenschaftliche Erklärungen

Wie lässt sich dieser integrationsfördernde Drang des EuGH erklären? Entspricht dies dem politischen Willen der »Herren der Verträge«, den nationalen Regierungen? Und wenn nicht, warum verhindern die Mitgliedstaaten dies dann nicht? Diese Fragen stehen im Mittelpunkt einer politikwissenschaftlichen Debatte, die durch zwei gegensätzliche Perspektiven gespeist wird: die intergouvernementalistische auf der einen, die supranationalistische Perspektive auf der anderen Seite. Wie sehen die wesentlichen Argumente dieser Deutungsansätze aus?

Intergouvernementalismus

Die intergouvernementalistische Perspektive beruht auf der zentralen Annahme, dass politische Prozesse jenseits des Nationalstaates im Wesentlichen von den nationalen Regierungen bestimmt werden. Demnach wären die entscheidenden Akteure der europäischen Integration die Mitgliedstaaten, und es wären allein ihre Präferenzen und Handlungen, die den Verlauf der Integration bestimmen würden. Den supranationalen Einrichtungen wie Kommission und EuGH bräuchte daher wenig Beachtung geschenkt werden, da diese aus intergouvernementaler Sicht lediglich von den nationalen Regierungen eingesetzte Erfüllungsgehilfen bei der Verwirklichung ihrer Präferenzen sind. Folglich liegt der Fokus der in dieser Perspektive durchgeführten empirischen Untersuchungen auch vornehmlich auf den Interaktionen zwischen den Mitgliedstaaten und den von ihnen verfolgten Zielen (grundlegend: Hoffmann 1964, 1966; Moravcsik 1993, 1998).

Zu Beginn der 1990er-Jahre begannen aber auch Vertreter dieses Ansatzes zu realisieren, dass das Rechtssystem der EU viel weiter entwickelt und souveränitätsbeschränkender ist als bei anderen supranationalen Strukturen (Garrett 1992). Es sei zutreffend, dass der EuGH erhebliche Macht habe, um vertragsbrüchigen Staaten europäisches Recht aufzuzwingen, und in der Tat habe der Gerichtshof weitreichende und innovative Urteile gefällt, die über den Wortlaut der Verträge hinausgingen. Aber da die Mitgliedstaaten diese Entscheidungen nie rückgängig gemacht haben, sei davon auszugehen, dass der EuGH nichts getan habe, was nicht im Interesse der Mitgliedstaaten, insbesondere der beiden wichtigsten Mitglieder Deutschland und Frankreich, gelegen habe (Garrett 1992, 1995; Garrett/Kelemen/Schulz 1998). Der Grund, warum der EuGH im Sinne der Mitgliedstaaten handele, ergebe sich aus dem spezifischen Zweck, den der Gerichtshof in der EU erfüllt.

Folgt man der intergouvernementalistischen Perspektive, dann sind es zwei Aufgaben, die die Mitgliedstaaten bewusst an den EuGH übertragen haben: die Verbesserung der Wirksamkeit der Verträge sowie die Anwendung der allgemeinen Vertragsbestimmungen auf konkrete Fälle (Garrett 1992: 556ff.; Garrett/Kelemen/Schulz 1998: 155f.). Die erste Aufgabe ergebe sich aus dem Problem, dass ein einzelner Mitgliedstaat aufgrund der Vielfältigkeit und Komplexität der Interaktionen in der EU nie sicher sein kann, ob sich alle Beteiligten an die im Vertrag festgelegten Regeln halten (»monitoring problem«). Um die Effektivität der Verträge zu gewährleisten, kann es daher sinnvoll sein, ein starkes Rechtssystem zu haben, durch welches das Verhalten aller Beteiligten überwacht und sanktioniert wird. Die zweite Aufgabe ergebe sich aus dem Problem, dass es für die Mitgliedstaaten zu aufwendig oder gar unmöglich sei, alle im Vertrag niedergelegten Regeln bis ins kleinste Detail auszuformulieren (»incomplete contracting problem«). Daher sei es effizienter, lediglich die grundlegenden Spielregeln vertraglich festzulegen und die Aufgabe, diese Regeln mit Leben zu füllen und auf konkrete Einzelfälle anzuwenden, an eine eigenständige Instanz zu übertragen. Die Mitgliedstaaten haben den EuGH demnach ganz bewusst mit einem gewissen Handlungsspielraum ausgestattet. Gelegentlicher Protest eines Mitgliedstaates gegen ein Urteil könne daher noch nicht als Anzeichen dafür gewertet werden, dass sich dieser Mitgliedstaat insgesamt gegen den EuGH und das europäische Rechtssystem stellen wolle.

Voraussetzung für diese Zugeständnisse an den EuGH sei allerdings die Erwartung der Mitgliedstaaten, dass der EuGH seine ihm übertragenen Kompetenzen nicht gegen ihre Interessen verwende. Dies ist immerhin denkbar, schließlich sei der EuGH ein strategischer Akteur, der ein Interesse an Ausweitung und Bedeutungszuwachs des europäischen Rechts habe, da er hierdurch seine eigenen Kompetenzen und damit seine Macht ausdehnen könnte (Garrett 1995: 173). Die Anreize für den Gerichtshof, dies tatsächlich zu tun, seien jedoch gering, da die Mitgliedstaaten die Richter an einer »kurzen Leine« halten würden (Pollack 1997: 120). Denn den nationalen Regierungen stünden drei zentrale Mechanismen zur Sanktionierung unliebsamen EuGH-Verhaltens und damit zur Kontrolle des Gerichtshofs zur Verfügung (Garrett 1992: 558): Erstens könnten die Regierungen Einfluss auf die Zusammensetzung der Richterbank nehmen und zu eigenmächtig handelnde Richter abberufen beziehungsweise deren Wiederwahl verhindern; zweitens könnten sie unliebsame Urteile ignorieren (»Non-Compliance«); und drittens könnten sie eigennütziges Handeln des EuGH durch nachträgliche gesetzgeberische Tätigkeit auf europäischer Ebene korrigieren (mittels Sekundärrecht oder Vertragsänderung).

Die Richter des EuGH wüssten um diese Sanktionsmöglichkeiten und würden daher von vornherein vermeiden, die Mitgliedstaaten gegen sich aufzubringen. Sie seien daher bestrebt, die Präferenzen der Mitgliedstaaten systematisch bei ihrer Rechtsprechungstätigkeit zu berücksichtigen: »[T]he court's judicial activism is constrained by the reactions they anticipate from member governments to their decisions« (Garrett 1995: 173). Dieses Verhalten lasse sich auch empirisch beobachten. Nach Garrett zeige sich etwa, dass der EuGH in seinem Interesse liegende Urteile – also das europäische Recht stärkende Entscheidungen – nur in unwichtigen Fällen oder lediglich gegen die Präferenzen der schwachen Mitgliedstaaten gefällt hat. Fälle, bei denen zentrale Interessen eines mächtigen Mitgliedstaates berührt waren, habe der EuGH jedoch im Sinne der betroffenen Regierung entschieden (Garrett 1995: 178f.).

Später präzisierte Garrett, zusammen mit Kelemen und Schulz, seine Einschätzung über die Auswirkungen mitgliedstaatlicher Präferenzen auf die Rechtsprechung des EuGH noch weiter (Garrett/Kelemen/Schulz 1998). So sei zwar davon auszugehen, dass der EuGH sich politischem Druck beugen werde, insbesondere wenn die Wahrscheinlichkeit einer Nichtbefolgung eines Urteils oder einer Vertragsänderung groß ist. Würde er dies nicht tun, gefährde er seine Legitimation und damit seine Macht. Andererseits dürfe sich der Gerichtshof dem politischen Druck aber auch nicht allzu weit beugen, wolle er seine Rolle als neutrale und unabhängige Entscheidungsinstanz nicht untergraben. Ein Gericht, welches keinen klaren Grundsätzen bei seinen Entscheidungen folge, sondern von Fall zu Fall nach unterschiedlichen Maßstäben entscheide, mache sich unglaubwürdig und erscheine als politisch willfährig. Folglich müsse der EuGH zwischen den politischen Präferenzen der Mitgliedstaaten und der Konsistenz der Rechtsprechung abwägen:

> Avoiding member government defiance may call for one decision; maintaining legal consistency may demand a very different one. In making its rulings, the ECJ must weigh the legitimacy consequences of both courses of action. (Garrett/Kelemen/Schulz 1998: 151)

Aufgrund dieser Einschätzung sei daher zu erwarten, dass die Wahrscheinlichkeit für integrationsfreundliche Urteile zunehme, je klarer die Rechtslage oder je entwickelter die Rechtsprechung sei (Garrett/Kelemen/Schulz 1998: 150).

Jedoch kann auch diese Präzisierung nicht darüber hinwegtäuschen, dass die Intergouvernementalisten an ihrem zentralen Argument festhalten: Die Integration durch Recht und ihre liberalisierende Stoßrichtung geschehe weitgehend im Einklang mit den Interessen der Mitgliedstaaten. Auch wenn die Regierungen die konkreten Schritte dieses Prozesses, etwa die Konstitutionalisierung oder das Prinzip des Beschränkungsverbots, nicht explizit in den Verträgen niedergelegt hätten, so zeuge das Fehlen einer nachträglichen Korrektur doch von ihrer Zustimmung. Zudem sorgten die den Mitgliedstaaten zur Verfügung stehenden Kontrollinstrumente dafür, dass die Richter eine gegen den Willen der Mitgliedstaaten gerichtete Rechtsprechung erst gar nicht in Erwägung ziehen würden, sondern die Präferenzen der Mitgliedstaaten strategisch antizipieren.

Supranationalismus

Eine fundamental andere Erklärung der Integration durch Recht bieten jene Deutungsmuster an, die sich unter dem Stichwort Supranationalismus zusammenfassen lassen (Burley/Mattli 1993; Mattli/Slaughter 1998; Stone Sweet 2010; Stone Sweet/Brunell 1998; Stone Sweet/Sandholtz 1997).[14] Im Gegensatz zu den Intergouvernementalisten, die den EuGH als Erfüllungsgehilfen der Mitgliedstaaten darstellen, wird der EuGH hier als ein Akteur gedeutet, der sich von der Kontrolle durch die nationalen Regierungen erfolgreich emanzipiert hat. Statt die Interessen der Regierungen zu verwirklichen, verfolge der EuGH im Zusammenspiel mit privaten Akteuren und nationalen Gerichten vielmehr eigene Interessen, wogegen die Mitgliedstaaten weitgehend machtlos seien. Wie begründet sich diese Auffassung?

Ausgangspunkt der Supranationalisten ist die Annahme, dass der EuGH ein Akteur mit eigenen, sich von denen der Mitgliedstaaten unterscheidenden Interessen ist (Burley/Mattli 1993: 60ff.). Er sei vor allem an der Zunahme seiner eigenen Macht interessiert, weshalb er stetig versuche, die Reichweite europäischen Rechts auszuweiten und so seine eigenen Kompetenzen zu stärken. Demnach hat der EuGH die Prinzipien von Direktwirkung, Vorrang oder die Formel des Beschränkungsverbots nicht entwickelt, weil dies den Interessen der Mitgliedstaaten entsprach, sondern allein, weil sie aufgrund ihrer integrationsvertiefenden Wirkung seinem eigenen Machtgewinn dienten.

Diese eigennützige Rechtsprechung wäre für den Integrationsprozess jedoch folgenlos geblieben, hätte der EuGH nicht Unterstützung auf nationaler Ebene gefunden. Diese Unterstützung sei jedoch nicht – wie von den Intergouvernementalisten behauptet – von den nationalen Regierungen, sondern von subnationalen Akteuren, das heißt Privaten und nationalen Gerichten, gekommen

14 Die Supranationalisten knüpfen sehr stark (siehe etwa Burley/Mattli 1993; Stone Sweet/Sandholtz 1997) an Ernst B. Haas' Theorie des »Neo-Funktionalismus« an (Haas 1958, 1961). Allerdings unterscheiden sich beide Theorien – trotz großer Gemeinsamkeiten – hinsichtlich der kausalen Mechanismen, durch die sich Integration vollzieht, sowie der Einschätzung der Entwicklungsperspektiven des Integrationsprozesses (zu den Gemeinsamkeiten und Unterschieden siehe etwa Nölke 2005).

(Burley/Mattli 1993; Stone Sweet/Brunell 1998; Cichowski 1998, 2007; Alter/Vargas 2000). Deren Bereitschaft, den EuGH in seiner Machtexpansion zu unterstützen, sei dabei von »ruthless egoism«, also reinem Selbstinteresse, getrieben (Burley/Mattli 1993: 54). Um dies zu verstehen, hilft es, sich noch einmal die in Abschnitt 3.1 geschilderte Rechtsprechung des EuGH in Erinnerung zu rufen. Wie dargestellt, war das wesentliche Merkmal dieser integrationsfördernden Rechtsprechung, dass der EuGH die Vorschriften der europäischen Verträge in nationalem Recht übergeordnete Individualrechte transformierte. Konkret bedeutete dies, dass private Akteure (natürliche wie juristische Personen) nun versuchen konnten, sie behinderndes nationales Recht mit Verweis auf europäische Normen gerichtlich außer Kraft zu setzen. Der EuGH hatte für Private also den Anreiz geschaffen, ihre Interessen – etwa an ungehindertem Warenverkehr in Europa – statt auf politischem Wege gerichtlich durchzusetzen.

Um ihre Interessen auf diese Weise zu verfolgen, sind die privaten Akteure jedoch auf die Hilfe der nationalen Gerichte angewiesen. Denn bislang haben Private keine Möglichkeit, den EuGH direkt anzurufen, um nationales Recht infrage zu stellen.[15] Lediglich die Kommission oder eine nationale Regierung können im Zuge der Vertragsverletzungsverfahren nach Artikel 258 beziehungsweise 259 AEUV direkt beim EuGH Klage einreichen. Die einzige Möglichkeit, wie Private doch noch erreichen können, dass sich der EuGH zu ihrem Fall äußert, besteht daher im sogenannten Vorabentscheidungsverfahren nach Artikel 267 AEUV. Dieses Verfahren sieht vor, dass nationale Gerichte in Fällen, die einen Europarechtsbezug aufweisen, den EuGH um Hilfestellung bei der Interpretation der Verträge oder Sekundärrecht fragen dürfen. Macht ein nationales Gericht von diesem Recht Gebrauch, dann ist der EuGH verpflichtet, sich zu der ihm vorgelegten Frage zu äußern. Die nationalen Gerichte folgen in der Regel den Empfehlungen des EuGH. Damit wirkt das Vorabentscheidungsverfahren faktisch wie eine Normenkontrolle, da auf diesem Wege – jedenfalls indirekt über die Kooperation eines nationalen Gerichts mit dem EuGH – die Vereinbarkeit einer nationalen Bestimmung mit dem höherrangigen Europarecht überprüft wird.[16]

---

15 Eine Möglichkeit, den EuGH anzurufen, haben Private doch: die Nichtigkeitsklage nach Artikel 263 AEUV. Dieses Verfahren eröffnet den Klägern allerdings nur die Möglichkeit, Rechtsakte der EU-Organe durch den EuGH aufheben zu lassen. Nationale Bestimmungen lassen sich auf diesem Wege folglich nicht außer Kraft setzen.

16 Interessanterweise war das Vorabentscheidungsverfahren ursprünglich zu einem ganz anderen, genau genommen gegenteiligen Zweck in den europäischen Verträgen verankert worden: Die Mitgliedstaaten hatten dieses Verfahren ursprünglich dazu vorgesehen, dass sich Private durch dieses Verfahren gegen *europäische* Rechtsvorschriften zur Wehr setzen konnten (Alter 1998). Doch die Privaten, zusammen mit den nationalen Gerichten, nutzten dieses Verfahren stattdessen, um *nationales* Recht infrage zu stellen (Weiler 1991).

Warum aber sollten die nationalen Gerichte ein Interesse daran haben, dem EuGH Fälle vorzulegen und auf diese Weise den Privaten helfen, ihre europarechtlichen Ansprüche durchzusetzen? Den Supranationalisten zufolge sei auch hier reines Selbstinteresse der maßgebliche Grund: Die nationalen Gerichte unterstützten die privaten Kläger vor allem, weil sie auf diese Weise ihre eigene Macht ausbauen konnten.[17] Denn indem das Vorabentscheidungsverfahren wie ein Normenkontrollverfahren wirke, habe es vor allem den Gerichten der unteren Instanzen[18] eine Kompetenz verschafft – die Beurteilung nationalen Rechts –, die sonst nur Höchstgerichten zustehe (Burley/Mattli 1993: 62ff.):

> Lower courts and their judges were given the facility to engage with the highest jurisdictions in the Community and, even more remarkable, to gain power of judicial review over the executive and legislative branches, even in those jurisdictions where such judicial power was weak or nonexistent. [...] Even in those countries that knew full-fledged judicial review, such as Italy and Germany, the EC system gave judges at the lowest level powers that have been reserved, within the national system, only for the highest courts of the land. (Weiler 1994: 523)

Von dieser Unterstützung durch Private und nationale Gerichte profitiere der EuGH wiederum selbst (Burley/Mattli 1993: 60ff.). Denn umso mehr Fälle ihm die nationalen Gerichte vorlegten, desto mehr Möglichkeiten erhalte er auch, um seine bisherige Rechtsprechung zu festigen und auf neue, bislang nicht erschlossene Bereiche auszudehnen. Diese Nachfrage »von unten« ermögliche es ihm, die Integration stetig weiter voranzutreiben und somit seine eigene Macht auszubauen.

Diese von den Interessen juristischer und privater Akteure getragene Eigendynamik des europäischen Rechtssystems kann freilich nur erklären, warum sich die Integration durch Recht nicht an den Präferenzen der Mitgliedstaaten orientiert. Sie erklärt aber noch nicht, warum die Mitgliedstaaten diesen Prozess nicht unterbinden. Wenn die judikative Integration mit dem Willen der Regierungen nichts zu tun hat: Warum greifen die Regierungen dann nicht auf jene Instrumente zurück, die ihnen laut intergouvernementalistischer Perspektive für die Kontrolle des EuGH zur Verfügung stehen? Die wesentliche Antwort, die sich dazu der supranationalistischen Literatur entnehmen lässt, ist, dass die Mitgliedstaaten schlicht nicht in der Lage sind, die Dynamik des europäischen Rechtssystems aufzuhalten. Dies ergebe sich aus vier Gründen.

---

17 Ein anderer Grund sei, dass die niederen Gerichte hierdurch ihre Arbeitsbelastung senken konnten (Stone Sweet/Brunell 1998: 73; kritisch hierzu: Alter 2001: 42).

18 Wie Alter gezeigt hat, waren die nationalen Höchstgerichte weit weniger bereit mit dem EuGH zu kooperieren, da sie um ihre Letztentscheidungskompetenz fürchteten (Alter 2001: insbesondere die Kapitel 3 und 4).

Erstens würden die Mitgliedstaaten den Einsatz der ihnen zur Verfügung stehenden Kontrollinstrumente oftmals gar nicht erst in Erwägung ziehen. Verantwortlich dafür sei die »maskierende« Wirkung des Rechts (Burley/Mattli 1993: 72f.). Die Sprache des Rechts verwandle die integrationspolitischen Entscheidungen des EuGH nämlich in vermeintlich unpolitisch-technische Angelegenheiten, die als sachlich geboten erscheinen. Dadurch würden die Mitgliedstaaten das integrationsvertiefende Handeln des EuGH als weitgehend unproblematisch erachten und daher von Sanktionen gegen den EuGH oder Korrekturen seiner Rechtsprechung von vornherein absehen.

Sollten die Mitgliedstaaten aber dennoch zu dem Schluss kommen, dass sich der EuGH inakzeptabel verhalten habe, dann stünden sie vor weiteren Herausforderungen: So erschwere etwa zweitens die »Komplizenschaft« der nationalen Gerichte die Möglichkeit für die Regierungen, Urteile des EuGH zu ignorieren, erheblich (Alter 1998, 2001; Weiler 1994, 1991). Bevor die nationalen Gerichte europäisches Recht als höherrangig akzeptiert hatten, habe diese Möglichkeit für die nationalen Regierungen durchaus bestanden. Diese Exit-Option (Weiler 1991: 2412) sei jedoch in dem Moment geschlossen worden, als die nationalen Gerichte damit begonnen hätten, dem EuGH zu folgen. Denn nun konnten Regierungen, die eine Entscheidung des EuGH missachteten, vor heimischen Gerichten verklagt werden. Einen Urteilsspruch zu ignorieren bedeute für die Mitgliedstaaten folglich, sich nicht nur gegen den EuGH, sondern potenziell auch gegen das eigene Rechtssystem zu stellen und damit das für die Mitgliedstaaten wesentliche Rechtsstaatsprinzip zu verletzen.

Des Weiteren sei es drittens nicht möglich, den EuGH über die Ernennung oder Abberufung der Richter zu kontrollieren (Alter 1998: 139, 2001: 199f.). Dies gründe vor allem auf dem Umstand, dass die Urteile einstimmig verkündet werden. Hierdurch sei es für die Mitgliedstaaten kaum möglich, die aus ihrer Sicht »problematischen« Richter zu identifizieren. Hinzu komme noch, dass die Aussicht auf eine ausbleibende Wiederernennung keine wirkliche Bedrohung für die Richter darstelle, da diese in der Regel über ausreichend andere Karrieremöglichkeiten nach ihrer Zeit als Richter verfügten (Alter 2001: 200).

Viertens wird schließlich argumentiert, dass die institutionellen Hürden für eine Korrektur der Rechtsprechung oder des Mandats des EuGH außerordentlich schwer zu überwinden seien (Alter 1998: 136ff.; Stone Sweet 2004: 25f.). In der Tat: Geht es um Sekundärrecht, bedarf eine Korrektur der Rechtsprechung einer entsprechenden Initiative der Kommission, die wiederum von einer qualifizierten Mehrheit im Ministerrat sowie einer absoluten Mehrheit im Europäischen Parlament unterstützt werden muss. Bei Urteilen, die Vertragsbestimmungen betreffen (etwa die Grundfreiheiten), kann ein korrigierender Eingriff sogar nur durch eine Vertragsänderung erfolgen. Diese muss jedoch einstimmig von allen Regierungen angenommen und zudem in allen Mitgliedstaaten per Parlamentsbeschluss, in einigen Fällen sogar per Volksabstimmung, ratifiziert werden. Solange also auch nur ein Mitgliedstaat ein prointegratives Urteil als nützlich ansieht, sinken die Chancen auf eine Vertragsänderung beträchtlich.

> For this reason, the threat of treaty revision is essentially the »nuclear option« – exceedingly effective, but difficult to use – and is therefore a relatively ineffective and noncredible means of member state control. (Pollack 1997: 118f.)

Die supranationalistische Erklärung der Integration durch Recht unterscheidet sich also in zweierlei Hinsicht grundlegend von derjenigen, die die intergouvernementalistische Perspektive anbietet: Zum einen bestimmen hier statt der Präferenzen der nationalen Regierungen die Interessen von juristischen und gesellschaftlichen Akteuren auf supra- wie subnationaler Ebene die judikative Integration; zum anderen sind die Regierungen aufgrund der »maskierenden« Wirkung des Rechts zunächst oftmals gar nicht erst bereit, das Voranschreiten der judikativen Integration zu unterbinden. Und selbst wenn sie dies wollten, dann wären die ihnen zur Verfügung stehenden Instrumente zur Kontrolle dieses Prozesses unwirksam, weil sie deutlich voraussetzungsvoller sind, als die Intergouvernementalisten annehmen.

3.3 Überzeugende Antworten?

Wie ließe sich nun der in Kapitel 2 geschilderte Erfolg der Integration durch Recht im Politikfeld Unternehmenskontrolle erklären? Die beiden hier vorgestellten Theorien halten dazu eine Reihe von Argumenten bereit, die sich allerdings gegenseitig ausschließen. Es liegen daher konkurrierende Erklärungsangebote vor, über deren Tragfähigkeit letztlich empirisch entschieden werden muss. Doch zeigt sich jetzt schon, das heißt vor jeder eingehenderen empirischen Analyse, dass beide Konzeptionen – wenn auch in unterschiedlichem Maße – nur bedingt zu überzeugen vermögen. Die bisherige Forschung hat also, so meine These, Schwierigkeiten, das im Fokus dieser Arbeit stehende Gelingen der judikativen Integration angemessen zu erklären.

Wird dieser Erfolg zunächst aus intergouvernementalistischer Perspektive gedeutet, dann müssten die Regierungen diese Integrationsvertiefung explizit gewollt oder zumindest billigend in Kauf genommen haben. Denn wäre dem nicht so, dann hätte der EuGH ganz andere Urteile gefällt. Schließlich können die Regierungen, so der Intergouvernementalismus, unerwünschtes Handeln des Gerichtshofs effektiv sanktionieren, indem sie dessen personelle Besetzung verändern, dessen Rechtsprechung ignorieren oder aber durch entsprechende legislative Verfahren korrigieren. Die Richter des EuGH wissen dies und vermeiden es daher von vornherein, die Mitgliedstaaten gegen sich aufzubringen. Sollte der EuGH mit seinen integrationsvertiefenden Urteilen dennoch gegen die Präferenzen der Mitgliedstaaten gehandelt haben, dann müsste entsprechendes Sanktionsverhalten seitens der Regierungen aufgetreten sein. Tatsächlich sind solche Maßnahmen aber bislang ausgeblieben, was darauf hinweist, dass eine intergouvernementalistische Erklärung zutreffend sein könnte.

Ob die Mitgliedstaaten allerdings tatsächlich mit der Rechtsprechung des EuGH einverstanden waren, kann durchaus bezweifelt werden: So haben etwa alle von den Klagen der Kommission betroffenen Mitgliedstaaten, darunter die einflussreichsten EU-Mitglieder Deutschland, Frankreich und Großbritannien, dem EuGH explizit zu verstehen gegeben, dass sie die Rechtsauffassung der Kommission in Bezug auf Goldene Aktien nicht teilten. Damit signalisierten sie dem Gerichtshof unmissverständlich, dass sie eine Rechtsprechung, die den Gebrauch dieser Sonderrechte beschränkt, für nicht akzeptabel hielten. Wenn aber die Haltung der Regierungen derart eindeutig war, warum hat der EuGH dennoch immer gegen sie entschieden (lediglich Belgien bekam Recht)?

Die intergouvernementalistische Annahme, die Mitgliedstaaten müssten mit der Entwicklung der Rechtsprechung einverstanden gewesen sein, erscheint aber auch deshalb fragwürdig, weil – wie das vorhergehende Kapitel gezeigt hat – die politischen Integrationsbemühungen hinsichtlich der Unternehmenskontrolle bis heute gescheitert sind. Wenn die Regierungen tatsächlich nichts gegen eine auf die Stärkung von Eigentümerrechten zielende Rechtsprechung einzuwenden gehabt haben, weshalb einigten sie sich dann nicht im Zuge der legislativen Verfahren darauf? Angesichts dieser empirischen Einwände müsste nach intergouvernementalistischer Lesart eine genau entgegengesetzte, das heißt autonomieschonende und daher auch politökonomisch neutrale Rechtsprechung des EuGH stattgefunden haben. Da dies offenbar nicht passierte, stellt sich also die Frage, warum sich dennoch kein sanktionierendes Verhalten seitens der Mitgliedstaaten beobachten ließ.

Doch es ist nicht nur erklärungsbedürftig, warum sich der EuGH offenbar nicht an den Präferenzen der Mitgliedstaaten orientierte. Ebenso ist fraglich, warum die Regierungen nicht bereits die Klagen der Kommission unterbunden haben. Zwar wird die Rolle der Brüsseler Behörde im Prozess der Integration durch Recht von den Intergouvernementalisten gar nicht thematisiert, aber überträgt man die intergouvernementalistische Logik auf das Verhalten der Kommission, dann ergibt sich Klärungsbedarf. Denn dann sollten die Mitgliedstaaten über ausreichend Kontrollmöglichkeiten verfügen, um zu verhindern, dass die Kommission gegen die Interessen der Regierungen handeln kann. Tatsächlich findet sich diese Annahme über die Handlungskapazitäten der Kommission in dieser allgemeinen Form auch in der intergouvernementalistischen Literatur (etwa Garrett 1992). Übertragen auf den hier im Fokus stehenden Fall bedeutet dies, dass die Regierungen die Möglichkeit gehabt haben müssten, den Kläger zu kontrollieren. Und da das Vorgehen der Kommission gegen die staatlichen Sonderrechte sehr viele Mitgliedstaaten betraf, und alle Regierungen auf den Erhalt ihrer Goldenen Aktien drängten, sollten die Regierungen von dieser Möglichkeit eigentlich auch Gebrauch gemacht haben. Der Prozess der Integration durch Recht hätte also bereits in einem frühen Stadium abgewehrt werden können. Warum aber nutzten die Regierungen diese Möglichkeit dann nicht und ließen – obwohl sie die Rechtsauffassung der Kommission nicht teilten – die Brüsseler Behörde gewähren?

Aus intergouvernementalistischer Perspektive stellt sich also nicht nur die Frage, warum der EuGH offensichtlich gegen die Interessen der Regierungen gehandelt hat. Vor allem ist auch erklärungsbedürftig, warum die Mitgliedstaaten – die ja augenscheinlich gegen diese Integrationsvertiefung im Bereich der Unternehmenskontrolle waren – weder die Kommission gestoppt noch das Handeln des EuGH im Nachhinein sanktioniert beziehungsweise korrigiert haben. Eine mögliche Antwort auf diese Frage hält der Supranationalismus bereit: Demnach hat eine Koalition aus nach Machtzuwachs strebenden juristischen Akteuren (hier die Richter des EuGH) und an einer Liberalisierung der Unternehmenskontrolle Interessierter (hier in erster Linie die Kommission, womöglich unterstützt von nationalen Interessengruppen) das europäische Rechtssystem dazu genutzt, um diese Präferenzen (Integration und Liberalisierung) gegen den Willen der Mitgliedstaaten gerichtlich durchzusetzen. Die Regierungen hielten dies zunächst für unproblematisch, da sie das Vorgehen von Kommission und EuGH lediglich als rechtlich-technische und nicht als politische Angelegenheit wahrnahmen. Sollten sie in den EuGH-Urteilen schließlich dennoch eine problematische Integrationsvertiefung erkannt und sich zu Gegenmaßnahmen entschlossen haben, dann hätte sich herausgestellt, dass die ihnen für eine Korrektur zur Verfügung stehenden Gegenmittel unbrauchbar sind. Den Supranationalisten zufolge sollte es ihnen weder gelungen sein, unliebsame Richter abzuberufen noch die Rechtsprechung des EuGH zu ignorieren oder gar zu korrigieren.

Diese Antwort erscheint tatsächlich plausibler zu sein als jene der Intergouvernementalisten. Denn nun erscheint das Verhalten von EuGH, Kommission und Regierungen nicht länger erklärungsbedürftig zu sein: EuGH und Kommission konnten die judikative Integration im Politikfeld Unternehmenskontrolle gegen den Willen der Mitgliedstaaten deshalb durchsetzen, weil die Regierungen sich entweder nicht einmal des Problems bewusst waren oder aber sich nicht dagegen wehren konnten. Insbesondere Letzteres leuchtet ein. Den Supranationalisten zufolge sinkt etwa die Wahrscheinlichkeit, dass die nötigen Mehrheiten für eine legislative Korrektur der Rechtsprechung zustande kommen, erheblich, solange es Interessenunterschiede zwischen den Mitgliedstaaten gibt. Dass diese Unterschiede im Bereich der Unternehmenskontrolle existieren, sollte im vorangegangenen Kapitel über das Scheitern der politischen Integrationsbemühungen deutlich geworden sein. Da der Erfolg der Integration durch Recht zugunsten des liberalen Unternehmenskontrollmodells ausgefallen ist, dürften all jene Mitgliedstaaten, deren nationalen Modelle hiermit kompatibel sind, diesen Erfolg begrüßen und einer legislativen Korrektur die Zustimmung verweigern.

Der Deutungsansatz des Supranationalismus scheint demjenigen des Intergouvernementalismus folglich überlegen zu sein. Doch auch hier bleiben Zweifel, inwieweit dies für eine angemessene Erklärung des Gelingens der judikativen Integration im Bereich Unternehmenskontrolle ausreicht. Denn allein schon die Annahme, die Mitgliedstaaten wären zu größerem Widerstand gegen die Rechtsprechung des EuGH nicht bereit gewesen, weil sie diese lediglich als technisch und daher politisch unproblematisch wahrgenommen hätten, erscheint fragwürdig. Das Argument mag vielleicht für Fälle gelten, in denen konkret um nichtige Sachverhalte gestritten wird. In den in Abschnitt 3.1 beschriebenen Fällen, die so zentral für die Forschung zur judikativen Integration sind, ging es vordergründig etwa um einen erhöhten Einfuhrzoll von Harnstoff-Formaldehyd (»van Gend & Loos«), um den Import von Whiskey (»Dassonville«) oder den Alkoholgehalt von Likör (»Cassis de Dijon«). Auch wenn der Gerichtshof hierbei zugleich weitreichende Rechtsgrundsätze aufgestellt hat, so betraf dies doch unmittelbar nur Fragen, die sich zur Mobilisierung größeren Widerstands kaum anboten. Betrachtet man jedoch die konkreten Fälle, anhand derer die Integration durch Recht im Bereich Unternehmenskontrolle erfolgte, dann wird schnell klar, dass die verschleiernde Wirkung des Rechts hier kaum greifen konnte. Hier ging es gerade nicht um Triviales, sondern um staatlichen Einfluss in ökonomisch sehr bedeutsamen Unternehmen. Bereits der in der Einleitung geschilderte Streit um das VW-Gesetz zeigte denn auch, dass sich die politischen Akteure auf nationaler Seite sehr wohl über die politische Dimension dieser EuGH-Rechtsprechung im Klaren waren.

Wenn aber das Recht in diesen Fällen nicht als »Maske« funktionieren konnte, dann stellt sich auch aus supranationalistischer Perspektive die Frage, warum die Regierungen nicht versucht haben, der Integration durch Recht im Bereich Unternehmenskontrolle Einhalt zu gebieten. Es mag zwar durchaus plausibel sein, dass dieser Widerstand letztlich an den Hürden, die die Supranationalisten benennen, gescheitert wäre. Das Ausbleiben von Sanktions*versuchen* erklärt dies aber noch nicht. Angesichts der Vehemenz, mit der die Mitgliedstaaten ihre Autonomie zur Gestaltung des Politikfelds Unternehmenskontrolle bislang verteidigten, wäre dies aber wohl zu erwarten gewesen. Wo wenn nicht hier hätten die Mitgliedstaaten wenigstens wagen müssen, ihre Interessen zu verteidigen? Und wenn den Regierungen tatsächlich von Beginn an klar gewesen sein sollte, dass über den Modus der judikativen Integration gegen ihre Interessen gehandelt wurde, dann ist auch hier erklärungsbedürftig, warum sie nicht bereits zu einem früheren Zeitpunkt versucht haben, die Klagen der Kommission zu unterbinden. Zwar bescheinigen die Supranationalisten der Brüsseler Behörde eine deutlich größere Autonomie als die Intergouvernementalisten, aber im Vergleich zum EuGH wird diese deutlich geringer eingeschätzt (Pollack 1997, 2003). Wenn den Regierungen also klar war, was hier geschieht, und zudem vielleicht sogar die Möglichkeit bestand, dies in einem frühen Stadium zu unterbinden, warum ließen die Mitgliedstaaten Kommission und EuGH dennoch scheinbar kampflos gewähren?

Wenn die supranationalistische Erklärung also zutreffend sein sollte, dann müsste der Erfolg der Integration durch Recht im Bereich der Unternehmenskontrolle – jedenfalls teilweise – anders als bisher begründet werden. Denn der Umstand, dass größerer Widerstand der Mitgliedstaaten hier bislang ausblieb, obwohl sie die Problematik von Anfang an erkannten und sie vielleicht sogar über eine effektive Abwehrmöglichkeit verfügten, deutet darauf hin, dass die Supranationalisten etwas übersehen haben. Es muss also noch weitere, von der Forschung bislang nicht identifizierte Mechanismen geben, die der judikativen Integration ihre Durchschlagskraft verleihen. Dem Aufspüren dieser Mechanismen sind die folgenden Kapitel gewidmet.

Kapitel 4
Die Kapitalverkehrsfreiheit: Vertragliche Grundlage für die judikative Integration im Bereich Unternehmenskontrolle

Damit die Rechtsnorm der Kapitalverkehrsfreiheit überhaupt als Liberalisierungshebel für Fragen der Unternehmenskontrolle entwickelt werden konnte, musste sie gerichtlich einklagbar werden, das heißt, mit Direktwirkung ausgestattet werden. Ohne diese Bedingung hätten sich Kläger nicht auf diese Norm berufen können, und so hätte der EuGH auch keine Gelegenheit bekommen, sich zu ihrer Bedeutung zu äußern. Der freie Kapitalverkehr wurde erst 1995, im Vergleich zu den anderen Grundfreiheiten also recht spät, durch ein EuGH-Urteil für direkt wirksam erklärt.[1] Dieser Schritt erfolgte allerdings keinesfalls gegen den Willen der Mitgliedstaaten, sondern vollendete lediglich eine vorhergehende, bewusste Entscheidung der nationalen Regierungen. Wenige Jahre vor dem Urteil hatten sich die Mitgliedstaaten nämlich auf die vollständige Liberalisierung der Kapital- und Zahlungsströme geeinigt und dies vertraglich abgesichert. Die Kapitalverkehrsfreiheit, die bis dahin fast gänzlich der Souveränität der Mitgliedstaaten unterstand, wurde als unbedingtes Liberalisierungsgebot ausgestaltet und damit bewusst der Kontrolle durch die Gemeinschaftsorgane unterstellt. Damit war die Möglichkeit, politische Ziele über den Modus der Integration durch Recht zu verfolgen, prinzipiell eröffnet. Zugleich wird im Folgenden aber auch deutlich, dass die Regierungen mit dieser »Befreiung« der Kapitalverkehrsfreiheit die Liberalisierung der Unternehmenskontrolle keineswegs beabsichtigt hatten.

4.1 Der Vertrag von Rom: Der Kapitalverkehr als Domäne des politischen Integrationsmodus

Im Gründungsvertrag der Europäischen Wirtschaftsgemeinschaft (EWG) von 1957 wurde die vollständige Liberalisierung des Kapitalverkehrs als grundsätzliches Ziel des Gemeinsamen Marktes zwar angegeben, aber die einschlägigen

1 Slg. 1995, S. I-04821, Urteil des EuGH vom 14. Dezember 1995 in den Rs. C-163/94, C-165/94 und C-250/94 (Strafverfahren gegen Lucas Emilio Sanz de Lera u. a.).

Bestimmungen zum Kapital- und Zahlungsverkehr (Artikel 67 bis 73 EWG beziehungsweise Artikel 104 bis 109 EWG) machten deutlich, dass dieses Ziel keine besondere Priorität für das Integrationsprojekt genoss. So fand sich weder ein klares Liberalisierungsgebot noch wurden den Gemeinschaftsorganen Entscheidungsbefugnisse für diesen Bereich zugestanden. Schon die Struktur des Artikels 67, Absatz 1 EWG, dem zentralen Grundsatz für den Kapitalverkehr, machte dies unmissverständlich klar:

> Soweit es für das Funktionieren des Gemeinsamen Marktes notwendig ist, beseitigen die Mitgliedstaaten untereinander während der Übergangszeit schrittweise alle Beschränkungen des Kapitalverkehrs in Bezug auf Berechtigte, die in den Mitgliedstaaten ansässig sind, und heben alle Diskriminierungen auf Grund der Staatsangehörigkeit oder des Wohnortes der Parteien oder des Anlageortes auf.

Zwar waren demnach alle Beschränkungen des Kapitalverkehrs aufzuheben, jedoch nur »schrittweise«, allein durch die Mitgliedstaaten und lediglich »soweit es für das Funktionieren des Gemeinsamen Marktes notwendig ist«. Da mit dem »Gemeinsamen Markt« in erster Linie die Handelsliberalisierung gemeint war, bedeutete diese Formulierung im Klartext, dass der Kapitalverkehr nur insofern liberalisiert werden sollte, als er das Ziel eines einheitlichen europäischen Gütermarktes nicht vereitelte (Bakker 1996: 42ff.; Polster/Voy 1995: 42). Die Liberalisierung des Kapitalverkehrs war somit dem damals primären Integrationsziel – die Schaffung einer Zollunion – untergeordnet. Dieser Liberalisierungsvorbehalt und die Betonung der mitgliedstaatlichen Kompetenz wurden durch weitere Vertragsbestimmungen unterstrichen: Artikel 71 EWG[2] formulierte, dass die Mitgliedstaaten lediglich »bestrebt« sein werden, die Einführung neuer Kapitalbeschränkungen zu vermeiden; die Artikel 73, 108 und 109 EWG[3] räumten den Regierungen explizite Rechte ein, den Kapital- und Zahlungsverkehr in Krisen- und Störungsfällen einzuschränken; und die Artikel

2 Artikel 71 EWG: »Die Mitgliedstaaten werden bestrebt sein, weder neue devisenrechtliche Beschränkungen des Kapitalverkehrs und der damit zusammenhängenden laufenden Zahlungen innerhalb der Gemeinschaft einzuführen noch bestehende Vorschriften zu verschärfen. Sie sind bereit, über das Ausmaß der in den vorstehenden Artikeln vorgesehenen Liberalisierung des Kapitalverkehrs hinauszugehen, soweit ihre Wirtschaftslage, insbesondere der Stand ihrer Zahlungsbilanz, dies zulässt.«

3 Artikel 73 EWG erlaubte die Einschränkung von Kapitalbewegungen, die »Störungen im Funktionieren des Kapitalmarktes eines Mitgliedstaates zur Folge« haben, Artikel 108 und 109 EWG räumten den Mitgliedstaaten Rechte ein, Maßnahmen gegen Schwierigkeiten oder ernstliche Bedrohungen bei der Zahlungsbilanz sowie gegen »plötzliche Zahlungsbilanzkrise[n]« vorzugehen: Artikel 73, Absatz 1 EWG: »Haben Kapitalbewegungen Störungen im Funktionieren des Kapitalmarktes eines Mitgliedstaates zur Folge, so ermächtigt die Kommission diesen Staat nach Anhörung des Währungsausschusses, auf dem Gebiet des Kapitalverkehrs Schutzmaßnahmen zu treffen, deren Bedingungen und Einzelheiten sie festlegt.«

69 und 70 EWG[4] bestimmten, dass die Verwirklichung des in Artikel 67 EWG formulierten Ziels nur durch einstimmig angenommene Richtlinien erfolgen dürfe. Damit unterstand die Regulierung des Kapitalverkehrs eindeutig allein dem Ministerrat (Kiemel 2003: 1712f.).

Diese vorsichtige Haltung gegenüber Liberalisierung und Kompetenzaufgabe im Bereich des Kapitalverkehrs war Ausdruck der im Europa der Nachkriegszeit herrschenden Skepsis gegenüber uneingeschränktem Kapitalverkehr (Bakker 1996: 19ff., 33ff.; Polster/Voy 1995: 43f.). Die Befürchtung war, dass solch ein Liberalisierungsschritt die Effektivität nationaler Wirtschaftspolitik untergraben würde, da den Mitgliedstaaten die Möglichkeiten genommen wären, spekulative Währungsangriffe abzuwehren und unerwünschte Zu- und Abflüsse von Kapital zu unterbinden. Durch den Erhalt kapitalverkehrsbeschränkender Maßnahmen blieb es hingegen möglich, Standortvorteile für Unternehmen mithilfe währungspolitischer Maßnahmen zu erhalten, heimisches Kapital zur Investition im eigenen Land zu zwingen (»to generate jobs at home«, Bakker 1996: 21) oder ausländisches Kapital an dominierendem Einfluss auf die heimische Wirtschaft zu hindern.[5] Außerdem ließ sich durch Kapitalkontrollen ein möglicher Steuerunterbietungswettbewerb zwischen den Mitgliedstaaten aufhalten.

Artikel 108, Absatz 1 EWG: »Ist ein Mitgliedstaat hinsichtlich seiner Zahlungsbilanz von Schwierigkeiten betroffen oder ernstlich bedroht, die sich entweder aus einem Ungleichgewicht seiner Gesamtzahlungsbilanz oder aus der Art der ihm zur Verfügung stehenden Devisen ergeben, und sind diese Schwierigkeiten geeignet, insbesondere das Funktionieren des Gemeinsamen Marktes oder die schrittweise Verwirklichung der gemeinsamen Handelspolitik zu gefährden, so prüft die Kommission unverzüglich die Lage dieses Staates sowie die Maßnahmen, die er getroffen hat oder unter Einsatz aller ihm zur Verfügung stehenden Mittel gemäß Artikel 104 treffen kann. Die Kommission gibt die Maßnahmen an, die sie dem betreffenden Staat empfiehlt.«

Artikel 109, Absatz 1 EWG: »Gerät ein Mitgliedstaat in eine plötzliche Zahlungsbilanzkrise [...], so kann der betreffende Staat vorsorglich die erforderlichen Schutzmaßnahmen treffen. Sie dürfen nur ein Mindestmaß an Störungen im Funktionieren des Gemeinsamen Marktes hervorrufen und nicht über das zur Behebung der plötzlich aufgetretenen Schwierigkeiten unbedingt erforderliche Ausmaß hinausgehen.«

4 Artikel 69 EWG: »Der Rat erlässt während der beiden ersten Stufen einstimmig und danach mit qualifizierter Mehrheit auf Vorschlag der Kommission [...] die erforderlichen Richtlinien für die schrittweise Durchführung des Artikels 67.«

Artikel 70, Absatz 1 EWG: »Für den Kapitalverkehr zwischen den Mitgliedstaaten und dritten Ländern schlägt die Kommission dem Rat Maßnahmen zur schrittweisen Koordinierung der Devisenpolitik der Mitgliedstaaten vor. Der Rat erlässt einstimmig Richtlinien hierfür. Er wird bemüht sein, ein Höchstmaß an Liberalisierung zu erreichen.«

5 Dies betraf unter anderem Unternehmensbeteiligungen von Ausländern, die durch behördliche Genehmigungsverfahren kontrolliert und wenn nötig verhindert wurden.

Neben diesen prinzipiellen Erwägungen zur Einschränkung des Kapitalverkehrs trug noch ein empirischer Umstand dazu bei, dass die Mitgliedstaaten keine Liberalisierung in diesem Bereich vereinbarten: das Funktionieren des Bretton-Woods-Systems. Die den Vertrag unterzeichnenden Staaten waren sich durchaus bewusst, dass die fehlende Vereinheitlichung von Währungsfragen die Gefahr barg, den Abbau protektionistischer Maßnahmen für den Warenhandel zu konterkarieren (Story/Walter 1997: 7). Schließlich hätten von den Mitgliedstaaten vorgenommene Wechselkursanpassungen zur Steigerung der Wettbewerbsfähigkeit heimischer Produkte die Vorteile eines gemeinsamen Gütermarktes indirekt wieder zunichtemachen können. Doch angesichts der zum Zeitpunkt der Vertragsunterzeichnung herrschenden Stabilität des in Bretton Woods vereinbarten Systems fester Wechselkurse erachteten die am Gemeinsamen Markt teilnehmenden Staaten diese Gefahr als gering (Polster/Voy 1995: 46).

Indem die Ausgestaltung des Kapitalverkehrs ausdrücklich auf den politischen Integrationsmodus begrenzt war und die Bedenken der Mitgliedstaaten gegenüber uneingeschränkter Liberalisierung in diesem Bereich lange überwogen, blieben Fortschritte hinsichtlich Liberalisierung und Supranationalisierung bis in die 1980er-Jahre weitgehend aus (Bakker 1996: 79ff., 109ff.; Kiemel 2003: 1716). Lediglich vor dem stützenden Hintergrund der Weltwirtschaftsordnung zu Beginn der Europäischen Wirtschaftsgemeinschaft gelang es den Mitgliedstaaten, erste Liberalisierungsschritte einzuleiten. Die Kommission legte Ende der 1950er-Jahre erstmals einen Richtlinienvorschlag vor, der die vertraglichen Bestimmungen zum Kapitalverkehr näher bestimmen sollte. Der Kommissionsvorschlag zielte auf einen größtmöglichen, wenn auch schrittweise zu realisierenden Liberalisierungsgrad. Andernfalls, so die Kommission, wären die anderen Grundfreiheiten nicht zu realisieren. Während Deutschland diesen weitreichenden Vorschlag unterstützte, meldeten vor allem Frankreich und Italien währungs-, steuer- und industriepolitische Bedenken an. Folglich blieb die 1960 verabschiedete Richtlinie[6] weit hinter den ursprünglichen Kommissionsvorschlägen zurück. Liberalisierung konnte lediglich für solche Kapitalarten erreicht werden, die in direktem Zusammenhang mit dem Funktionieren des Gemeinsamen Marktes standen, wozu Direktinvestitionen, Immobilienerwerb oder handels- und dienstleistungsbezogene Zahlungen zählten. Alle anderen Formen des Kapitalverkehrs blieben gänzlich unangetastet, da dies als zu große Beschneidung autonomer Währungs-, Steuer- und Industriepolitik erachtet wurde. Die nächste Richtlinie,[7] 1962 verabschiedet, brachte nur noch minimalen Fortschritt (für Details zu den beiden ersten Richtlinien siehe Oliver/Baché

6 Erste Kapitalverkehrsrichtlinie vom Mai 1960, ABl. 1960, Nr. 43, S. 921f.

7 Zweite Kapitalverkehrsrichtlinie vom Dezember 1962, 63/21/EWG, ABl. 1963, Nr. 9, S. 62ff.

1989: 63ff.). Eine dritte geplante Richtlinie konnte gar nicht mehr realisiert werden. Die unterschiedlichen Interessen der Mitgliedstaaten, die sich im Zuge der steigenden Spannungen im Bretton-Woods-System Ende der 1960er-Jahre weiter verschärften, verhinderten weitere Liberalisierungsschritte.

Im Zuge der zu Beginn der 1970er-Jahre aufkommenden Krise des internationalen Währungssystems, befeuert durch das Zahlungsbilanzdefizit der USA und etliche spekulative Währungsangriffe, erlahmten die Liberalisierungsbemühungen im folgenden Jahrzehnt schließlich gänzlich beziehungsweise schlugen sogar in ihr Gegenteil um. Zunehmend griffen die Mitgliedstaaten auf Kapitalverkehrskontrollen zurück (Ziltener 1999: 126). Die Kommission unterstützte diese Maßnahmen sogar, da sie in den Krisenphänomenen eine potenzielle Bedrohung für die Stabilität der gemeinsamen Markt- und Agrarpolitik erkannte (Bakker 1996: 110). Daher wurden die wieder eingeführten Beschränkungen 1972 durch eine Richtlinie rechtlich abgesichert.[8] Als dann ein Jahr später mit dem Ende des Bretton-Woods-Regimes und dem ersten Ölpreisschock fundamentale Veränderungen in der Ordnung des Weltwirtschaftssystems anstanden, versuchten die Mitgliedstaaten allein, nationale Lösungen zu finden. Dies führte dazu, dass der Kapitalverkehr in den 1970er-Jahren in Europa weniger integriert war als noch in den 1960er-Jahren (Bakker 1996: 141). Erst gegen Ende der 1970er-Jahre änderte sich dies wieder.

4.2 Die Zurückhaltung des EuGH

Es gab einen weiteren entscheidenden Sachverhalt, der dafür verantwortlich war, dass die Regulierung des Kapitalverkehrs ausschließlich in Händen der Mitgliedstaaten blieb: Der EuGH sprach der Kapitalverkehrsfreiheit ausdrücklich keine Direktwirkung zu, das heißt, er erkannte in den vertraglichen Bestimmungen zum Kapitalverkehr kein unmittelbar anwendbares Liberalisierungsgebot (Bakker 1996: 46f.; Barnard 2004: 462f.; Kiemel 2003: 1712f.; Mohamed 1999: 59ff.). Damit war es Klägern, die ein Interesse an der Liberalisierung des Kapitalverkehrs hatten, nicht möglich, diese Interessen über den EuGH und gegen den Willen der Mitgliedstaaten durchzusetzen. Der Integration durch Recht war somit ein Riegel vorgeschoben.

8 Richtlinie 72/156/EWG vom März 1972 »zur Regulierung der internationalen Finanzströme und zur Neutralisierung ihrer unerwünschten Wirkungen auf die binnenwirtschaftliche Liquidität«, ABl. L 91, S. 13.

Diese Haltung des EuGH geht auf das Urteil in Rechtssache »Casati« von 1981 zurück.[9] In diesem Fall hatte ein italienischer Staatsbürger versucht, Bargeld aus Italien auszuführen. Allerdings hatte er die dafür in Italien vorgeschriebene devisenrechtliche Genehmigung nicht, weshalb er sich einem Gerichtsverfahren in Italien stellen musste. Das zuständige Gericht in Bozen legte den Fall dem EuGH zur Vorabentscheidung vor. Die italienischen Richter wollten vom EuGH wissen, inwiefern die von Italien geforderte Genehmigung mit den europäischen Bestimmungen zum Kapitalverkehr vereinbar war. Hatte Italien das Recht, den Kapitalverkehr einzuschränken? Die Antwort war von erheblicher Bedeutung für die Mitgliedstaaten, da bei einer Verneinung durch den EuGH die mitgliedstaatliche Autonomie im Bereich des Kapitalverkehrs beschnitten worden wäre. Der freie Kapitalverkehr wäre dann ein Recht, welches Kläger vor dem EuGH von den Mitgliedstaaten einfordern könnten.

Folglich übermittelten fast alle Mitgliedstaaten dem EuGH eine Stellungnahme (lediglich die Benelux-Staaten beteiligten sich nicht) und schickten Vertreter zur mündlichen Verhandlung. Dabei vertraten alle Mitgliedstaaten (außer Deutschland) und die Kommission die Position, dass die Kapitalverkehrsbestimmungen kein unmittelbar anwendbares Liberalisierungsgebot beinhalteten.[10] Sie beriefen sich in erster Linie auf die Formulierung »soweit es für das Funktionieren des Gemeinsamen Marktes notwendig ist« des Artikels 67 EWG. Diese sei zu unbestimmt und enthalte keine klar umrissene Ergebnispflicht. Zudem sei die Beurteilung dessen, was unter »notwendig« zu verstehen sei, von politischer Natur. Daher sei es Aufgabe des Rates, und nicht der Gerichte, diese Beurteilung vorzunehmen. Schließlich wiesen sie noch darauf hin, dass der Kapitalverkehr in engem Zusammenhang mit anderen wirtschaftspolitischen Aufgaben, insbesondere der Währungs- und Investitionspolitik, stehe. Dafür seien die Mitgliedstaaten aber allein verantwortlich, und um diese Aufgabe auch wahrnehmen zu können, sei es unerlässlich, dass die Mitgliedstaaten bestimmte Kapitalbewegungen einschränken könnten. Dies zeige sich nicht zuletzt in der Formulierung des Artikels 71 EWG, die die Liberalisierung nur soweit vorschreibe, wie es die Wirtschaftslage zulasse. Die Kommission wies zusätzlich noch darauf hin, dass die im Vertrag vorgesehene Koordinierung der nationalen Wirtschaftspolitik noch nicht verwirklicht sei. Da aber ein Zusammenhang zwischen diesem Ziel und dem Kapitalverkehr bestehe, »sei sie nicht der Ansicht, dass Artikel 67 die Voraussetzungen für eine unmittelbare Anwendbarkeit erfülle«.[11] Daher seien die Mitgliedstaaten auch weiterhin befugt, den Kapitalverkehr einzuschränken.

9 Slg. 1981, S. 2595, Urteil des EuGH vom 11. November 1981 in Rs. 203/80 (Casati).
10 Ebd.: S. 2601ff.
11 Ebd.: S. 2602.

In seinem Urteil folgte der EuGH den Argumenten von Mitgliedstaaten und Kommission. Es sei richtig, dass der Kapitalverkehr in enger Beziehung zur Wirtschafts- und Währungspolitik der Mitgliedstaaten stehe. Eine vollständige Liberalisierung des Kapitalverkehrs könne daher einzelne Mitgliedstaaten gefährden, was wiederum geeignet sei, das »ordnungsgemäße Funktionieren des Gemeinsamen Marktes [zu] beeinträchtig[en]«.[12] Deshalb gebe es keine Liberalisierungsverpflichtung beim Kapitalverkehr, und die Frage, ob dennoch Liberalisierungsschritte eingeleitet werden sollten, obliege »in erster Linie dem Rat«.[13] Und da die Mitgliedstaaten Kapitalbewegungen, wie sie Herr Casati tätigte, nicht liberalisiert hätten, sei an deren Einschränkung durch die italienischen Behörden rechtlich nichts auszusetzen.

Mit dieser Verneinung eines direkt wirksamen Liberalisierungsgebots respektierte der Gerichtshof nicht nur den Willen fast aller Mitgliedstaaten – er entledigte sich auch der Aufgabe, Bedeutung und Reichweite der Kapitalverkehrsnormen zukünftig eigenmächtig auszugestalten. Der Kapitalverkehr blieb also auch weiterhin dem politischen Integrationsmodus unterstellt. Dies änderte sich erst im Zuge der Maastrichter Vertragsrevision von 1992, als die Bestimmungen zum Kapitalverkehr den gleichen Status erhielten wie die anderen Grundfreiheiten. Wie kam es zu dieser bedeutenden Vertragsänderung?

4.3 Die Vertragsrevision von Maastricht als Aktivierung der judikativen Integration

Gegen Ende der 1970er-Jahre verdichteten sich verschiedene Prozesse zu einem neuen Integrationsschub und gaben diesem eine spezifische, marktorientierte Richtung (Ziltener 1999: 132ff.). Für Kapitalverkehrsfragen besonders relevant war dabei zum einen, dass Großbritannien, Deutschland und die Niederlande von sich aus sämtliche Kapitalverkehrskontrollen abschafften und in den folgenden Jahren vermehrt darauf drängten, diesen Schritt auch auf europäischer Ebene abzusichern. Zum anderen schwenkten immer mehr Länder auf die von der deutschen Bundesbank verfolgte stabilitäts- und austeritätsorientierte Geld- und Währungspolitik um. Lediglich Frankreich spielte zu Beginn der 1980er-Jahre noch eine Sonderrolle, was sich aber 1983 änderte, als unter Mitterrand aufgrund der massiven Abwertung des Francs die restriktive Währungspolitik aufgegeben und die Kehrtwende hin zum Monetarismus vollzogen wurde.

12 Ebd.: S. 2614.
13 Ebd.: S. 2614.

Vor dem Hintergrund dieser Konvergenzprozesse legte die Kommission 1983 erstmals Vorschläge[14] zur weiteren Liberalisierung des Kapitalverkehrs vor (siehe zu den Entwicklungen der 1980er-Jahre Bakker 1996: 147ff. und 187ff.). Diese zunächst noch zögerlichen Vorschläge konkretisierte sie im Laufe der darauffolgenden Jahre stetig in Richtung Liberalisierung. In ihrem 1985 vorgelegten Weißbuch[15] erklärte die Kommission die vollständige Liberalisierung des Kapitalverkehrs schließlich zum zentralen Bestandteil des Binnenmarktprojekts (Bakker 1996: 161). Dahinter standen nicht nur ökonomische Überzeugungen, sondern ebenfalls integrationspolitische Kalküle: Mit der Abschaffung aller Kapitalkontrollen, so die Hoffnung, würde sowohl der Druck zur Koordinierung der nationalen Währungs- und Wirtschaftspolitiken zunehmen als auch die Bedenken der Deutschen gegen eine Institutionalisierung dieser Koordinierung schwinden. Würde dieser Plan aufgehen, so wäre die Verwirklichung einer Wirtschafts- und Währungsunion zum Greifen nahe. Die Liberalisierung des Kapitalverkehrs wurde damit nicht mehr als Zielelement (wie noch zu Beginn des Integrationsprojekts), sondern als Voraussetzung weiterer Integrationsschritte betrachtet (Polster/Voy 1995: 60).

Da es der Kommission jedoch nicht gelang, bereits im Zuge der Vertragsrevision der Einheitlichen Europäischen Akte (EEA) die Liberalisierungs- und Kompetenzvorbehalte der Artikel zum Kapital- und Zahlungsverkehr aus dem Vertrag zu streichen (Bakker 1996: 163), musste sie die Liberalisierung des Kapitalverkehrs weiterhin mittels Richtlinien verfolgen. Zwar war diese Aufgabe angesichts der allgemeinen Unterstützung des Liberalisierungskurses bei den Mitgliedstaaten deutlich leichter geworden, aber noch gab es unterschiedliche Auffassungen über das Tempo und die konkrete Ausgestaltung dieses Liberalisierungsschrittes. Der Kompromiss, den die Kommission daraufhin ausarbeitete, sah daher vor, die Liberalisierung in zwei Schritten vorzunehmen (ebd.: 167ff.; Story/Walter 1997: 254ff.). Zunächst sollte durch die Abschaffung weiterer Kapitalbeschränkungen die Angleichung des Liberalisierungsniveaus zwischen den Ländern vorangetrieben werden. Dadurch sollte verhindert werden, dass die Liberalisierungsnachzügler Vorteile aus der fortgeschrittenen Liberalisierung anderer Länder ziehen konnten. In einem zweiten Schritt sollte der Kapitalverkehr schließlich vollständig von allen Beschränkungen befreit werden.

14 Communication from the Commission to the Council, »Financial Integration«, COM(83) 207, 20. April 1983.

15 Weißbuch der Kommission an den Europäischen Rat, »Vollendung des Binnenmarktes«, KOM(85) 310, 14. Juni 1985.

Bereits im November 1986 konnte der erste Schritt durch die Verabschiedung einer neuen Richtlinie[16] weitgehend vollzogen werden (Oliver/Baché 1989: 65ff.). Die begleitenden Diskussionen zeigten aber, dass der zweite Liberalisierungsschritt keine Selbstverständlichkeit werden würde (Bakker 1996: 169ff.). Insbesondere die Schwachwährungsländer, darunter Frankreich, meldeten weiterhin Bedenken gegen die vollständige Liberalisierung an, da sie unverhältnismäßige Währungsschwankungen befürchteten. Darüber hinaus mussten Kompromisse in weiteren Fragen gefunden werden (ebd.: 191ff.; Story/Walter 1997: 256). Erstens herrschte Dissens bezüglich der Frage, ob der Kapitalverkehr nur innerhalb der Europäischen Gemeinschaft oder auch für Drittländer (*Erga-omnes*-Prinzip) liberalisiert werden sollte. Zweitens wurde diskutiert, inwieweit Schutz- und Ausgleichsmaßnahmen in Fällen von Währungsturbulenzen auch weiterhin erlaubt sein sollten, wofür sich vor allem die Kommission aufgeschlossen zeigte. Schließlich ging es drittens noch um die Frage, wie sich ein Steuerunterbietungswettbewerb verhindern ließe.

In der ersten Jahreshälfte 1988 gelang schließlich die Einigung, was zur Annahme der Richtlinie 88/361/EWG[17] führte (zu Details dieser Richtlinie siehe Oliver/Baché 1989: 68ff.). Darin wurde die vollständige Liberalisierung des Kapitalverkehrs zum 1. Juli 1990 beschlossen. Dass es sich tatsächlich um eine sehr weitreichende Liberalisierung handelte, wurde durch einen der Richtlinie beigefügten Anhang unterstrichen, in dem dargelegt wurde, was alles unter Kapitalverkehr zu verstehen sei. Dieser Katalog führte nicht nur eine Reihe von Kapitaltransaktionen explizit auf,[18] sondern wies zudem darauf hin, dass diese Liste nicht erschöpfend sei. Gleichwohl konnten die Liberalisierungszauderer Zugeständnisse erringen (Bakker 1996: 210ff.; Kiemel 2003: 1715f.). Übergangsfristen blieben in Teilen erhalten, Schutzmaßnahmen konnten auch weiterhin begrenzt ergriffen werden und das *Erga-omnes*-Prinzip blieb unverbindlich. Darüber hinaus wurde die Kommission beauftragt, Vorschläge zur Bekämpfung der negativen Aspekte des freien Kapitalverkehrs hinsichtlich der Steuerproblematik zu erarbeiten. Trotz dieser leichten Einschränkungen war die Verabschiedung dieser Richtlinie insbesondere für die Kommission ein bedeutender Erfolg. Denn hierdurch gelang es ihr nicht nur, ein bedeutendes Vorhaben ihrer Binnenmarktagenda durchzusetzen, sondern auch der Verwirklichung einer Wirtschafts- und Währungsunion (WWU) erheblich näher zu kommen.

---

16 Richtlinie 86/566/EWG des Rates vom 17. November 1986 zur Änderung der Ersten Richtlinie vom 11. Mai 1960 zur Durchführung des Artikels 67 des Vertrages, ABl. L 332 vom 26.11.1986, S. 22.

17 Richtlinie 88/361/EWG des Rates vom 24. Juni 1988 zur Durchführung von Artikel 67 des Vertrages, ABl. L 178 vom 8.7.1988, S. 5ff.

18 Dazu zählten etwa: Direkt- und Immobilieninvestitionen, Geschäfte mit Wertpapieren, Darlehen, Bürgschaften und Kredite usw.

Letzteres lässt sich an den Folgeereignissen nach Annahme der Liberalisierungsrichtlinie von 1988 erkennen (Bakker 1996: 218ff.; Ziltener 1999: 163). Auf dem Ratsgipfel in Hannover im Juni 1988, wenige Tage nach Verabschiedung der Richtlinie, wurde eine Expertengruppe unter Vorsitz von Jacques Delors damit beauftragt, Vorschläge für die Errichtung einer Europäischen Wirtschafts- und Währungsunion zu erarbeiten. 1989 legte die Delors-Gruppe ihre Vorschläge für die Realisierung solch einer Union vor, welche von den Mitgliedstaaten noch im selben Jahr angenommen wurden. Die erste Stufe der Europäischen WWU würde demnach am 1. Juli 1990 in Kraft treten, also zu dem Zeitpunkt, zu dem die 88er-Richtlinie die vollständige Liberalisierung des Kapitalverkehrs vorsah.

Kurz nach Inkrafttreten dieser ersten Stufe beauftragte der Währungsausschuss die Kommission damit, verbleibende Hindernisse des Kapitalverkehrs zu identifizieren (Bakker 1996: 225). Die Kommission kam dem nach und legte eine Liste mit zahlreichen direkten und indirekten Hindernissen vor. Als direkte Hindernisse wurden hauptsächlich Verkaufsverbote von bestimmten Staatsanleihen an Ausländer, Begrenzungen von physischem grenzüberschreitendem Geldtransfer sowie Beschränkungen von Direktinvestitionen identifiziert. Letztere sind hier von besonderem Interesse, da es um Einschränkungen und Genehmigungsvorbehalte von ausländischen Investoren bei Unternehmensbeteiligungen ging. Als indirekte Hindernisse wiederum bezeichnete die Kommission innerstaatliche Regulierungen, die nur mittelbar den grenzüberschreitenden Kapitalverkehr behinderten. Hierbei ging es in erster Linie um Steuerfragen, die Regulierung von institutionellen Anlegern oder Zulassungsregelungen von Wertpapieren. Diese Auflistung der Kommission fand bei den Mitgliedstaaten keinen umfassenden Rückhalt. Zum einen führten sie an, dass die direkten Kontrollen gerechtfertigt seien, und zum anderen bezweifelten sie, dass indirekte Kontrollen ebenfalls unter das Liberalisierungsgebot fielen, ging es hierbei doch eigentlich um den grenzüberschreitenden Kapitalverkehr. Bereits hier zeigte sich also, dass nicht völlig klar war, was unter einem »umfassenden Liberalisierungsgebot« und einer »Beschränkung« zu verstehen sei. Die gewählten Formulierungen der Richtlinie waren so unklar, dass sie erheblichen Spielraum für unterschiedliche Interpretationen ließen.

Trotz dieser Differenzen wurde 1991 in Maastricht beschlossen, den durch die Richtlinie 88/361/EWG erreichten Stand auch vertraglich nachzuvollziehen und die Bestimmungen zum Kapitalverkehr von ihren Liberalisierungsvorbehalten zu befreien (Bakker 1996: 229ff.). Gerade die Kommission forderte diesen Schritt, da so die Kapitalverkehrsfreiheit direkt wirksam werden und folglich die zukünftige Ausgestaltung dieses Bereichs nicht mehr allein dem schwerfälligen politischen Integrationsmodus unterstehen würde. Angesichts des politisch bereits Beschlossenen und der Einigung auf eine WWU war das Vorhaben bei den Mitgliedstaaten grundsätzlich nicht weiter umstritten. Gerade das Projekt der WWU begünstigte diesen Schritt: Nur durch die Vertragsrevision würde, so die Hoffnung, das Endziel der WWU, die gemeinsame Währung, realisiert werden können, da die Wiedereinführung von Kapitalverkehrskontrollen zukünftig ausgeschlossen sein würde. Die ersten Konflikte mit der Kommission über inhaltliche Bedeutung und Reichweite des freien Kapitalverkehrs veranlassten die Mitgliedstaaten jedoch, bei der Vertragsrevision vorsichtig zu agieren. Diskutiert wurde daher insbesondere, inwieweit den Mitgliedstaaten auch zukünftig Mittel zur Einschränkung des Kapitalverkehrs vertraglich zugesichert werden sollten. Dies betraf vor allem den Zeitpunkt des Inkrafttretens der Bestimmungen, die Steuerfrage sowie die Regulierung des Kapitalverkehrs mit Nicht-EU-Ländern (*Erga-omnes*-Prinzip).

Die daraufhin erzielte Einigung führte zu jenen Bestimmungen, die auch heute noch in Kraft sind (Kiemel 2003: 1717ff.; Mohamed 1999: 94ff.). Der zentrale Grundsatz, der sich heute in Artikel 63 AEUV findet, lautete nun:

> (1) Im Rahmen der Bestimmungen dieses Kapitels sind alle Beschränkungen des Kapitalverkehrs zwischen den Mitgliedstaaten sowie zwischen den Mitgliedstaaten und dritten Ländern verboten.
>
> (2) Im Rahmen der Bestimmungen dieses Kapitels sind alle Beschränkungen des Zahlungsverkehrs zwischen den Mitgliedstaaten sowie zwischen den Mitgliedstaaten und dritten Ländern verboten.

Die Liberalisierungsvorbehalte, die sich noch so deutlich in den Bestimmungen des Vertrages von Rom fanden, waren nun gänzlich gestrichen und zu einem klaren Liberalisierungsgebot umformuliert. Auch findet sich weder in diesem noch in einem der anderen Artikel ein Äquivalent zum Artikel 69 EWG, der die Ausgestaltung des Kapitalverkehrs allein den Mitgliedstaaten übertrug. Dennoch spiegeln sich die Bedenken der Mitgliedstaaten im Vertrag. So wurde der Zeitpunkt des Inkrafttretens etwas hinausgezögert und erst auf den 1. Januar 1994, Startpunkt der zweiten Stufe der WWU, festgelegt. Die Liberalisierungsverpflichtung für den Kapitalverkehr mit Drittländern *(erga omnes)* wurde zwar in den Vertrag aufgenommen (siehe Artikel 63 AEUV, Absatz 1), allerdings sehen die Artikel 64 und 66 AEUV Ausnahmen in dieser Hinsicht vor. Schließlich räumt Artikel 65 AEUV den Mitgliedstaaten das Recht ein, den Kapitalverkehr in Steuerfragen sowie zur Aufrechterhaltung der öffentlichen Ordnung und Sicherheit einzuschränken.[19] Diese Vorbehalte dürfen aber nicht darüber hinweg-

19 Artikel 65 AEUV, Absatz 1: »Artikel 63 berührt nicht das Recht der Mitgliedstaaten, a) die einschlägigen Vorschriften ihres Steuerrechts anzuwenden, die Steuerpflichtige mit unterschiedlichem Wohnort oder Kapitalanlageort unterschiedlich behandeln, b) die unerlässlichen

täuschen, dass durch die Vertragsrevision der weite Handlungsspielraum, den die Mitgliedstaaten vorher hatten, nun auf ein Minimum reduziert war. Der Artikel 63 AEUV machte vielmehr unmissverständlich klar, dass von nun an Kommission und EuGH in ihrer Rolle als »Hüter der Verträge« über die Liberalisierung des Kapitalverkehrs wachen sollten.

Diese neue Aufgabe nahm der Europäische Gerichtshof zügig an. Nur kurze Zeit nachdem die neuen Bestimmungen zum Kapitalverkehr in Kraft getreten waren, erklärten die Richter, »dass Artikel 73b Absatz 1 des Vertrages [von Maastricht; heute Artikel 63, Absatz 1 AEUV] nach seinem Wortlaut ein eindeutiges und nicht an Bedingungen geknüpftes Verbot enthält, das keiner Durchführungsmaßnahme bedarf«.[20] Damit war die Kapitalverkehrsfreiheit unmittelbar anzuwenden und vor dem EuGH einklagbar. Die Integration durch Recht konnte beginnen.

4.4 Fazit

Mit der Vertragsrevision von Maastricht hatten die Regierungen die Gemeinschaftsorgane explizit mit der Überwachung des freien Kapitalverkehrs betraut. Ihre bis weit in die 1980er-Jahre reichende Zurückhaltung in dieser Hinsicht gaben sie dadurch bewusst auf – ein Schritt, der nicht nur dem damaligen liberalen und monetaristischen Zeitgeist, sondern auch der Aussicht geschuldet war, endlich das schon länger verfolgte Ziel einer Wirtschafts- und Währungsunion zu verwirklichen. Gerade für Letzteres erschien es den Mitgliedstaaten als unabdingbar, jegliche Kapitalverkehrskontrollen abzuschaffen und die Überwachung des Kapitalverkehrs auf supranationaler Ebene zu zentralisieren. Der damit einhergehende Autonomieverlust für die Mitgliedstaaten – gleichbedeutend mit der Eröffnung eines großen Handlungsspielraums für die Gemeinschaftsorgane – wurde von den Regierungen billigend in Kauf genommen.

Dass die »Herren der Verträge« wussten, was sie taten, lässt sich insbesondere daran ablesen, dass von Beginn an umstritten war, wie weit sich der Spielraum der Gemeinschaftsorgane hinsichtlich der Überwachung des Kapitalverkehrs

Maßnahmen zu treffen, um Zuwiderhandlungen gegen innerstaatliche Rechts- und Verwaltungsvorschriften, insbesondere auf dem Gebiet des Steuerrechts und der Aufsicht über Finanzinstitute, zu verhindern, sowie Meldeverfahren für den Kapitalverkehr zwecks administrativer oder statistischer Information vorzusehen oder Maßnahmen zu ergreifen, die aus Gründen der öffentlichen Ordnung oder Sicherheit gerechtfertigt sind.«

20 Slg. 1995, S. I-04821, Urteil des EuGH vom 14. Dezember 1995 in den Rs. C-163/94, C-165/94 und C-250/94 (Strafverfahren gegen Lucas Emilio Sanz de Lera u. a.), Rnr. 41.

tatsächlich erstrecken würde. Wie geschildert, bestanden bereits im Zuge der Verhandlungen über die Maastrichter Vertragsrevision Differenzen zwischen Regierungen und Kommission über die genaue Bedeutung des Begriffs »Kapitalverkehr«. Dennoch vollzogen die Mitgliedstaaten eine umfassende »Befreiung« der Kapitalverkehrsfreiheit. Allerdings waren sie auch vorsichtig und ergänzten die Bestimmungen zur Kapitalverkehrsfreiheit, um manche Bereiche aus dem Wirkungsbereich dieser Freiheit herauszunehmen. Beispiele hierfür sind die Ergänzungen bezüglich der Steuerproblematik und des *Erga-omnes*-Prinzips. Für beide Aspekte formulierten die Regierungen Liberalisierungsvorbehalte und versuchten so, Teile ihrer Kompetenzen hinsichtlich der Ausgestaltung des Kapitalverkehrs zu erhalten.

Für Fragen der Unternehmenskontrolle findet sich solch ein »Stoppschild« aber nicht. Hatten die Mitgliedstaaten damit also das beschlossen, was Kommission und EuGH später durchsetzten? Kurz: War mit der Vertragsrevision von Maastricht die spätere Liberalisierung der Unternehmenskontrolle besiegelt? Dies erscheint höchst fragwürdig. Nicht nur fehlen explizite Hinweise darauf, dagegen spricht auch das (in Kapitel 2 geschilderte) permanente Scheitern der politischen Harmonisierungsbemühungen in diesem Bereich.[21] Vielmehr scheinen den Mitgliedstaaten die unternehmenskontrollrechtlichen Konsequenzen, die die »Befreiung« der Kapitalverkehrsfreiheit später nach sich zog, nicht bewusst gewesen zu sein. Diese müssen daher – jedenfalls aus Sicht der an den Vertragsverhandlungen beteiligten Regierungsvertreter – als unbeabsichtigte Folgewirkung der Vertragsrevision verstanden werden.

21 Tatsächlich wurde das Vorhaben der Übernahmerichtlinie – das im Wesentlichen auf die Stärkung von Aktionärsrechten bei der Unternehmensverwaltung zielte – zum Zeitpunkt der Maastrichter Vertragsverhandlungen sogar auf Eis gelegt.

Kapitel 5
Der Kampf um Goldene Aktien: Die Verwandlung der Kapitalverkehrsfreiheit in ein Instrument zur Liberalisierung der Unternehmenskontrolle

Mit der Vertragsrevision von Maastricht, in der die Mitgliedstaaten die Kapitalverkehrsfreiheit als unbedingtes Liberalisierungsgebot ausgestalteten, und der kurze Zeit später erfolgten Zuerkennung der Direktwirkung durch den EuGH war zunächst also lediglich die Möglichkeit geschaffen, mittels dieser Norm judikative Integration zu betreiben. Denn unklar blieb zu diesem Zeitpunkt, wie der Gerichtshof das Liberalisierungsgebot des Artikels 56 EGV interpretieren würde. Was würden die Richter unter den maßgeblichen Begriffen der Rechtsnorm – *Beschränkung* und *Kapitalverkehr* – verstehen? Wie der EuGH dieses Definitionsvakuum im Hinblick auf Fragen der Unternehmenskontrolle ausgestaltete, lässt sich anhand der Auseinandersetzung zwischen Kommission und Mitgliedstaaten um die Goldenen Aktien nachvollziehen.

5.1 Was sind Goldene Aktien?

Grundsätzlich bezeichnet der Begriff Goldene Aktie eine spezielle Aktiengattung, die ihren Besitzer mit besonderen Rechten im Unternehmen ausstattet. Im Folgenden wird mit diesem Begriff jedoch ein spezielleres Phänomen bezeichnet: Demnach handelt es sich um *staatliche Sonderkontrollrechte in Unternehmen*. Da diese Sonderrechte jedoch in den hier diskutierten Fällen nicht durch spezielle Aktien, sondern durch die Satzung der betroffenen Unternehmen oder durch gesetzliche Bestimmungen verliehen wurden, ist der Begriff Goldene Aktie für den Sachverhalt nicht ganz zutreffend. Allerdings hat sich diese Begrifflichkeit sowohl bei den betroffenen Akteuren als auch in der juristischen Literatur zur Bezeichnung von staatlichen Sonderrechten fest etabliert, sodass er im Folgenden beibehalten werden soll.

Die meisten dieser staatlichen Sonderrechte sind im Zuge der in den 1980er-Jahren einsetzenden Privatisierungsprozesse entstanden, insbesondere aber ab Ende der 1980er- und im Laufe der 1990er-Jahre. Betroffen waren immer Unternehmen, die von großer Bedeutung für die nationale Volkswirtschaft waren, vor allem jene des Energie-, Telekommunikations- und Postsektors. Ziel dieser Maßnahmen war, einen Teil der Kontrollrechte an den privatisierten Unternehmen in staatlichen Händen zu behalten. Daher kann man Goldene Aktien auch als Instrumente der *Postprivatisierungskontrolle* bezeichnen (Weiss 2008a: 129). Sie finden sich in fast allen Mitgliedstaaten der EU, sowohl in den stärker etatistisch orientierten Ländern wie Frankreich und Spanien als auch im liberalen Großbritannien. In der juristischen Literatur gilt Margaret Thatcher gar als Erfinderin der Goldenen Aktie (Grundmann/Möslein 2003a: 303).

Begründet wurde die Einführung der besonderen Kontrollmaßnahmen in der Regel mit der Wahrung »öffentlicher« oder »nationaler« Interessen.[1] Es sollte etwa sichergestellt werden,

- dass die Unternehmen und ihre Kontrolle nicht in unerwünschte Hände fallen (Übernahmekontrolle);
- dass das betroffene Unternehmen auch weiterhin seine angestammten Aufgaben verfolgt;
- dass strategische Unternehmensbestandteile oder Aufgabenbereiche nicht verkauft beziehungsweise ausgelagert werden;
- dass die neuen Eigentümer sich an die bei der Privatisierung aufgestellten Auflagen halten;
- dass die Erbringung von Leistungen des öffentlichen Interesses gewährleistet bleibt;
- dass öffentliche sowie militärische Sicherheit garantiert bleiben.

Staatliche Sonderrechte finden sich in unterschiedlichen Formen, die sich hinsichtlich der zu erreichenden Ziele sowie der rechtlichen Konstruktionen unterscheiden (Grundmann/Möslein 2003a; Weiss 2008a):

- Erstens finden sich Sonderkontrollrechte, die es dem Staat erlauben, die *Aktionärsstruktur* zu beeinflussen. In der Regel geschieht dies durch Bestimmungen zur Beteiligungshöhe. Diese können sowohl als generelles Verbot (Begrenzung des Aktienbesitzes auf bestimmte Anteilsgrößen), als Genehmigungsvorbehalte oder aber als nachträgliche Widerspruchsrechte (Einspruchsmöglichkeiten der Behörden, wenn ein Anteilsbesitz bestimmte Werte überschreitet) ausgestaltet sein. Solche Bestimmungen finden sich zumeist als gesetzliche Auflagen, in manchen Ländern sind sie aber auch in den Unternehmenssatzungen verankert. Dies ist die einzige Form der Golde-

1 Commission of the European Communities: Commission Staff Working Document. Special rights in privatised companies in the enlarged Union – a decade full of developments. Brüssel, 22. Juli 2005, S. 6.

nen Aktie, die in Einzelfällen diskriminierend formuliert ist, das heißt, den Aktienerwerb durch Ausländer besonderen Bedingungen unterwirft.

- Zweitens versuchen Staaten durch Zustimmungsvorbehalte oder Vetorechte, die ebenfalls satzungsmäßig oder gesetzlich bestimmt sein können, *Unternehmensentscheidungen* zu beeinflussen. Diese Rechte, die unabhängig von der tatsächlichen Beteiligungshöhe allein den staatlichen Stellen zustehen, sollen sicherstellen, dass wichtige Unternehmensentscheidungen nicht ohne Zustimmung der Regierung getroffen werden können. In der Regel geht es bei diesen Entscheidungen weniger um das operative Tagesgeschäft als vielmehr um »ausgewählte Geschäftsführungs- und Strukturmaßnahmen« (Weiss 2008a: 88). Typischerweise handelt es sich dabei um grundlegende Fragen wie Satzungsänderungen, Unternehmensverlagerungen, Werksschließungen, Fusionen sowie Änderungen des Unternehmenszwecks.
- Drittens schließlich gibt es *Entsenderechte*, mittels derer die Behörden, ebenfalls unabhängig von der Beteiligungshöhe, Vertreter in die Entscheidungsorgane der Gesellschaft entsenden dürfen. In den meisten Fällen ist dieses Recht auf maximal zwei Vertreter begrenzt, und diese verfügen teilweise nicht über Stimmrechte. Daher werden die Entsenderechte in der juristischen Literatur auch weniger als unmittelbare Kontroll-, sondern in erster Linie als *Informationsrechte* bezeichnet (Weiss 2008a: 93). Denn obschon sich hierdurch ebenfalls Unternehmensentscheidungen beeinflussen lassen, fallen die Kontrollmöglichkeiten im Vergleich zu den ersten beiden Instrumenten doch deutlich schwächer aus. Folglich steht hier das Interesse an umfassender Information über das Geschehen im Unternehmen im Vordergrund. Auch bei den Entsenderechten haben die Staaten sowohl auf gesetzliche als auch satzungsrechtliche Formen zurückgegriffen.

Darüber hinaus unterscheiden sich die Sonderkontrollrechte, die in der Regel immer in Kombination auftreten, in Bezug auf den Ermessensspielraum, der den Behörden bei der Ausübung der Sonderrechte zusteht, die zeitliche Reichweite sowie die gerichtliche Überprüfbarkeit (Weiss 2008a: 96ff.). Demnach sind manche Goldenen Aktien so ausgestaltet, dass der Staat die entsprechenden Eingriffsmöglichkeiten nur aus bestimmten Gründen und unter gewissen Umständen ausüben darf. Des Weiteren finden sich teilweise Bestimmungen, die die Sonderrechte auf festgeschriebene Zeiträume begrenzen oder Betroffenen das Recht einräumen, die auf Grundlage der Goldenen Aktien getroffenen Maßnahmen gerichtlich überprüfen zu lassen. Andere Sonderrechte hingegen sind weit weniger detailliert formuliert, wodurch den Behörden größerer Handlungsspielraum bei der Ausübung der Rechte zugestanden wird.

Indem der Begriff Goldene Aktien ausschließlich als Sonderrechte zugunsten des Staates definiert wird, lassen sich diese Rechte einerseits von anderen Maßnahmen der Postprivatisierungskontrolle, andererseits von allgemeinen Mechanismen der Unternehmenskontrolle abgrenzen (Grundmann/Möslein 2003a: 315ff.; Weiss 2008a: 130ff.). Unter Ersteres fallen jene Handlungen, mit denen die Staaten zwar auf die Unternehmensstruktur Einfluss nehmen, dies aber nicht über verbriefte Rechte erzielen. Im Wesentlichen geht es darum, die spätere Aktionärsstruktur bei den zu privatisierenden Unternehmen durch Zuteilung von Aktien oder Vereinbarung von Vorkaufsrechten (Errichtung stabiler Aktionärsgruppen) zu beeinflussen. Vor allem Frankreich und seine Politik der »noyeaux durs« ist hier als Beispiel zu nennen (Morin 2000). Demgegenüber lassen sich Goldene Aktien von jenen Instrumenten der Unternehmenskontrolle unterscheiden, die ganz allgemein die Einfluss- und Kontrollrechte der verschiedenen Akteure im Unternehmen regeln. Hier sind in erster Linie zu nennen:

Höchst- und Mehrfachstimmrechte: Während Höchststimmrechte die Ausübung von Stimmrechten durch die Aktionäre allgemein auf bestimmte Prozentsätze begrenzen und somit die Kontrolle der Gesellschaft durch wenige erschweren, dienen Mehrfachstimmrechte dem Gegenteil. Hier wird bestimmten Aktiengattungen überproportionales Stimmrecht eingeräumt, was die Unternehmenskontrolle durch einzelne Aktionäre gerade erleichtern soll. Beide Rechte sind aber keine unmittelbaren Kontrollrechte, sondern verringern beziehungsweise erhöhen lediglich den Einfluss einzelner Aktionäre. Zudem können diese Rechte nur dann ihre volle Wirkung entfalten, wenn eine entsprechende Beteiligungshöhe vorliegt (Grundmann/Möslein 2003a: 316ff.).

- Übernahmeabwehrmaßnahmen durch das Management: Neben Instrumenten, die den Aktionären als Instrumente der Unternehmenskontrolle dienen, räumen viele nationale Gesetzgeber den Leitungsorganen der Unternehmen Möglichkeiten ein, Maßnahmen gegen (feindliche) Übernahmen zu ergreifen. Zu nennen sind hier insbesondere Kapitalerhöhungen, Erwerb eigener Aktien, Abgabe von Gegenangeboten oder Umstrukturierungsmaßnahmen (Grundmann/Möslein 2003a: 323ff.).
- Mitbestimmung durch die Arbeitnehmer: Mehr als die Hälfte der EU-27-Staaten räumen den Arbeitnehmern stimmberechtigte Sitze im Verwaltungs- oder Aufsichtsrat ihres Unternehmens ein, wodurch diese an der Unternehmenskontrolle beteiligt werden (Grundmann/Möslein 2003a: 341ff.; Höpner 2004: 7ff.; Conchon 2011).
- Goldene Aktien sind also lediglich ein spezielles von vielen anderen Instrumenten zur Kontrolle von Unternehmen. Im Gegensatz zu allgemeinen Kontrollrechten betreffen sie aber nur einzelne ausgewählte Unternehmen,

die zudem in der Regel besonders wichtig für die nationale Volkswirtschaft sind. Sie zielen darauf, dass diese Unternehmen auch weiterhin jene politisch definierten Zwecke und Aufgaben verfolgen, mit denen sie vor ihrer Privatisierung betraut waren. Die staatlichen Sonderrechte sind somit ein Mittel, politische und soziale Belange gegenüber den Mechanismen des Marktes zu bewahren.

5.2 Die Auseinandersetzung zwischen Kommission und Mitgliedstaaten

Das Vorgehen der Kommission

Mitte der 1990er-Jahre, als Goldene Aktien zunehmend eingesetzt wurden, identifizierte die Kommission die staatlichen Sonderrechte als erhebliche Behinderung innergemeinschaftlicher Investitionen und damit als ein zentrales Hindernis für die Vollendung des Binnenmarkts.[2] Diese Sonderrechte würden die Unternehmenskontrolle der davon betroffenen Unternehmen für andere Investoren einschränken und dadurch eine Reihe von negativen Effekten bewirken:[3] Goldene Aktien, so die Kommission,

- verringerten die Privatisierungserlöse (eingeschränkte Kontrollrechte senkten den Wert eines Unternehmens, da der Einstieg in solch ein Unternehmen für Investoren weniger attraktiv sei);
- verhinderten eine optimale Unternehmensführung (weil die Goldenen Aktien das Management vor Marktdisziplin schützten und/oder zu hoher Unsicherheit aussetzten);
- erschwerten die Kapitalbeschaffung für die betroffenen Unternehmen (durch den staatlichen Einfluss drohten willkürliche, marktfremde Unternehmensentscheidungen, was die Attraktivität für Investoren verringere);
- verzerrten den europäischen Markt für Unternehmenskontrolle (von Goldenen Aktien betroffene Unternehmen dürften andere Unternehmen kaufen, selbst aber nicht oder nur unter Auflagen verkauft werden);
- verhinderten grenzüberschreitende Fusionen, wodurch Größenvorteile nicht genutzt werden könnten.

2 Commission of the European Communities: Commission Staff Working Document. Special rights in privatised companies in the enlarged Union – a decade full of developments. Brüssel, 22. Juli 2005, S. 13.

3 Ebd.: S. 9f.

Diese ökonomische Kritik der Goldenen Aktien untermauerte die Kommission auch rechtlich. Dabei griff sie auf die vertraglichen Bestimmungen der Niederlassungs- und Kapitalverkehrsfreiheit zurück und erläuterte dies »unter Zugrundelegung der feststehenden Rechtsprechung des Gerichtshofs«.[4] Wie diese Rechtsauffassung aussah, lässt sich einer interpretativen Mitteilung entnehmen, die die Kommission im Sommer 1997 erließ.[5]

Zunächst begründete die Kommission, warum sie sowohl den Anwendungsbereich der Niederlassungs- als auch den der Kapitalverkehrsfreiheit als eröffnet ansah. Der Grund, warum die Kommission bei der Erörterung einschränkender Maßnahmen grenzüberschreitender Investitionen beide Grundfreiheiten als einschlägig anführte, war vor allem dem Umstand geschuldet, dass zu diesem Zeitpunkt noch recht unklar war, was unter dem Begriff »Kapitalverkehr« alles zu verstehen ist (Szyszczak 2002: 264). Wie in Kapitel 4 ausgeführt, ließen sich den Bestimmungen des Vertrages kaum Anhaltspunkte in dieser Hinsicht entnehmen.[6] Zudem hatte der EuGH bis zu diesem Zeitpunkt auch kaum Gelegenheit, sich zur genauen Bedeutung der Kapitalverkehrsfreiheit zu äußern. Im Gegensatz dazu umfasst die Niederlassungsfreiheit (Artikel 49 AEUV) explizit die »Gründung und Leitung von Unternehmen«, weshalb der EuGH diese Bestimmung bereits für Fragen der Unternehmenskontrolle herangezogen hatte[7] und auch die juristische Literatur Mitte der 1990er-Jahre die Goldenen Aktien fast ausschließlich im Lichte der Niederlassungsfreiheit diskutierte (Siragusa 1995: 1098ff.; Verhoeven 1996: 879). Den Bezug zwischen Goldenen Aktien und Kapitalverkehrsfreiheit stellte die Kommission aber mittels der Nomenklatur der Richtlinie 88/361/EWG[8] her, welche die vollständige Liberalisierung des Kapitalverkehrs vorsah.[9] In dieser Nomenklatur wurde bestimmt, dass sowohl Portfolio- als auch Direktinvestitionen als Formen des Kapitalverkehrs zu verstehen sind. Während der Begriff Portfolioinvestition lediglich den Erwerb von Wertpapieren bezeichnete, der »aus Finanzanlagegründen, also ohne Ein-

---

4 Mitteilung der Kommission über bestimmte rechtliche Aspekte von Investitionen innerhalb der EU, ABl. Nr. C 220 vom 19.7.1997, S. 15.

5 Ebd.: S. 15–18.

6 Lediglich aus Artikel 57 EGV (heute Artikel 64 AEUV) ließen sich Anhaltspunkte entnehmen, da hier Direktinvestitionen, Anlagen in Immobilien, Erbringung von Finanzdienstleistungen, Zulassung von Wertpapieren usw. als Aspekte des Kapitalverkehrs aufgezählt werden (dazu näher: Flynn 2002: 776ff.).

7 Zum Beispiel Slg. 1986, S. 273, Urteil des EuGH vom 28. Januar 1986 in Rs. 270/83 (Kommission/Frankreich), siehe dazu auch Szyszczak (2002: 264f.).

8 Richtlinie 88/361/EWG des Rates vom 24. Juni 1988 zur Durchführung von Artikel 67 des Vertrages, ABl. L 178 vom 8. Juli 1988, S. 5ff. Siehe dazu die Ausführungen in Kapitel 4.3.

9 Mitteilung der Kommission über bestimmte rechtliche Aspekte von Investitionen innerhalb der EU, ABl. Nr. C 220 vom 19.7.1997, S. 15.

fluss auf die Geschäftsführung des Unternehmens ausüben zu wollen« getätigt wird,[10] umfasste der Begriff Direktinvestitionen gerade solchen Anteilserwerb, der darauf abzielte, »sich tatsächlich an der Verwaltung [einer] Gesellschaft oder an deren Kontrolle zu beteiligen«.[11] Damit hatte die Kommission einen Bezug zwischen Kapitalverkehrsfreiheit und Fragen der Unternehmenskontrolle hergestellt.

Nachdem die Kommission dargelegt hatte, warum sie den Anwendungsbereich sowohl von Niederlassungs- als auch Kapitalverkehrsfreiheit für eröffnet ansah, führte sie aus, wie sie diese beiden Grundfreiheiten auszulegen gedachte.[12] Unter Bezugnahme auf die Rechtsprechung des EuGH definierte sie beide Freiheiten nicht nur als Diskriminierungs-, sondern auch als *Beschränkungsverbote.* Demnach seien zunächst alle Regelungen verboten, die unmittelbar oder versteckt die Ausübung der Grundfreiheiten aus Gründen der Nationalität behindern. Erlaubt seien diese Diskriminierungen nur unter Einhaltung bestimmter Kriterien, wie Gründe der öffentlichen Ordnung und Sicherheit oder jene, die im Vertrag ebenfalls explizit aufgeführt sind.[13] Zudem habe der EuGH bestimmt, dass diskriminierende Bestimmungen verhältnismäßig und geeignet sein müssen.[14] In Bezug auf nicht diskriminierende Beschränkungen der Grundfreiheiten sei hervorzuheben,

> dass der Gerichtshof in seiner Rechtsprechung in der letzten Zeit folgendes bestätigt hat: Regelungen eines Mitgliedstaats, die die Ausübung der durch den EG-Vertrag garantierten grundlegenden Freiheiten behindern oder weniger attraktiv machen können, sind nur dann mit dem EG-Vertrag vereinbar, wenn sie in nicht diskriminierender Weise angewandt werden, aus zwingenden Gründen des Allgemeininteresses gerechtfertigt sind, die Verwirklichung des mit ihr verfolgten Zwecks gewährleisten und nicht über das hinausgehen, was zur Erreichung dieses Zwecks erforderlich ist.[15]

Bei dieser Interpretation stützte sich die Kommission auf aktuelle Urteile zur Niederlassungsfreiheit, insbesondere die »Gebhard-Entscheidung«, in welcher der EuGH die Beschränkungsverbotsformel der Warenverkehrsfreiheit auf

10 Ebd.

11 Ebd.: S. 16.

12 Ebd.

13 Die Niederlassungsfreiheit darf demnach nicht nur »aus Gründen der öffentlichen Ordnung, Sicherheit oder Gesundheit« (Artikel 52 AEUV), sondern auch für Tätigkeiten, die »mit der Ausübung öffentlicher Gewalt verbunden sind« (Artikel 51 AEUV), diskriminierend eingeschränkt werden. Für die Kapitalverkehrsfreiheit gilt Artikel 65 AEUV, Absatz 1 (vgl. Kapitel 4, Fußnote 19).

14 Mitteilung der Kommission über bestimmte rechtliche Aspekte von Investitionen innerhalb der EU, ABl. Nr. C 220 vom 19.7.1997, S. 16.

15 Ebd.: S. 17.

die Niederlassungsfreiheit übertragen hatte.[16] Ob und, wenn ja, wie sich diese Rechtsprechung auch auf die Kapitalverkehrsfreiheit übertragen ließ, war zu diesem Zeitpunkt jedoch eine offene Frage, da der EuGH sich in dieser Hinsicht noch nicht eindeutig geäußert hatte (Barnard 2004: 470; Ringe 2008b: 219).

Im Lichte dieser allgemeinen Bemerkungen diskutierte die Kommission dann die Goldenen Aktien näher.[17] Demnach verstießen Regelungen, die den Anteilserwerb durch Ausländer begrenzten oder genehmigungspflichtig machten, gegen das Nicht-Diskriminierungsgebot – sofern sie nicht durch einen der im Vertrag genannten Gründe gerechtfertigt sind. Bei Bestimmungen hingegen, die für in- und ausländische Anleger gleichermaßen galten, unterschied die Kommission zwischen Genehmigungsverfahren hinsichtlich des Anteilserwerbs sowie Vetorechten der nationalen Behörden bezüglich Entscheidungen des Unternehmensvorstands. Erstere seien nur dann unproblematisch, wenn sie »auf einer Reihe von objektiven, dauerhaft gegebenen und veröffentlichten Kriterien beruhen, die sich aus zwingenden Gründen des allgemeinen Interesses rechtfertigen lassen«.[18] Ohne solche Kriterien könne zum einen nicht ausgeschlossen werden, dass »die Kontrolle über das Unternehmen in der Hand von Inländern« bleibe.[19] Und zum anderen könne ohne solche Kriterien die Ausübung der Grundfreiheiten »ins Ermessen der Verwaltungsbehörden gestellt sein« und dadurch »illusorisch gemacht werden«.[20] Während sich die Kommission bei der Bewertung von Genehmigungsverfahren bereits auf einige Urteile zur Kapitalverkehrsfreiheit berufen konnte,[21] diskutierte sie die Vetorechte allein im Lichte der Gebhard-Entscheidung: Problematisch seien Vetorechte, weil sie »die Ausübung der Grundfreiheiten, welche durch den Vertrag garantiert sind, behindern oder deren Attraktivität mindern können«.[22] Folglich hätten sich diese Rechte an den Kriterien Nicht-Diskriminierung, Gründe des Allgemein-

16 Slg. 1995, S. I-04165, Urteil des EuGH vom 30. November 1995 in Rs. 55/94 (Gebhard). Siehe dazu auch die Ausführungen in Kapitel 3.1.

17 Mitteilung der Kommission über bestimmte rechtliche Aspekte von Investitionen innerhalb der EU, ABl. Nr. C 220 vom 19.7.1997, S. 17f. In diesem Zusammenhang diskutiert die Kommission allein Genehmigungs- und Vetorechte (sowohl diskriminierende als auch unterschiedslos geltende); Entsenderechte werden hier nicht angesprochen.

18 Ebd.: S. 17.

19 Ebd.

20 Ebd.

21 Ebd.: Fn. 10. Hier werden folgende drei Entscheidungen angeführt: Slg. 1984, S. 377, Urteil des EuGH vom 31. Dezember 1984 in den Rs. 286/82 und 26/83 (Luisi und Carbone); Slg. 1995, S. I-0361, Urteil des EuGH vom 23. Februar 1995 in den Rs. 358/93 und 416/93 (Bordessa); Slg. 1995, S. I-4821, Urteil des EuGH vom 14. Dezember 1995 in den Rs. 163/94, 165/94 und 250/94 (Sanz de Lera).

22 Mitteilung der Kommission über bestimmte rechtliche Aspekte von Investitionen innerhalb der EU, ABl. Nr. C 220 vom 19.7.1997, S. 18.

interesses, Geeignetheit und Verhältnismäßigkeit messen zu lassen.[23] Der Rechtfertigungsgrund des »nationalen Interesses« genüge diesen Kriterien jedenfalls nicht. Dieses sei zu unspezifisch und intransparent, weshalb nicht ausgeschlossen werden könne, dass die Sonderrechte diskriminierend oder zu anderen als den erlaubten Zwecken ausgeübt würden.[24]

Durch strategischen Gebrauch von Sekundärrecht (der Nomenklatur der Richtlinie 88/361/EWG) und Rechtsprechung des EuGH zu den anderen Grundfreiheiten gelang es der Kommission also, ihre Bedenken gegen die Goldenen Aktien auch rechtlich zu untermauern. Damit war erstmals ein Zusammenhang zwischen Kapitalverkehrsfreiheit und Fragen der Unternehmenskontrolle in einem aktionärsorientierten Sinne hergestellt. Auf Grundlage dieser Interpretation leitete die Kommission in den nachfolgenden Jahren schließlich zahlreiche Vertragsverletzungsverfahren ein, um die Mitgliedstaaten zur Aufgabe der Goldenen Aktien zu bewegen.

1. Das erste Verfahren richtete sich gegen *Portugal.* Hierbei ging es um das Privatisierungsgesetz Nr. 11/90 vom 5. April 1990 sowie die Rechtsverordnung Nr. 380/93 vom 15. November 1993.[25] Ersteres verfügte, dass die portugiesische Regierung den Anteilsbesitz durch Ausländer begrenzen konnte, was auch in einer Reihe von privatisierten Unternehmen des Banken-, Versicherungs-, Energie- und Verkehrssektors angewendet wurde. Letzteres führte eine Genehmigungspflicht für alle Aktionäre ein, die mehr als 10 Prozent eines privatisierten Unternehmens erwerben wollten. Beide Bestimmungen dienten wirtschaftspolitischen Zielen.[26] Die Kommission beanstandete im Fall der Erwerbsbeschränkungen für Ausländer einen ungerechtfertigten Verstoß gegen das Nicht-Diskriminierungsgebot von Niederlassungs- und Kapitalverkehrsfreiheit. Im Fall der allgemeinen Genehmigungspflicht für den Erwerb von Unternehmensanteilen kritisierte die Kommission, dass diese Bestimmungen die Ausübung der bei-

23 Ebd.

24 Ebd.

25 IP/97/1111.

26 Diese Ziele sind in Artikel 3 des Gesetzes Nr. 11/90 aufgeführt: »Die Reprivatisierungen dienen zu folgenden Hauptzwecken: a) die Wirtschaftsbetriebe zu modernisieren und ihre Wettbewerbsfähigkeit zu erhöhen sowie zu Strategien der Umstrukturierung von Branchen oder Unternehmen beizutragen; b) das nationale Unternehmertum zu stärken; c) die Verringerung des wirtschaftlichen Gewichts des Staates zu fördern; d) zur Entwicklung des Kapitalmarkts beizutragen; e) eine weite Beteiligung der portugiesischen Bürger am Kapital der Unternehmen durch eine angemessene Streuung des Kapitals unter besonderer Berücksichtigung der Mitarbeiter der betreffenden Unternehmen und der Kleinaktionäre zu ermöglichen; f) die Vermögensinteressen des Staates zu wahren und die übrigen nationalen Interessen zu begünstigen; g) die Verringerung des wirtschaftlichen Gewichts der Staatsschulden zu fördern« (Slg. 2002, S. I-04731, Urteil des EuGH vom 4. Juni 2002 in Rs. C-367/98 [Kommission/Portugal]), Rnr. 10).

den angesprochenen Grundfreiheiten weniger attraktiv mache. Dies könne aber nur akzeptiert werden, wenn sie bestimmte Voraussetzungen der Rechtfertigung und Verhältnismäßigkeit erfüllten. Bei der fraglichen Bestimmung sei dies jedoch nicht zu erkennen, da die Ausübungskriterien zu intransparent seien und damit den Behörden zu großen Ermessensspielraum einräumten.[27]

2. Ein weiteres Verfahren richtete sich gegen *Italien* und betraf das Privatisierungsgesetz Nr. 474 von 1994. Insbesondere ging es um Artikel 2 des Gesetzes, welcher den italienischen Behörden eine Reihe von Kontrollbefugnissen einräumte, die für in- und ausländische Investoren gleichermaßen galten.[28] Diese Rechte durften ausgeübt werden, um »nationale Ziele im Bereich der Wirtschafts- und Industriepolitik« zu verfolgen.[29] Angewandt wurden diese Bestimmungen zunächst bei der Privatisierung von ENI (Energiesektor), später auch bei Telecom Italia und STET (beide Telekommunikationssektor).[30] Die Kommission kritisierte diese Sonderrechte als nicht vereinbar mit den in der Mitteilung dargestellten Kriterien. Sie argumentierte, dass die mit den Bestimmungen verfolgten Ziele auch durch weniger restriktive Maßnahmen erreicht werden könnten. In der vorliegenden Form sei nicht auszuschließen, dass die staatlichen Befugnisse auf diskriminierende Weise ausgeübt werden könnten.[31]

3. In einem Verfahren gegen *Frankreich* bemängelte die Kommission staatliche Sonderkontrollrechte beim Mineralölkonzern Elf Aquitaine. Die Artikel 1 und 2 des Dekrets Nr. 93-1298 von 1993 hatten dem französischen Staat nicht diskriminierende Genehmigungs-, Veto- und Entsenderechte eingeräumt. Demnach bedurften Anteilskäufe, die die Höhe von 1/10, 1/5 oder 1/3 überschritten, der vorherigen Genehmigung des Wirtschaftsministers; gegen den Verkauf bestimmter Tochtergesellschaften durften die Behörden Widerspruch einlegen; außerdem konnte der Staat zwei stimmrechtslose Vertreter in den Verwaltungsrat des Unternehmens entsenden. Diese Rechte wurden mit dem nicht näher spezifizierten »Schutz nationaler Interessen« begründet.[32] Auch diese Bestimmungen hielt die Kommission für zu intransparent. Es sei nicht klar, welche

27 Slg. 2002, S. I-04731, Urteil des EuGH vom 4. Juni 2002 in Rs. C-367/98 (Kommission/Portugal), Rnr. 23–28.

28 IP/98/717; siehe auch: Slg. 2000, S. I-03811, Urteil des EuGH vom 23. Mai 2000 in Rs. C-58/99 (Kommission/Italien), Rnr. 1–6. Die staatlichen Sonderrechte umfassten Genehmigungsvorbehalte bezüglich des Anteilserwerbs, Vetorechte bei bestimmten Unternehmensentscheidungen sowie Entsenderechte.

29 Slg. 2000, S. I-03811, Urteil des EuGH vom 23. Mai 2000 in Rs. C-58/99 (Kommission/Italien), Rnr. 4.

30 Ebd.: Rnr. 5 und 6.

31 IP/98/717; IP/98/1134.

32 Slg. 2002, S. I-04781, Urteil des EuGH vom 4. Juni 2002 in Rs. C-483/99 (Kommission/Frankreich), Rnr. 9–10.

Kriterien für die Ausübung der Sonderrechte gelten würden, woraus sich Rechtsunsicherheit und Diskriminierung ergeben könnte. Folglich seien auch hier die in der Mitteilung dargelegten Kriterien für eine zulässige Beschränkung der Grundfreiheiten nicht erfüllt.[33]

4. Gegenstand des Verfahrens gegen *Belgien* wiederum waren die Sonderrechte bei den Energieunternehmen SNTC und Distrigaz. Die Artikel 1, 3 und 4 der Königlichen Verordnungen vom 10. Juni 1994 (SNTC) beziehungsweise vom 16. Juni 1994 (Distrigaz) bestimmten zum einen, dass die belgische Regierung jeweils zwei Vertreter in den Verwaltungsrat der Unternehmen entsenden durfte, allerdings nur in beratender oder rügender Funktion. Zum anderen war der Staat ermächtigt, falls »nationale Interessen im Energiebereich« beeinträchtigt waren, bei Verkauf oder Änderung des Unternehmenszwecks Widerspruch gegen diese Entscheidungen einzulegen.[34] Wie in den anderen Fällen beanstandete die Kommission diese Rechte als unzulässige Beschränkung von Niederlassungs- und Kapitalverkehrsfreiheit. Die fraglichen Widerspruchsverfahren würden auch hier aufgrund ihrer mangelnden Transparenz nicht das nötige Maß an Rechtssicherheit garantieren und möglicherweise diskriminierend angewendet werden.[35]

5. Im Verfahren gegen *Spanien* ging es um das Privatisierungsgesetz Nr. 5/1995, welches die Voraussetzungen für die Privatisierung spanischer Unternehmen regelte. Für den Rechtsstreit relevant waren die Artikel 1 bis 4 des Gesetzes, die zur Wahrung öffentlicher Interessen[36] ein System behördlicher Genehmigungen bezüglich Anteilserwerbs sowie wesentlicher Unternehmensentscheidungen verfügte. Dieses war in mehreren Dekreten befristet angewandt worden und betraf Unternehmen aus den Sektoren Erdöl, Telekommunikation, Finanzen, Tabak und Elektrizität.[37] Diese Sonderrechte seien ebenfalls intransparent, was die Möglichkeit der Benachteiligung von ausländischen Anlegern eröffne. Darüber hinaus seien die Genehmigungsrechte nicht in allen Fällen gerechtfertigt (zwingende Gründe des Allgemeininteresses seien etwa für die Unternehmen der Finanz- und Tabakbranche nicht gegeben) und die angegebenen Ziele ließen sich auch auf weniger einschränkende Weise verfolgen.[38]

33 IP/98/1058.

34 Slg. 2002, S. I-04809, Urteil des EuGH vom 4. Juni 2002 in Rs. C-503/99 (Kommission/Belgien), Rnr. 9–10.

35 IP/98/1135.

36 Vor Gericht spezifizierte Spanien die öffentlichen Interessen näher: »Es sei Sache der Mitgliedstaaten, für die Versorgungssicherheit, die wirtschaftliche und soziale Solidarität sowie den Schutz der Verbraucherinteressen zu sorgen« (Slg. 2003, S. I-4581, Urteil des EuGH vom 13. Mai 2003 in Rs. C-463/00 [Kommission/Spanien], Rnr. 44).

37 Slg. 2003, S. I-4581, Urteil des EuGH vom 13. Mai 2003 in Rs. C-463/00 (Kommission/Spanien), Rnr. 9–11.

38 IP/99/579.

6. Das gegen *Großbritannien* eingeleitete Vertragsverletzungsverfahren beanstandete Sonderrechte beim Flughafenbetreiber BAA. Diese waren bei der Privatisierung der BAA 1987 in der Unternehmenssatzung verankert worden und bestimmten, dass »zum Schutz des Allgemeininteresses«[39] ein mit besonderen Befugnissen ausgestatteter Unternehmensanteil dem Verkehrsministerium vorbehalten sei. Demnach musste das Ministerium Änderungen am Sonderrecht selbst, Verkauf von Tochtergesellschaften, Änderungen bei Stimmrechten sowie Beteiligungen, die mehr als 15 Prozent der Stimmrechte umfassen, zustimmen.[40] Auch hier sah die Kommission die in ihrer Mitteilung dargelegten Kriterien, denen eine nicht diskriminierende Beschränkung der Grundfreiheiten genügen müsse, nicht erfüllt. Weder sei ein zulässiger Rechtfertigungsgrund erkennbar[41] noch sei der Ermessensspielraum der Behörden auf ein Minimum eingeschränkt.[42] Daher behindere die britische Regelung die »Möglichkeit der übrigen Anteilseigner, an der Unternehmensführung mitzuwirken«, wodurch die Ausübung der betroffenen Grundfreiheiten weniger attraktiv gemacht werde.[43]

7. Im Fall *Dänemarks* ging es ebenfalls um staatliche Sonderrechte bei einem Flughafenbetreiber. Dem dänischen Staat wurden sowohl durch ein Privatisierungsgesetz (Gesetz Nr. 428 von 1990) als auch durch die Satzung spezielle Kontrollrechte beim Kopenhagener Flughafen eingeräumt. Demnach unterlagen bestimmte strategische Unternehmensentscheidungen oder Satzungsänderungen einem Genehmigungsvorbehalt durch den Verkehrsminister. Zudem durfte dieser Anweisungen zur Unternehmensführung geben. Schließlich war die Beteiligungshöhe für alle Investoren, außer der des Staates, auf 10 Prozent begrenzt.[44] Die Kommission forderte Dänemark zunächst lediglich auf, darzulegen, wodurch diese Sonderrechte gerechtfertigt werden.

8. Das Verfahren gegen die *Niederlande* drehte sich um per Satzung verankerte Sonderrechte zugunsten des Staates bei der Koninklijke KPN N.V. (KPN) und der TNT Post Groep N.V. (TPG), die beide 1998 aus dem privatisierten Post- und Telekommunikationsunternehmen PTT hervorgingen. Die Satzungsbestimmungen sahen eine Vielzahl spezieller Zustimmungsrechte, insbesondere bei Satzungsänderungen und strukturverändernden Maßnahmen, für den niederländischen Staat vor.[45] Außerdem erlaubten die Bestimmungen dem Staat,

39 Ebd.: Rnr. 17.
40 IP/99/582; IP/00/1142.
41 Slg. 2003, S. I-4641, Urteil des EuGH vom 13. Mai 2003 in Rs. C-98/01 (Kommission/Großbritannien), Rnr. 22.
42 Ebd.: Rnr. 23.
43 Ebd.
44 IP/03/178.
45 Slg. 2006, S. I-9141, Urteil des EuGH vom 28. September 2006 in Rs. C-282/04 und C-283/04 (Kommission/Niederlande), Rnr. 9.

jeweils drei Mitglieder in das Verwaltungsorgan der Gesellschaft zu entsenden.[46] Die Kommission sah hier ebenfalls die Vereinbarkeit mit den in der Mitteilung aufgestellten Kriterien nicht gegeben.[47]

9. Zu Beginn des neuen Jahrtausends begann die Kommission schließlich, weitere Sonderrechte in *Spanien* und *Italien* zu prüfen. Ausgelöst wurde dies durch die staatliche Blockierung von Unternehmensbeteiligungen, die der französische Staatskonzern Électricité de France (EdF) beim spanischen Stromerzeuger Hidroeléctrica del Cantábrico sowie beim italienischen Energieunternehmen Montedison vornehmen wollte. Beide Beteiligungen wurden durch die spanischen beziehungsweise italienischen Behörden auf Grundlage spezieller Kontrollgesetze unterbunden.[48] Das spanische Gesetz Nr. 55/1999 von 1999 sah vor, dass Erwerb und Ausübung von Stimmrechten bei spanischen Energieunternehmen durch den spanischen Ministerrat vorab genehmigt werden müssen.[49] Italien hatte, noch während EdF bei Montedison einzusteigen versuchte, ein Gesetz erlassen, das den Erwerb von Stimmrechten an privatisierten Energieunternehmen auf 2 Prozent begrenzte.[50] In beiden Fällen richteten sich die Bestimmungen ausschließlich an Unternehmen, die staatlich kontrolliert waren.[51] Die Begründung für die Verhinderung der Übernahmen beziehungsweise Beteiligungen seitens der spanischen und italienischen Regierung brachte der spanische Wirtschaftsminister auf den Punkt: »When we have privatised a company, we don't want another government running it.«[52] Es sollte also verhindert werden, dass ausländische Staatsbetriebe oder von ausländischen Regierungen maßgeblich beherrschte Unternehmen die gerade privatisierten Unternehmen übernehmen und so den heimischen Energiemarkt dominieren.[53] Ein weiteres Argument war, dass die Sonderrechte die beste Garantie für die Privatisierung seien, da ohne sie gar nicht erst privatisiert worden wäre.[54] Die Kommission warf den beiden Mitgliedstaaten vor, dass die fraglichen Bestimmungen den geforderten Kriterien der Rechtfertigung, Verhältnismäßigkeit und Geeignetheit nicht genügten.[55] Italiens Begründung für die Sonderregelung, der »Schutz des

46 IP/03/180.

47 Ebd.

48 Financial Times, 12. Mai 2000, S. 26; Frankfurter Allgemeine Zeitung, 9. Mai 2001, S. 22; Frankfurter Allgemeine Zeitung, 25. Mai 2001.

49 IP/02/1489.

50 Ebd.

51 Ebd.

52 Financial Times, 12. Mai 2000, S. 26.

53 Frankfurter Allgemeine Zeitung, 6. Mai 2000, S. 24; Frankfurter Allgemeine Zeitung, 9. Mai 2001, S. 22; Frankfurter Allgemeine Zeitung, 25. Mai 2001, S. 19.

54 Financial Times, 16. Januar 2001, S. 9.

55 IP/03/964.

Liberalisierungs- und Privatisierungsprozesses«, sei kein »zwingender Grund des Allgemeininteresses«.[56] Auch der EuGH habe festgestellt, dass wirtschaftliche Gründe zur Beschneidung der Grundfreiheiten nicht zulässig seien. Spaniens Rechtfertigungsgrund, der Schutz der Energieversorgung, wiederum sei zulässig. Allerdings fehlten spezifische und präzise Kriterien, denen die Ausübung der Sonderrechte unterliege. Den nationalen Behörden würden daher »weitreichende diskretionäre Befugnisse bei der Kontrolle der Anteilseignerschaft bei bestimmten Unternehmen eingeräumt«.[57] Die hierdurch verursachte Unsicherheit für potenzielle Investoren wäre eine unzulässige Beschränkung der Grundfreiheiten. Zur offiziellen Eröffnung von Vertragsverletzungsverfahren durch die Kommission kam es im Oktober 2002, nachdem der EuGH die ersten Urteile zu Goldenen Aktien gefällt hatte.[58] Den Beschluss zu klagen fasste die Kommission im Dezember 2003 (Italien)[59] beziehungsweise im April 2006 (Spanien).[60]

Innerhalb weniger Jahre hatte die Kommission also gegen etwa die Hälfte der Mitgliedstaaten rechtliche Schritte wegen staatlicher Sonderrechte in privatisierten Unternehmen eingeleitet. Die Verfahren richteten sich (fast) ausnahmslos gegen Unternehmen von zentraler Bedeutung für die jeweiligen nationalen Ökonomien. Hinzu kam, dass sich alle Verfahren (abgesehen von jenem gegen Portugal) ausschließlich gegen nicht diskriminierende Sonderrechte richteten. Die Vorwürfe der Kommission konzentrierten sich weniger auf den Rechtfertigungsgrund der Sonderrechte. Lediglich im Fall des spanischen Privatisierungsgesetzes sowie der italienischen Energiesektorbestimmungen bezweifelte die Kommission, dass »zwingende Gründe des Allgemeininteresses« vorlagen. Der Schwerpunkt der Vorwürfe der Kommission lag vielmehr auf der mangelnden Verhältnismäßigkeit und Geeignetheit der Sonderrechte. Die Kriterien, unter denen die Regierungen die Sonderrechte ausüben dürfen, seien nicht hinreichend transparent, wodurch Diskriminierung und Zweckentfremdung nicht auszuschließen sei. Die hierdurch verursachte Unsicherheit für (potenzielle) Investoren mache Investitionen weniger attraktiv und stelle daher eine unzulässige Beschränkung von Niederlassungs- und Kapitalverkehrsfreiheit dar.

56 Ebd.

57 Ebd.

58 IP/02/1489.

59 IP/03/1734.

60 IP/06/437. Aus dieser Mitteilung geht ebenfalls hervor, dass Spanien im Dezember 2003 eine Anpassung der fraglichen Bestimmungen vornahm. Dies konnte die Kommission jedoch nicht überzeugen.

Der Widerstand der Mitgliedstaaten

Alle betroffenen Mitgliedstaaten wehrten sich gegen die Vorwürfe der Kommission. Doch statt die Kommission koordiniert und mit politischen Mitteln aufzuhalten, widersetzten sich die Mitgliedstaaten lediglich individuell und konzentrierten ihren Widerstand auf die Entkräftung der juristischen Argumente. Dabei lassen sich zwei Argumentationsstrategien unterscheiden: Während eine Minderheit der Mitgliedstaaten bestritt, dass es sich bei ihren Sonderrechten überhaupt um eine Beschränkung der Grundfreiheiten handele, räumte die Mehrheit der Betroffenen die Beschränkung ein, verteidigte diese aber als gerechtfertigt und verhältnismäßig. Neben der juristischen Verteidigungsstrategie versuchten die meisten Regierungen, im Laufe der Verfahren auch eine politische Lösung zu finden. Überwiegend bestand die Strategie in Versuchen, Kompromisse mit der Kommission auszuhandeln, um einem möglichen Gerichtsverfahren zu entgehen. Lediglich in einem Fall setzte ein Mitgliedstaat (Spanien) die Kommission politisch unter Druck, um sie von ihrem Vorgehen gegen die Goldenen Aktien abzubringen. Doch weder die politischen Mittel noch die vorgetragenen juristischen Argumente vermochten die Kommission von ihrem Kurs abzubringen, sodass diese letztlich stets den EuGH einschaltete.

Der Widerstand der Regierungen bestand im Einzelnen aus folgenden Argumenten und Maßnahmen.

1. In Reaktion auf die Vorwürfe der Kommission räumte die *portugiesische* Regierung ein, dass sowohl die diskriminierenden als auch die unterschiedslos geltenden Maßnahmen Beschränkungen der Grundfreiheiten darstellten. Aber sie erklärte beide Regelungsarten für gerechtfertigt. Die diskriminierende Bestimmung sei aufgrund der »besonderen Situation, in der sich Portugal seit 1975 befinde«, nötig gewesen.[61] Das Privatisierungsgesetz sei darauf gerichtet, jene Unternehmen zu reprivatisieren, die im Zusammenhang mit der Revolution von 1975 enteignet und anschließend verstaatlicht wurden.

> Der Gesetzgeber von 1990 sei der Auffassung gewesen, dass es ein grundlegendes Gebot der Gerechtigkeit sei, die zu Lasten der portugiesischen Bürger verstaatlichten Vermögen den Portugiesen zurückzugeben, und dass hierdurch eine Neugestaltung der nationalen Wirtschaftsgruppierungen erfolgen könne.[62]

Des Weiteren führte die portugiesische Regierung zu ihrer Verteidigung an, die Bestimmungen nicht länger in diskriminierender Weise anzuwenden. Dies habe

61 Slg. 2002, S. I-04731, Urteil des EuGH vom 4. Juni 2002 in Rs. C-367/98 (Kommission/Portugal), Rnr. 16.

62 Slg. 2002, S. I-04731, Schlussanträge des Generalanwalts vom 3. Juli 2001 in Rs. C-367/98, C-483/99 und C-503/99 (Kommission/Portugal, Frankreich, Belgien), Rnr. 26.

man bereits früher zugesichert und später sogar versucht, die fraglichen Bestimmungen des Privatisierungsgesetzes aufzuheben, was sich jedoch im portugiesischen Parlament nicht durchsetzen ließ. Einigen konnte man sich aber auf einen »politischen Kompromiss«, demzufolge Unternehmen der anderen europäischen Mitgliedstaaten nicht länger als »ausländische Unternehmen« zu betrachten seien. Dadurch sei die nicht diskriminierende Anwendung des staatlichen Sonderrechts gewährleistet.[63] Auch der für In- und Ausländer unterschiedslos geltende Genehmigungsvorbehalt sei, so Portugal, gerechtfertigt. Dies ergebe sich hier allerdings weniger aus der historischen und politischen Bedeutung des Privatisierungsprozesses, sondern vielmehr daraus, dass »die mit der Reprivatisierung verfolgten wirtschaftspolitischen Ziele nicht während ihrer Durchführung vereitelt« würden.[64] Portugal spezifizierte diese Ziele als gelingende Internationalisierung der berührten Unternehmen, als Stärkung der Wettbewerbsstruktur der betroffenen Märkte, als Modernisierung und Steigerung der Leistungsfähigkeit der Unternehmen[65] sowie als Wahrung der eigenen finanziellen Interessen.[66] Diese Argumente Portugals vermochten die Kommission aber nicht zu überzeugen, woraufhin diese im Dezember 1997 beschloss, Klage beim Europäischen Gerichtshof einzuleiten.[67]

2. Auch *Italien* bestritt zunächst die Vorwürfe hinsichtlich des Privatisierungsgesetzes.[68] Da die Kommission aber an ihren Vorwürfen festhielt, lenkte die italienische Regierung später ein und versprach eine Anpassung der fraglichen Regelung.[69] Da sie aber nicht darlegen konnte, wann und wie sie diese Änderung vorzunehmen gedachte, beschloss die Kommission im Dezember 1998 zu klagen.[70]

3. Die *französische* Regierung bestritt ebenfalls, dass die Argumente der Kommission zuträfen. Selbst wenn eine Beschränkung der Grundfreiheiten vorliege, so sei diese gerechtfertigt. Der EuGH habe selbst festgestellt, dass die Gewährleistung der Erdölversorgung im Krisenfall ein zulässiger Grund für die Einschränkung der Grundfreiheiten darstelle.[71] Zudem finde das

63 Ebd.: Rnr. 29; Slg. 2002, S. I-04731, Urteil des EuGH vom 4. Juni 2002 in Rs. C-367/98 (Kommission/Portugal), Rnr. 16 und 18.

64 Slg. 2002, S. I-04731, Urteil des EuGH vom 4. Juni 2002 in Rs. C-367/98 (Kommission/Portugal), Rnr. 31.

65 Ebd.

66 Ebd.: Rnr. 32.

67 IP/97/1111.

68 IP/98/717.

69 IP/98/1134.

70 Ebd.

71 Slg. 2002, S. I-04781, Urteil des EuGH vom 4. Juni 2002 in Rs. C-483/99 (Kommission/Frankreich), Rnr. 28.

von der Kommission aufgestellte Erfordernis genauer, objektiver und dauerhaft gegebener Kriterien, durch die das Ermessen der nationalen Behörden auf ein Minimum beschränkt werde, [...] in der Rechtsprechung des Gerichtshofes keine Stütze und könne daher nicht angewandt werden.[72]

Schließlich sei die Verhältnismäßigkeit und Geeignetheit des Sonderrechts sehr wohl gegeben.[73] Neben dieser juristischen Verteidigung griff die französische Regierung zudem auf politische Verteidigungsinstrumente zurück. Sie bot nämlich von Beginn an Änderungen bei den Bestimmungen an.[74] Dazu legte sie im Laufe des Verfahrens mehrere Vorschläge vor, wie die Sonderrechte im Sinne der Kommission eingeschränkt werden könnten.[75] Doch auch hier konnte das Einlenken die Brüsseler Beamten nicht von einer Klage abhalten.[76]

4. Wie Frankreich konzentrierte auch *Belgien* seine Verteidigung auf die Entkräftung des Vorwurfs, die Sonderrechte würden eine unzulässige Beschränkung darstellen. Die fraglichen Maßnahmen seien nicht diskriminierend, dienten dem Allgemeininteresse und seien darüber hinaus verhältnismäßig und geeignet.[77] Parallel zu den französischen Bestimmungen berief sich Belgien bei der Rechtfertigung auf die Gewährleistung der Erdölversorgung.[78] Hinsichtlich der Verhältnismäßigkeit gab Belgien an, die Sonderrechte seien hinreichend konkret, zeitlich begrenzt, begründungspflichtig sowie gerichtlich überprüfbar.[79] Der Vorwurf der Kommission, hier sei die gebotene Rechtssicherheit nicht gegeben, treffe daher nicht zu. Zudem könne die Kommission nicht überzeugend darlegen, warum die verfolgten Ziele auch mit weniger einschränkenden Mitteln zu erreichen seien.[80] Schließlich machten die Belgier noch geltend, dass man die Sonderrechte nie angewandt habe, man aber bereit sei, die Kommission zukünftig bei jedem Einsatz der Rechte zu benachrichtigen und über die dahinterstehende Motivation aufzuklären.[81] Als die Kommission daraufhin erklärte, sie erkenne zwar die Rechtfertigung der Bestimmungen an, nicht jedoch ihre Geeignetheit und Erforderlichkeit, nahm Belgien im April 1999 eine Änderung an

72 Ebd.: Rnr. 29.
73 Ebd.: Rnr. 30.
74 IP/98/1058.
75 Slg. 2002, S. I-04781, Urteil des EuGH vom 4. Juni 2002 in Rs. C-483/99 (Kommission/Frankreich), Rnr. 12 und 14.
76 IP/99/583.
77 IP/98/1135; siehe auch Slg. 2002, S. I-04809, Urteil des EuGH vom 4. Juni 2002 in Rs. C-503/99 (Kommission/Belgien), Rnr. 26–30.
78 Slg. 2002, S. I-04809, Urteil des EuGH vom 4. Juni 2002 in Rs. C-503/99 (Kommission/Belgien), Rnr. 27.
79 Ebd.: Rnr. 28 und 29.
80 Ebd.: Rnr. 30.
81 IP/98/1135.

den Sonderrechten vor.[82] Im Dezember 1999 reichte die Kommission dennoch Klage beim Europäischen Gerichtshof ein.

5. *Spanien* hingegen bestritt, dass bei den Sonderrechten des Privatisierungsgesetzes überhaupt eine Beschränkung vorläge. Der Zugang von Kapital nach Spanien werde keinesfalls behindert, und die fraglichen Bestimmungen seien eine der hinzunehmenden »Gegebenheiten des Marktes«.[83] Darüber hinaus verteidigte die spanische Regierung ihre Regelungen als gerechtfertigt und verhältnismäßig. Ersteres ergebe sich aus dem Umstand, dass die Bestimmungen der Gewährleistung der »Beständigkeit öffentlicher Dienstleistungen« dienten und dies »Sache der Mitgliedstaaten« sei.[84] Die Verhältnismäßigkeit ergebe sich wiederum aus der Klarheit des Anwendungskriteriums (»Gewährleistung öffentlicher Dienstleistungen«).[85] Zwar sei es richtig, dass den Behörden hieraus ein Ermessensspielraum erwachse, dieser sei aber zu akzeptieren. Eine detaillierte Begründung der im Rahmen der Sonderrechte getroffenen Entscheidungen hingegen »würde das Verwaltungshandeln paralysieren«.[86] Schließlich wies Spanien noch darauf hin, dass eine gerichtliche Kontrolle der Ausübung der Sonderrechte gegeben sei.[87] Im Gegensatz zu Italien, Frankreich und Belgien beharrte die spanische Regierung auf ihrem Standpunkt und bot keine Veränderungen an den Sonderrechten an. Erst nachdem die Frist zur Aufforderung der Stellungnahme abgelaufen war (Oktober 1999), gab Spanien ein wenig nach und setzte die Dekrete für Argentaria (Bank) und Tabacalera (Tabak) außer Kraft.[88] Dies blieb für den weiteren Verfahrensverlauf jedoch ohne Folgen, und entsprechend kam es auch hier zu einer Klage.[89]

6. Die *britische* Regierung reagierte auf die Beanstandungen der Kommission zunächst gar nicht.[90] Im Juli 1999 forderte die Kommission Großbritannien daher erneut zu einer Stellungnahme auf.[91] Dieses Mal erhielt sie eine Antwort, in der die Regierung – ähnlich wie die spanischen Behörden – die Sonderbefugnisse als nicht beschränkend rechtfertigte. Zum einen beruhten die Sonderrechte

82 Slg. 2002, S. I-04809, Urteil des EuGH vom 4. Juni 2002 in Rs. C-503/99 (Kommission/Belgien), Rnr. 14.

83 Slg. 2003, S. I-4581, Urteil des EuGH vom 13. Mai 2003 in Rs. C-463/00 (Kommission/Spanien), Rnr. 43.

84 Ebd.: Rnr. 44.

85 Ebd.: Rnr. 45.

86 Ebd.: Rnr. 46.

87 Ebd.: Rnr. 47.

88 Slg. 2003, S. I-04581, Schlussantrag des Generalanwalts vom 6. Februar 2003 in Rs. C-463/00 (Kommission/Spanien) und C-98/01 (Kommission/Großbritannien), Rnr. 25–26.

89 IP/00/715.

90 IP/99/582.

91 Ebd.

nicht wie in den anderen Fällen auf einem Gesetz, sondern auf einer Satzungsregelung.[92] Die Ausgestaltung dessen, was im Rahmen einer Satzung zulässig ist, sei jedoch eine Frage allgemeinen Gesellschaftsrechts, was in den alleinigen Zuständigkeitsbereich der Nationalstaaten falle. Die Mitgliedstaaten seien zur Regelung der »wesentlichen Merkmale der an der Börse gehandelten Aktien privater Unternehmen« berechtigt.[93] In Großbritannien habe man sich aber nun mal dafür entschieden, Goldene Aktien zuzulassen. Wenn sich die Regierung also dieses Instruments bediene, greife sie lediglich auf ein Mittel zurück, das jedem Aktionär zustehe. Würde sich der EuGH dennoch gegen die britische Sonderaktie aussprechen, dann müsse sich in Zukunft auch allgemeines Aktienrecht an den Grundfreiheiten messen lassen:

> Wenn gegen die Sonderaktie vorgegangen werden könnte, würde das Gleiche für jede andere Aktiengattung gelten, bei der das Stimmrecht in irgendeiner Hinsicht als umfassender als bei einer anderen Aktiengattung angesehen werden könnte. Die These der Kommission würde dazu führen, dass sich die Inhaber normaler Aktien auf den EG-Vertrag stützen könnten, um die mit den von ihnen erworbenen Aktien verbundenen Rechte neu auszuhandeln.[94]

Zum anderen läge auch deshalb keine Beschränkung vor, weil der Erwerb der BAA-Aktien durch die fraglichen Bestimmungen nicht eingeschränkt werde.[95] Hierbei bezog sich die britische Regierung auf das sogenannte Keck-Urteil des EuGH.[96] In diesem hatte der EuGH festgestellt, dass die Warenverkehrsfreiheit nur für Produktanforderungen, nicht aber für Verkaufsmodalitäten gilt: Während Ersteres ein Hindernis für den grenzüberschreitenden Warenverkehr darstellt (Anforderungen an bestimmte Qualitätsmerkmale eines Produkts in einem Land können für Wettbewerber anderer Länder Mehrkosten und damit Nachteile bewirken), sind Bestimmungen zur Regelung des Verkaufs von Waren (etwa Verkaufsorte oder -zeiten) keine Behinderung des Warenverkehrs (allerdings nur, wenn sie unterschiedslos für In- und Ausländer angewandt werden). Denn Regelungen zu Verkaufsmodalitäten beeinträchtigten nicht den Marktzugang (dazu: Rühland 2008: 507f.). Die britische Regierung übertrug dieses Argument auf die Sonderrechte bei BAA: Da die staatlichen Sonderrechte den Erwerb von BAA-Aktien keiner vorherigen Genehmigungspflicht unterwarfen, liege hier keine Behinderung des Marktzugangs und folglich auch keine Beschränkung der Grundfreiheiten vor. Damit sei die Goldene Aktie bei BAA rechtmäßig.

92 Slg. 2003, S. I-4641, Urteil des EuGH vom 13. Mai 2003 in Rs. C-98/01 (Kommission/Großbritannien), Rnr. 16 und 25–27.

93 Ebd.: Rnr. 16.

94 Ebd.: Rnr. 35.

95 Ebd.: Rnr. 28–32.

96 Slg. 1993, S. I-6097, Urteil des EuGH vom 24. November 1993 in Rs. C-267/91 (Keck).

Diese Argumentation hielt die Kommission jedoch nicht von ihrer Klage ab, da sie von beiden Einwänden nicht überzeugt war. Zum ersten Einwand führte sie an:

Insbesondere um die Einheitlichkeit und den Vorrang des Gemeinschaftsrechts aufrechtzuerhalten, [könne] die Anwendung der Mechanismen des privaten Gesellschaftsrechts durch einen Mitgliedstaat, um durch den Vertrag garantierte Freiheiten zu beschränken, keineswegs die Prüfung der Vereinbarkeit dieser Beschränkungen mit dem Vertrag verhindern.[97]

Zum anderen Einwand kommentierte sie, es

sei festzustellen, dass es im vorliegenden Fall nicht um die Modalitäten für den Erwerb von Aktien oder den Umgang mit ihnen gehe, sondern um das Prinzip ihres Erwerbs und damit um die Negierung eines grundlegenden Aspekts der betreffenden Freiheiten und um eine echte Beschränkung ihrer Ausübung.[98]

7. Die *niederländische* Regierung versuchte, ihre Sonderrechte bei KPN und TPG ebenfalls unter Verweis auf deren satzungsrechtliche Konstruktion zu verteidigen:[99] Die fraglichen Rechte bedeuteten keine Beschränkung von Niederlassungs- und Kapitalverkehrsfreiheit, da der Staat als Aktionär, das heißt als regulärer Marktteilnehmer, und nicht als »öffentliche Stelle« bei der Einrichtung der Sonderrechte agiert habe.[100] Zudem würden die Sonderrechte weder tatsächlich noch potenziell Investoren vom Erwerb der betroffenen Unternehmen abhalten. Sollte doch ein Zusammenhang zwischen den Bestimmungen und der Tätigkeit von Investoren bestehen, dann wäre dieser allerdings zu »ungewiss und indirekt«.[101] Und selbst wenn doch eine Beschränkung der Grundfreiheiten vorliege, so sei diese bei der TPG in jedem Fall durch die Sicherstellung der »Verfügbarkeit eines Universalpostdienstes« gerechtfertigt.[102] Dennoch erhob die Kommission auch hier Klage, jedoch erst im Dezember 2003, nachdem der EuGH bereits eine ganze Reihe der früher initiierten Verfahren entschieden hatte.[103] Die Niederlande waren der Kommission zuvor durch die Abschaffung der Entsenderechte entgegengekommen.

97 ABl. C 134 vom 5.5.2001, S. 9.

98 Slg. 2003, S. I-4641, Urteil des EuGH vom 13. Mai 2003 in Rs. C-98/01 (Kommission/Großbritannien), Rnr. 34.

99 Slg. 2006, S. I-9143, Schlussanträge des Generalanwalts vom 6. April 2006 in Rs. C-282/04 und C-283/04 (Kommission/Niederlande), Rnr. 9 und 13.

100 Ebd.: Rnr. 19.

101 Slg. 2006, S. I-09141, Urteil des EuGH vom 28. September 2006 in Rs. C-282/04 und C-283/04 (Kommission/Niederlande), Rnr. 16.

102 Ebd.: Rnr. 17.

103 IP/03/1753.

8. Der einzige Versuch, die Kommission weder mit juristischen Argumenten noch mit Kompromissangeboten von ihrem Vorhaben abzubringen, ging von *Spanien* aus und stand im Zusammenhang mit dem Vorgehen der Kommission gegen die spanischen und italienischen Energiesektorgesetze. Vor allem spanische Abgeordnete des EU-Parlaments sowie die spanische EU-Kommissarin für Energie, Loyola de Palacio, bemühten sich, die Eröffnung möglicher Vertragsverletzungsverfahren zu verhindern. Allerdings stellten die Spanier weniger die Position der Kommission als vielmehr deren Vorgehensweise infrage.

Ausgangspunkt des »spanischen Widerstands« waren die bereits weiter oben erwähnten blockierten Einstiegsversuche des französischen Staatskonzerns EdF bei privatisierten spanischen und italienischen Energieunternehmen. Hintergrund dieser Auseinandersetzungen war die asymmetrisch verlaufende Liberalisierung des europäischen Energiemarkts. Ende der 1990er-Jahre hatten sich die Mitgliedstaaten prinzipiell auf die Liberalisierung der Energiemärkte verständigt. Da sie sich aber auf keine festen Daten für die Öffnung ihrer Märkte einigen konnten, verlief die Umsetzung dieses Vorhabens in den einzelnen Mitgliedstaaten in unterschiedlichen Geschwindigkeiten. Die Liberalisierungsvorreiter, darunter auch Spanien, fürchteten daraufhin, dass die Nachzügler Vorteile aus dieser Situation schöpfen könnten und es so zu Wettbewerbsverzerrungen aufgrund von Monopolbildung kommen würde.[104] Diese Befürchtungen wurden insbesondere durch das Vorgehen von EdF ausgelöst. Der französische Staatskonzern, so die Vorwürfe, kaufe in Europa ein, gleichzeitig öffne Frankreich seinen Energiemarkt aber nicht für ausländische Konkurrenten.[105] Diese Form der Wettbewerbsverzerrung wurde sogar auf dem Ratstreffen in Stockholm im März 2001 diskutiert.[106] Die Kommission wurde dazu aufgerufen, die Wettbewerbsverzerrungen mit dem europäischen Wettbewerbsrecht zu bekämpfen. Frankreich sollte vor die Wahl gestellt werden, entweder seinen Energiemarkt zu öffnen oder eine Beschränkung der Expansionsbestrebungen von EdF zu akzeptieren.[107]

Diese Befürchtungen Spaniens wurden von der spanischen EU-Kommissarin de Palacio in die Kommission getragen. Es sei nicht fair, so die Kommissarin, dass die frisch privatisierten Unternehmen von ausländischen Staatskonzernen übernommen werden.[108] »We are close to an absurd situation where companies that don't apply the single market are favoured«, sagte ein Sprecher de Palacios.[109]

104 Financial Times, 24. Mai 2001, S. 20; Europe Daily Bulletins (Agence Europe), Nr. 7988, 20. Juni 2001.

105 Financial Times, 24. Mai 2001, S. 20.

106 Europe Daily Bulletins (Agence Europe), Nr. 7988, 20. Juni 2001.

107 Ebd.

108 Financial Times, 16. Januar 2001, S. 9.

109 Financial Times, 24. Mai 2001, S. 20.

Und de Palacio selbst führte an: »Were there total market liberalisation, there would be no asymmetry or distortion to competition.«[110] Bereits im Juli 2000 forderte die Kommissarin daher, das Vorgehen der Kommission gegen Goldene Aktien ruhen zu lassen, bis durch eine kommissionsinterne Debatte das weitere Vorgehen geklärt sei. Zwar hielt sie die rechtliche Grundlage, auf die die Kommission ihr bisheriges Vorgehen stützte (das heißt die Mitteilung von 1997), für richtig, dennoch schlug sie vor, das Thema Goldene Aktien mithilfe einer Richtlinie anzugehen; so äußerte ein Sprecher der Kommissarin:[111]

> We want to make clear that if the Commission's interpretation of the Treaty is right, it could pass legislation that will apply to all similar cases rather than pursuing them in court on a case by case basis.[112]

Im Jahr 2000 gelang es ihr jedoch nicht, einen Kurswechsel der Kommission herbeizuführen. Im Gegenteil: Die Kommission beschloss sogar noch auf derselben Sitzung, auf der de Palacio ihre Forderungen zur Sprache brachte, Spanien wegen des Privatisierungsgesetzes vor dem EuGH zu verklagen.[113] Allerdings erreichte sie, gegen den Widerstand des Binnenmarkt-Kommissars Bolkestein,[114] dass die Kommission erneut über das Thema diskutieren würde.[115]

Bevor diese Debatte schließlich im Sommer 2001 geführt wurde,[116] beschäftigte sich auch das Europäische Parlament mit dem Vorgehen der Kommission gegen Goldene Aktien.[117] Ausgelöst durch zwei mündliche Anfragen einiger konservativer und liberaler Parlamentarier, vor allem spanischer Herkunft, kam es im April 2001 zu einer Debatte, bei der Bolkestein ebenfalls anwesend war, um das Vorgehen der Kommission zu verteidigen. Die Vorwürfe der Parlamentarier deckten sich weitgehend mit jener Position, die auch de Palacio in die Kommission trug. Die Abgeordneten warfen der Kommission unilaterales Vorgehen vor und kritisierten, dass sie weder das Parlament noch den Rat angemessen eingebunden hätte:

> Nobody questions the Commission's duty to pursue alleged infringements of Community Law. The Group of the European Peoples' Party (Christian Democrats) and European Democrats' criticism is that, by means of an interpretative communication, the Commission has unilaterally set the rules of the game in such an important area, and this is proved by the fact that the

110 Europe Daily Bulletins (Agence Europe), Nr. 7989, 21. Juni 2001.
111 Europe Daily Bulletins (Agence Europe), Nr. 7749, 1. Juli 2000.
112 Financial Times, 30. Juni 2000.
113 IP/00/715.
114 Europe Daily Bulletins (Agence Europe), Nr. 7749, 1. Juli 2000.
115 IP/00/721.
116 IP/01/872; Europe Daily Bulletins (Agence Europe), Nr. 7989, 21. Juni 2001.
117 ABl. C 21E/338 vom 24.1.2002.

Stockholm European Council has dealt with it, thereby side-stepping, in our view, the legislative competences of this Parliament and of the Council.[118]

[I]t is absolutely crucial, in these very important cases, that directives or regulations are submitted and – as is right and proper – adopted with the participation of Parliament and the Council.[119]

Des Weiteren befürchteten sie, dass durch die Abschaffung von Goldenen Aktien die Liberalisierungsvorreiter den nicht privatisierten »nationalen Champions« schutzlos ausgeliefert wären, wodurch ein verzerrter Wettbewerb drohe:

In fact, in accordance with Community guidelines, certain Member States have made great efforts to open up their telecommunications and other sectors to competition. However, other States have not taken equivalent measures and their markets therefore remain closed to external competition. This is why the PPE-DE Group believes that we should permit prevention mechanisms such as the »golden share«, because otherwise objective discrimination may arise.[120]

We are [...] in an unbalanced situation in which companies which still have the characteristics of public companies, and therefore have a monopoly in a Member State, take advantage of the openness of the external market and indulge in unfair competition in relation to companies which have entered into what we may call the free game of the market.[121]

Daher forderten sie einen Richtlinienvorschlag der Kommission:

I can, however, also agree with those of our colleagues who argue that the Commission too has been acting in a particularly non-transparent manner with regard to breaking down the barriers for intra-EU investment. I join with them in requesting that the Commission update its policy in this area with a proposal for a directive, not only for the sake of intra-institutional transparency, but also to provide guidance to Member States so that lengthy procedures before the Court can be avoided.[122]

Die Antwort Bolkesteins hingegen ließ kaum Kompromissbereitschaft erkennen. Er wehrte sich nicht nur gegen die Vorwürfe, EP und Rat nicht angemessen

118 MdEP Galeote Quecedo, PPE-DE, Protokoll der Plenardebatte des Europäischen Parlaments, 3. April 2001, abrufbar unter: http://www.europarl.europa.eu/sides/getDoc.do?pubRef=-//EP//TEXT+CRE+20010403+ITEM-013+DOC+XML+V0//EN [zuletzt abgerufen: 19. Juni 2013]. Dieses Protokoll liegt auch in deutscher Sprache vor, allerdings sind die deutschen Formulierungen – im Gegensatz zu den englischen – an manchen Stellen missverständlich oder unklar. Daher wurde bei sämtlichen Zitaten, die aus diesem Protokoll stammen, die englische Fassung beibehalten.

119 MdEP von Wogau, PPE-DE, Protokoll der Plenardebatte des Europäischen Parlaments, 3. April 2001 (Quelle s. o.).

120 MdEP Galeote Quecedo, PPE-DE, Protokoll der Plenardebatte des Europäischen Parlaments, 3. April 2001 (Quelle s. o.).

121 MdEP Gasòliba i Böhm, ELDR, PPE-DE, Protokoll der Plenardebatte des Europäischen Parlaments, 3. April 2001 (Quelle s. o.).

122 MdEP Katiforis, PSE, Protokoll der Plenardebatte des Europäischen Parlaments, 3. April 2001 (Quelle s. o.).

eingebunden zu haben, sondern lehnte die Forderung nach einer Richtlinie geradewegs ab. Diese sei nicht notwendig, schließlich gehe es hier um Vertragsverletzungen, und dafür sei ausschließlich die Kommission in ihrer Funktion als »Hüterin der Verträge« zuständig:

[T]he Commission has done no more than interpret the relevant articles of the Treaty – basically Articles 56 and 43 [Artikel 63 und 49 AEUV]. That is what is laid down in the interpretative communication. So it cannot be said [...] that the Commission is constructing its own framework of rules. Once again and for the last time, I will say that the Commission has been entrusted with the duty to act as guardian of the Treaty. In the years running up to 1997 there was uncertainty about the way Articles 43 and 56 ought to be interpreted. That is the reason for the interpretative communication. The final instance that decides on what is right or wrong, what is legal and illegal, is the Court of Justice. Naturally the Commission does not, in the end, decide what the legal situation is. That is the responsibility of the Court of Justice. But before the matter can be considered by the Court of Justice somebody has to bring the case to the attention of the Court. That is what the Commission has done. [...] So I must reject the reproach made against the Commission that it has arrogated unto itself certain competences that it should not have, that it is framing its own system of rules. No, the Commission is merely interpreting and stating what the law is. That is the reason why it has taken some Member States to court. Hopefully we will soon see what the Court of Justice has to say. [...] There is no need for a directive. We have a treaty. The Commission interprets the treaty and the Court of Justice decides. So we do not need a directive.[123]

Darüber hinaus verwies Bolkestein noch auf die Debatte, die die Kommission in Kürze zu dem Thema führen werde.

Im Juni 2001 kam es schließlich zu dieser von de Palacio initiierten kommissionsinternen Debatte.[124] Unterstützung fand die spanische Kommissarin zwischenzeitlich auch bei Wettbewerbskommissar Monti, der zusagte, die Aktivitäten von EdF eingehender unter Maßgabe des europäischen Wettbewerbsrechts prüfen zu wollen.[125] Die beiden Kommissare

note that asymmetry has led to serious competition distortion and competitive inequalities between Member State companies. They clearly criticise State monopolies, writing that the »Member States that have limited themselves to minimum market opening thus maintain a captive consumer market, have a guaranteed level of income and a significant advantage in the effort they make to develop European-scale companies, mainly by acquisitions in other Member States«.[126]

123 EU-Kommissar für den Binnenmarkt Bolkestein, Protokoll der Plenardebatte des Europäischen Parlaments, 3. April 2001 (Quelle s. o.).

124 IP/01/872; Europe Daily Bulletins (Agence Europe), Nr. 7989, 21. Juni 2001.

125 Financial Times, 24. Mai 2001, S. 20.

126 Europe Daily Bulletins (Agence Europe), Nr. 7988, 20. Juni 2001.

Die Kommissare forderten daher, die Wettbewerbsverzerrung durch verstärkte Liberalisierung und Anwendung des Wettbewerbsrechts zu bekämpfen und so ein »level playing field«, insbesondere auf dem Energiemarkt, herzustellen. Dieser Widerstand blieb jedoch folgenlos und führte zu keiner Kursänderung der Kommission. »We pondered the need to change the current rules and the answer was no«, kommentierte Bolkestein den Ausgang der Debatte.[127] Stattdessen bestätigte die Kommission ihre in der Mitteilung dargelegte Rechtsposition, und der Forderung nach einer Richtlinie wurde eine Absage erteilt: Die Kommission dürfe ihre Pflichten als Hüterin der Verträge nicht zugunsten von sekundärrechtlichen Vorschlägen aufgeben.[128] Allerdings wurde der Mitteilung eine »Fußnote« beigefügt,[129] wonach die Mitgliedstaaten während der Privatisierung den Verkauf von Unternehmensanteilen an bestimmte Bedingungen knüpfen dürfen. Aber nach der Privatisierung würde die Kommission die in ihrer Mitteilung aufgestellten Regeln anwenden. Schließlich forderten die Kommissare die rasche Verabschiedung bereits vorliegender Richtlinienvorschläge durch Rat und EP, um der Asymmetrie auf den Energiemärkten zu begegnen. Sollte dies ausbleiben, dann werde die Kommission auf Grundlage von Artikel 86, Absatz 3 EGV[130] selbst Richtlinien gegen die Wettbewerbsverzerrungen erlassen. Außerdem versprach die Kommission, die Asymmetrie verstärkt mit dem Wettbewerbsrecht zu bekämpfen. Damit hatten sich die Gegner de Palacios durchgesetzt, und Bolkestein, der die staatlichen Sonderrechte als Form von »ökonomischem Nationalismus« bezeichnete,[131] konnte seinen bisherigen liberalen Kurs weiter fortsetzen.

Der Widerstand der Mitgliedstaaten konzentrierte sich also auf die juristische Entkräftung der Vorwürfe der Kommission. Zwar gab es immer wieder Versuche, die Sonderrechte im Sinne der Kommission anzupassen, gänzlich aufgeben mochte sie aber keine Regierung. Auf den ersten Blick ist erstaunlich, dass kein größerer Widerstand gegen das Agieren der Kommission aufkam. Immerhin betraf es bedeutende Unternehmen einer knappen Mehrheit der Mitgliedstaaten, darunter Schwergewichte wie Frankreich und Großbritannien. Bei näherer Betrachtung liegt jedoch der Schluss nahe, dass die von den nationalen Regierungen eingeschlagene unilaterale Verteidigung durchaus sinnvoll war. Denn: Eine Richtlinie zur Legalisierung von Goldenen Aktien hätte die Kommission vorschlagen müssen, was diese aber (trotz der Aufforderung von spanischer Seite) nicht tun wollte. Eine vorausschauende Vertragsänderung war ebenfalls keine realistische Handlungsoption. Dazu wäre Einstimmigkeit erforderlich, was an-

127 Europe Daily Bulletins (Agence Europe), Nr. 7988, 21. Juni 2001.
128 IP/01/872.
129 Europe Daily Bulletins (Agence Europe), Nr. 7988, 21. Juni 2001.
130 Heute Artikel 106, Absatz 3 AEUV.
131 SPEECH/01/373.

gesichts der gegensätzlichen Interessen wohl nicht erreicht worden wäre. Allein das Beispiel Energiesektor zeigt, dass man Sonderrechte zuhause, aber nicht unbedingt in anderen Mitgliedstaaten wollte. Darüber hinaus stellt sich die Frage, was man in diese Vertragsänderung hätte schreiben können. Der EU-Vertrag sieht schließlich vor, dass die Grundfreiheiten aus »zwingenden Gründen des Allgemeininteresses« eingeschränkt werden dürfen. Solche Gründe konnte man problemlos für fast alle der betroffenen Unternehmen geltend machen. Hinzu kam, dass die Bewertung der Kommission rechtlich noch nicht gefestigt war: Weder war eindeutig, ob und inwieweit hier überhaupt eine Beschränkung vorlag, noch war klar, ob im Fall einer Beschränkung die engen Kriterien der Kommission zur Minimierung des Handlungsspielraums der nationalen Behörden bei der Ausübung der Sonderrechte auch vom EuGH bestätigt werden würden (was Frankreich und Spanien auch zu ihrer Verteidigung anführten). Angesichts dieser doppelten Ungewissheit – gar keine bis geringe Erfolgsaussichten gemeinsamen Handelns sowie ein denkbarer Sieg vor Gericht – erscheint das vorgefundene Muster mitgliedstaatlichen Widerstands durchaus plausibel.

5.3 Die Urteile des EuGH

Bis hierhin war offen, wer die Oberhand im Streit um die staatlichen Sonderrechte behalten würde. Die Kommission hielt ihre Rechtsposition zwar für tragfähig genug, um gegen gut die Hälfte der Mitgliedstaaten recht kompromisslos vorgehen zu können. Vom EuGH bestätigt war diese Position allerdings nicht und die Mitgliedstaaten schienen sich durchaus Chancen auf einen Erfolg vor Gericht auszurechnen. Jedoch hatte der EuGH in der Zwischenzeit weitere Gelegenheiten gehabt, um sich zur Kapitalverkehrsfreiheit zu äußern. Hierbei wurden wichtige Grundlagen für die Entscheidungen in Sachen Goldene Aktien getroffen. Zum einen hatten die Richter im Urteil »Trummer und Mayer«[132] (1999) erklärt, dass der Nomenklatur der Kapitalverkehrsrichtlinie 88/361/EWG, auf die sich die Kommission in ihrer Mitteilung für die Definition von »Kapitalverkehr« bezogen hatte, »Hinweischarakter« zur Auslegung des Artikels 56 EGV beizumessen sei. Damit war zumindest die Quelle des von der Kommission hergestellten Bezugs zwischen Kapitalverkehrsfreiheit und Unternehmenskontrolle gerichtlich anerkannt. Zum anderen hatten die Richter in mehreren Urteilen erkennen lassen (insbesondere »Trummer und Mayer«

132 Slg. 1999, S. I-01661, Urteil des EuGH vom 16. März 1999 in Rs. C-222/97 (Trummer und Mayer).

und »Konle«,[133] beide von 1999, sind hier zu nennen), dass sie gewillt waren, die Beschränkungsverbotsformel auf die Kapitalverkehrsfreiheit zu übertragen. Auch in dieser Hinsicht deutete sich also an, dass die Kommission Erfolg haben würde. Welche Konsequenzen sich daraus aber konkret für die Goldenen Aktien ergeben würden, war offen. Denn: Selbst wenn die staatlichen Sonderrechte in den Anwendungsbereich der Kapitalverkehrsfreiheit fallen würden und ihre marktbehindernde Wirkung festgestellt werden sollte – hatten die Mitgliedstaaten nicht gute Argumente, die für diese Markteinschränkung sprachen? Wie der EuGH die Goldenen Aktien schließlich bewertete, soll im Folgenden anhand der zwischen 2000 und 2006 ergangenen Urteile nachgezeichnet werden. Dabei wird – wo angebracht – auch auf die Schlussanträge der Generalanwälte eingegangen, da an diesen deutlich wird, dass sich die Mitgliedstaaten durchaus Hoffnungen auf einen Erfolg vor Gericht machen konnten.

Ein erstes Urteil ohne Antworten und eine autonomieschonende Intervention des Generalanwalts

Das erste Urteil in Sachen Goldene Aktien erging im Mai 2000 gegen Italiens Bestimmungen des Privatisierungsgesetzes.[134] Diese Entscheidung erregte jedoch kaum Aufmerksamkeit und spielte für den weiteren Verlauf der Auseinandersetzung auch keine nennenswerte Rolle. Weder die Kommission noch die Mitgliedstaaten nahmen später Bezug auf das Urteil. Dies begründete sich durch den Umstand, dass Italien die von der Kommission beklagte Vertragsverletzung einräumte. Italien hatte die fraglichen Bestimmungen des Privatisierungsgesetzes zwar erst nach Klageeinreichung durch die Kommission, aber noch vor der Gerichtsverhandlung geändert. Vor Gericht räumte die italienische Regierung dann die Gemeinschaftsrechtswidrigkeit der älteren Bestimmungen ein und verwies auf die vorgenommene Gesetzesänderung, die im Einklang mit den Forderungen der Kommission stünde. Der Generalanwalt, der diesem Fall zugewiesen war, erklärte, dass diese Änderung aus Verfahrensgründen nicht mehr berücksichtigt werden könne, und schlug daher vor, die Vertragsverletzung durch Italien aufgrund der älteren Bestimmung festzustellen.[135] Da die italienische Regierung diese Vertragsverletzung eingeräumt hatte, verzichtete der Generalanwalt auf eine eingehendere Prüfung der Vorwürfe der Kommission.[136] Die Richter

133 Slg. 1999, S. I-03099, Urteil des EuGH vom 1. Juni 1999 in Rs. C-302/97 (Konle).

134 Slg. 2000, S. I-03811, Urteil des EuGH vom 23. Mai 2000 in Rs. C-58/99 (Kommission/Italien).

135 Slg. 2000, S. I-03811, Schlussantrag des Generalanwalts vom 22. Februar 2000 in Rs. C-58/99 (Kommission/Italien).

136 Ebd.

des EuGH folgten diesem Vorgehen und entschieden gegen Italien, allerdings ohne diese Entscheidung näher auszuführen. Indem der Gerichtshof seine Entscheidung allein auf das Eingeständnis Italiens gründete, blieb weiterhin offen, ob und inwieweit die von der Kommission vertretene Rechtsauslegung in Sachen Goldene Aktien Gültigkeit beanspruchen konnte.

Ein erstes Indiz, wie der Streit um die staatlichen Sonderrechte ausgehen könnte, kam dann im Juli 2001 vom zuständigen Generalanwalt Dámaso Ruiz-Jarabo Colomer. In seinen Schlussanträgen[137] zu den Verfahren gegen Portugal, Frankreich und Belgien sprach er sich *gegen* die Rechtsauffassung der Kommission aus. Dies war insofern von erheblicher Bedeutung, als die Richter in ihren Urteilen in der Regel den Empfehlungen der Generalanwälte folgten. Wie begründete Colomer seine Position?

Zum einen forderte er, doch ohne Begründung, dass die Goldenen Aktien allein im Lichte der Niederlassungsfreiheit und nicht, wie es die Kommission angenommen hatte, im Lichte der Kapitalverkehrsfreiheit zu prüfen seien.[138] Würden die Richter dies ebenfalls so sehen, wäre die Möglichkeit, die Kapitalverkehrsfreiheit für Fragen der Unternehmenskontrolle zu nutzen, versperrt. Anschließend empfahl Colomer, die Klagen, sofern sie nicht diskriminierende Regelungen betrafen, abzuweisen. Er hielt die Rechtsauffassung der Kommission zwar für sehr überzeugend und führte aus, dass die an der bisherigen Grundfreiheiten-Rechtsprechung orientierten Vorwürfe der Kommission zutreffen würden.[139] Aber, so seine Argumentation, diese Perspektive lasse außer Acht, dass die staatlichen Sonderrechte durch Artikel 295 EGV[140] geschützt seien. Colomer führte dies auf ein unzureichendes, »reduktionistisches« Verständnis von Eigentum seitens der Kommission zurück. Diese definiere Eigentum lediglich als zwei gegensätzliche Formen (öffentliches oder privates Eigentum), und demnach gebe die Verteilung des Anteilsbesitzes den Ausschlag, welche Eigentumsform empirisch vorliege.[141] Seiner Meinung nach müsse Eigentum aber als Verfügungsmacht verstanden werden, was vom Umfang des Anteilsbesitzes unabhängig sei:

> Wenn Artikel 295 EG überhaupt eine Bedeutung hat – und es gibt genügend Hinweise dafür, dass dem so ist –, so befasst er sich nicht mit dem Eigentum im Sinne einer uneingeschränkten persönlichen Zuordnung von Sachen, sondern […] mit dem Eigentum als einer wirt-

---

137 Slg. 2002, S. I-04731, Schlussanträge des Generalanwalts vom 3. Juli 2001 in Rs. C-367/98, C-483/99 und C-503/99 (Kommission/Portugal, Frankreich, Belgien).

138 Ebd.: Rnr. 20–21.

139 Ebd.: Rnr. 38.

140 Artikel 295 EGV (heute Artikel 345 AEUV): »Der Vertrag lässt die Eigentumsordnung in den verschiedenen Mitgliedstaaten unberührt.«

141 Slg. 2002, S. I-04731, Schlussanträge des Generalanwalts vom 3. Juli 2001 in Rs. C-367/98, C-483/99 und C-503/99 (Kommission/Portugal, Frankreich, Belgien), Rnr. 42.

schaftlichen Verfügungsmacht in ihren einzelnen Abstufungen und Aspekten. Inhaber einer Verfügungsmacht über eine Sache ist, wer allein oder gemeinschaftlich mit anderen einen unmittelbaren und bestimmenden Einfluss auf das Schicksal dieser Sache oder auf grundlegende Aspekte ihres Wirkungsbereichs ausüben kann. Ob dieser Einfluss sich aus dem Besitz von Wertpapieren, einer behördlichen Genehmigung, den Satzungsbestimmungen einer Gesellschaft oder aus einem sonstigen vom öffentlichen oder privaten Recht anerkannten Grund ableitet, ist für den Vertrag ohne Belang.[142]

Somit seien die staatlichen Sonderrechte durch Artikel 295 EGV geschützt. Schließlich sei es nicht plausibel, dass mehrheitlich staatlicher Anteilsbesitz an einem Unternehmen durch Artikel 295 EGV gedeckt sei, eine liberalere Regelung, wie sie die Goldenen Aktien darstellten, hingegen nicht. Durch die Sonderrechte würden gewisse Tätigkeiten beziehungsweise Unternehmen immerhin zu großen Teilen »privater Tätigkeit« und Marktlogik unterworfen, was den Zielen des Vertrages viel näher komme als eine alleinige staatliche Kontrolle. Daher dürften die Goldenen Aktien nicht ungünstiger als die ausschließliche Staatskontrolle gestellt werden.

Es ist schwer vorstellbar, dass der Vertrag den Mitgliedstaaten die vollständige Beibehaltung ihrer Unternehmensbeteiligungen mit dem hierdurch bedingten Höchstmaß an Beschränkungen der Niederlassungsfreiheit und des freien Kapitalverkehrs erlauben wollte und dass er zugleich eine liberalisierte Regelung verhindert, die behördlichen Erfordernissen unterliegt, die nicht diskriminierend sind und somit einem Integrationsansatz näher stehen. Wenn mit anderen Worten dadurch, dass wirtschaftliche Tätigkeiten der Privatinitiative entzogen und auf Einrichtungen der öffentlichen Hand übertragen werden (ein einfacher Fall von Nationalisierung oder Sozialisierung), eine besondere Eigentumsordnung geschaffen wird, die der allgemeinen Eigentumsordnung gegenübersteht, gibt es keinen Grund, dass eine Ordnung des Privateigentums, die Sonderrechten unterliegt, nicht genauso beurteilt oder ungünstiger behandelt werden sollte.[143]

Allerdings müssten die Sonderrechte auf nicht diskriminierende Weise und im Einklang mit dem europäischen Wettbewerbsrecht angewendet werden.[144] Er gebe zu, dass seine Interpretation auf eine juristische Selbstbeschränkung hinauslaufe. Aber er denke, dass diese Beschränkung zugunsten der mitgliedstaatlichen Autonomie vom Vertrag gewollt und wirtschaftlich geboten sei. Außerdem sei fraglich, ob der EuGH überhaupt in der Lage sei, solch komplexe Fragen kompetent zu beurteilen.

Mir ist jedenfalls bewusst, dass die von mir vorgeschlagene Auslegung in gewissem Umfang von dem geprägt ist, was man »judicial restraint« nennt. Wie ich ausgeführt habe, scheint mir dieser »restraint« dennoch vom Vertrag gewollt und aufgrund der wirtschaftlichen Realität der

142 Ebd.: Rnr. 65.
143 Ebd.: Rnr. 66.
144 Ebd.: Rnr. 68–71.

einzelnen dem Privatisierungsprozess unterliegenden Produktionszweige erforderlich zu sein. Mangels spezifischer Rechtsvorschriften ist der Gerichtshof meines Erachtens kaum dafür gerüstet, komplexe wirtschaftspolitische Beurteilungen vorzunehmen: Er verfügt weder über die erforderlichen Mittel, noch gehört dies zu seiner Aufgabe. Es ist daher dringend geboten, dass der Gemeinschaftsgesetzgeber die Arbeit fortsetzt, die er 1957 ausdrücklich unvollendet ließ.[145]

Später legte Colomer in einem Zeitungsinterview die Beweggründe für seine Rechtsauffassung dar. Darin gab er zu erkennen, dass er die Argumente der Spanier teilte. Zwar sei die rechtliche Argumentation der Kommission »klassisch« und sehr überzeugend. Die »extreme« Anwendung der Grundfreiheiten dürfe aber nicht dazu führen, dass ein Monopolunternehmen unter Berufung auf die Grundfreiheiten die privatisierten Unternehmen anderer Länder aufkaufe. Dies würde letztlich auf eine Renationalisierung hinauslaufen. Um dies zu verhindern, habe er dem EuGH empfohlen, die Goldenen Aktien, sofern sie nicht diskriminierend sind, zuzulassen.[146] Die Argumentation des Generalanwalts stieß beim zuständigen Kommissar Bolkestein entsprechend auf Unverständnis:

Ich finde es merkwürdig, dass er [Colomer] einerseits sagt, die Klage der Kommission sei rechtlich fundiert, andererseits aber politische Aussagen darüber macht, dass man auch die Interessen der staatlichen Eigentümer achten muss.[147]

Zugleich nahm man das Schlussplädoyer des Generalanwalts aber durchaus ernst. So ließ Bolkestein durchblicken, dass die Kommission nur dann weiter gegen staatliche Sonderrechte vorgehen würde, wenn sich der EuGH gegen die Rechtsauffassung Colomers und für diejenige der Kommission aussprechen würde:

If the ruling confirms the conclusions of the Advocate General, in favour of Golden Shares if they are not discriminatory, »I would regret it, but would adapt [...]. If the Court agrees with the Commission we shall move forward«.[148]

Die Urteile gegen Portugal, Frankreich und Belgien

Durch seine Schlussanträge hatte der Generalanwalt die Unsicherheit über den Ausgang der Auseinandersetzung um die staatlichen Sonderrechte eher vergrößert. Dies änderte sich schlagartig mit drei Urteilen, die der Gerichtshof am 4. Juni 2002 verkündete.[149] Die Urteile brachten Klarheit gleich in mehrfacher Hinsicht. Erstens erteilten die Richter der Interpretation des Generalanwalts

145 Ebd.: Rnr. 72.

146 Europe Daily Bulletins (Agence Europe), Nr. 8045, 12. September 2001.

147 Süddeutsche Zeitung, 31. Juli 2001.

148 Europe Daily Bulletins (Agence Europe), Nr. 8224, 4. Juni 2002.

149 Slg. 2002, S. I-04731, Urteil des EuGH vom 4. Juni 2002 in Rs. C-367/98 (Kommission/Portugal); Slg. 2002, S. I-04781, Urteil des EuGH vom 4. Juni 2002 in Rs. C-483/99 (Kommis-

Colomer, Artikel 295 EGV erlaube staatliche Sonderrechte, eine Absage. Dieser Artikel führe »nicht dazu, dass die in den Mitgliedstaaten bestehende Eigentumsordnung den Grundprinzipien des Vertrages entzogen ist«.[150] Damit war der Weg der Überprüfung der Goldenen Aktien anhand der Grundfreiheiten und der darauf beruhenden Rechtsprechung eröffnet. Zweitens mochten die Richter Colomer auch darin nicht folgen, die portugiesischen, französischen und belgischen Sonderrechte anhand der Niederlassungsfreiheit zu prüfen. Zwar blieb dies ohne Begründung,[151] aber der EuGH beseitigte hiermit die anfängliche Unklarheit, welche Grundfreiheit für die Goldenen Aktien einschlägig ist. Drittens folgten die Richter der Auffassung der Kommission, dass die Begriffsbestimmung, die der Kapitalverkehrsrichtlinie von 1988 anhing, als Interpretationshilfe für den Begriff »Kapital« heranzuziehen sei.[152] Damit war endgültig klar, dass sowohl der Erwerb von Unternehmensanteilen, der nur aus Finanzanlagegründen getätigt wird (»Portfolioinvestitionen«), als auch jener, der auf Einfluss und Kontrolle zielt (»Direktinvestitionen«), durch die Kapitalverkehrsfreiheit geschützt ist. Weitere Klarheit ergab sich viertens daraus, dass der Gerichtshof, wie von der Kommission gefordert, die Kapitalverkehrsfreiheit als Beschränkungsverbot auslegte; Artikel 56 EGV (heute Artikel 63 AEUV)

> verbietet ganz allgemein Beschränkungen des Kapitalverkehrs zwischen den Mitgliedstaaten. Dieses Verbot geht über die Beseitigung einer Ungleichbehandlung der Finanzmarktteilnehmer aufgrund ihrer Staatsangehörigkeit hinaus. [...] Auch wenn die fragliche Regelung nicht zu einer Ungleichbehandlung führt, kann sie den Erwerb von Anteilen an den betreffenden Unternehmen verhindern und Anleger aus anderen Mitgliedstaaten davon abhalten, in das Kapital dieser Unternehmen zu investieren. Sie ist daher geeignet, den freien Kapitalverkehr illusorisch zu machen [...].[153]

Fünftens erkannte der EuGH auch die in früheren Urteilen zu den anderen Grundfreiheiten aufgestellten Kriterien als Maßstäbe zur Bewertung solch einer Beschränkung an. Zwar dürfe der Kapitalverkehr sowohl aus den im Ver-

---

sion/Frankreich); Slg. 2002, S. I-04809, Urteil des EuGH vom 4. Juni 2002 in Rs. C-503/99 (Kommission/Belgien).

150 Slg. 2002, S. I-04731, Urteil des EuGH vom 4. Juni 2002 in Rs. C-367/98 (Kommission/Portugal), Rnr. 48.

151 In den Urteilen zu den Rs. C-367/98 (Kommission/Portugal) und C-483/99 (Kommission/Frankreich) heißt es lediglich, da eine Verletzung von Artikel 56 EGV vorliege, sei die Prüfung der Maßnahmen im Lichte der Niederlassungsfreiheit nicht mehr nötig (in beiden Fällen Rnr. 56).

152 Slg. 2002, S. I-04731, Urteil des EuGH vom 4. Juni 2002 in Rs. C-367/98 (Kommission/Portugal), Rnr. 37–38. Ebenso Rnr. 36–37 des Urteils in Rs. C-483/99 (Kommission/Frankreich) sowie Rnr. 37–38 des Urteils in Rs. C-503/99 (Kommission/Belgien).

153 Slg. 2002, S. I-04731, Urteil des EuGH vom 4. Juni 2002 in Rs. C-367/98 (Kommission/Portugal), Rnr. 44–45. Ebenso Rnr. 40–41 des Urteils in Rs. C-483/99 (Kommission/Frankreich).

trag genannten Gründen (Artikel 58 EGV) als auch aus »zwingenden Gründen des Allgemeininteresses« beschränkt werden.[154] Dann müsse die Maßnahme aber dazu geeignet sein, »die Verwirklichung des mit ihr verfolgten Zieles zu gewährleisten«, und sie dürfe nicht über das hinausgehen, »was zur Erreichung dieses Zieles erforderlich ist, so dass sie dem Kriterium der Verhältnismäßigkeit entspricht«.[155] Im Fall der drei zu beurteilenden Bestimmungen kamen die Richter jedoch zu unterschiedlichen Bewertungen: Während die Sonderrechte Portugals und Frankreichs als Vertragsverletzung gewertet wurden, erkannten die Richter die belgischen Bestimmungen als gerechtfertigt, geeignet und verhältnismäßig an.

Im Falle der portugiesischen Bestimmungen stellten die Richter zunächst fest, dass die diskriminierenden Elemente gegen die europäischen Verträge verstießen.[156] Die portugiesische Regierung hätte keine Gründe der Rechtfertigung für die diskriminierenden Regelungen angeführt, und die versprochene Aussetzung der diskriminierenden Anwendung vermittle nicht die gebotene Rechtssicherheit und setze so die Anleger anderer Staaten der Gefahr von Willkür aus. Die nicht diskriminierenden Elemente des portugiesischen Privatisierungsgesetzes identifizierten die Richter ebenfalls als Beschränkungen, da sie Anleger aus anderen Mitgliedstaaten von einer Investition abhalten könnten.[157] Allerdings wollten die Richter diese Beschränkung nicht als gerechtfertigt akzeptieren, da Portugals Begründung der Beschränkung (»wirtschaftspolitische Interessen«) nicht unter »zwingende Gründe des Allgemeininteresses« falle.[158] Da die portugiesischen Sonderrechte bereits an der Rechtfertigungsprüfung scheiterten, unterließ der EuGH die Prüfung von Geeignetheit und Verhältnismäßigkeit.

Bei der Prüfung der französischen Sonderrechte stellten die Richter ebenfalls eine Beschränkung fest.[159] Im Gegensatz zur portugiesischen Regelung sahen sie diese aber als gerechtfertigt an, da die von der französischen Regierung vorgebrachte Begründung (»Sicherstellung der Versorgung mit Erdöl im Krisenfall«)

---

154 Slg. 2002, S. I-04731, Urteil des EuGH vom 4. Juni 2002 in Rs. C-367/98 (Kommission/Portugal), Rnr. 49. Ebenso Rnr. 45 des Urteils in Rs. C-483/99 (Kommission/Frankreich) sowie Rnr. 45 des Urteils in Rs. C-503/99 (Kommission/Belgien).

155 Slg. 2002, S. I-04731, Urteil des EuGH vom 4. Juni 2002 in Rs. C-367/98 (Kommission/Portugal), Rnr. 49. Ebenso Rnr. 45 des Urteils in Rs. C-483/99 (Kommission/Frankreich) sowie Rnr. 45 des Urteils in Rs. C-503/99 (Kommission/Belgien).

156 Slg. 2002, S. I-04731, Urteil des EuGH vom 4. Juni 2002 in Rs. C-367/98 (Kommission/Portugal), Rnr. 40–42.

157 Ebd.: Rnr. 43–46.

158 Ebd.: Rnr. 52.

159 Slg. 2002, S. I-04781, Urteil des EuGH vom 4. Juni 2002 in Rs. C-483/99 (Kommission/Frankreich), Rnr. 39–42.

einen legitimen und bereits vom EuGH anerkannten[160] Rechtfertigungsgrund darstelle.[161] Allerdings vermochte die Verhältnismäßigkeit der Genehmigungsvorbehalte die Richter nicht zu überzeugen. Die französischen Behörden verfügten bei der Anwendung der Sonderrechte über einen zu großen Ermessensspielraum, was mit dem Grundsatz der Rechtssicherheit nicht zu vereinbaren sei.[162] Damit sei die Vertragsverletzung durch Frankreich festgestellt, weshalb sich die Richter auf eine Diskussion der Geeignetheit nicht weiter einließen.

Das volle vierstufige Prüfungsschema kam erst im Fall Belgiens zur Anwendung. Auch hier wurde zunächst eine Beschränkung der Kapitalverkehrsfreiheit durch die nachträglichen Vetorechte bei SNTC und Distrigaz festgestellt.[163] Da die Belgier sich ebenso wie die Franzosen auf die Energieversorgung zur Begründung der Sonderrechte berufen hatten, sah der EuGH die Rechtfertigung der Bestimmungen gegeben.[164] Im Gegensatz zum französischen Fall zeigten sich die Richter hier aber von der Verhältnismäßigkeit der Sonderrechte überzeugt. Da die belgischen Sonderrechte klare Kriterien vorsahen, wann diese Rechte angewendet werden durften, und die Ausübung der Rechte zudem einer gerichtlichen Überprüfung unterlagen, sei die gebotene Rechtssicherheit gegeben.[165] Da Belgiens Goldene Aktien sowohl die Rechtfertigungs- als auch Verhältnismäßigkeitsprüfung bestanden, diskutierte der Gerichtshof abschließend noch die Geeignetheit der Bestimmungen.[166] Hier hatte die Kommission argumentiert, dass die von Belgien verfolgten Ziele durchaus mit weniger eingreifenden Mitteln erreicht werden könnten, weshalb die Geeignetheit nicht gegeben sei. Dieser Sichtweise wollten sich die Richter nicht anschließen. Die Kommissionsargumentation sei nicht überzeugend, und es sei nicht ersichtlich, wie eine weniger restriktive Regelung aussehen könnte.

Obschon der Gerichtshof den Mitgliedstaaten durch das Urteil gegen Belgien einen möglichen Weg aufzeigte, wie die nationalen Sonderrechte im Einklang mit den europäischen Vertragsbestimmungen ausgestaltet werden können, bestätigten die Richter prinzipiell aber die in der Mitteilung von 1997 dargelegte Kommissionsposition. Entsprechend groß war die Freude der Kommission: »Wir haben für dieses Urteil gebetet«, so ein Kommentar aus dem Umfeld

160 Slg. 1984, S. 2727, Urteil des EuGH vom 10. Juli 1984 in Rs. 72/83 (Campus Oil).

161 Slg. 2002, S. I-04781, Urteil des EuGH vom 4. Juni 2002 in Rs. C-483/99 (Kommission/Frankreich), Rnr. 47.

162 Ebd.: Rnr. 50–53.

163 Slg. 2002, S. I-04809, Urteil des EuGH vom 4. Juni 2002 in Rs. C-503/99 (Kommission/Belgien), Rnr. 40–41.

164 Ebd.: Rnr. 46.

165 Ebd.: Rnr. 52.

166 Ebd.: Rnr. 53.

Bolkesteins.[167] Und auch offiziell verkündete die Kommission, sie sähe sich von den Urteilen bestätigt: »Das entspricht dem, was wir seit Mitte der neunziger Jahre vertreten«, so ein Sprecher des Wettbewerbskommissars Monti.[168] Die Unsicherheit über die Tragfähigkeit der eigenen Rechtsinterpretation, die durch die Infragestellung seitens der betroffenen Mitgliedstaaten, Teilen der Kommission, EU-Parlamentariern sowie des Generalanwalts noch verstärkt wurde, war nun zu einem Großteil gebannt. Folglich konnte die Kommission mit erheblich mehr Macht gegen weitere Mitgliedstaaten wegen Goldener Aktien vorgehen. Dies sieht man nicht zuletzt daran, dass sich die Kommission nach den Urteilen in den Auseinandersetzungen nicht länger auf ihre Mitteilung, sondern in erster Linie auf die neu entstandene Rechtsprechung des EuGH stützte. Zugleich konnten aber auch die Mitgliedstaaten nicht ganz unzufrieden sein, hatte der EuGH doch mit dem belgischen Fall einen Weg gewiesen, wie staatliche Sonderrechte erhalten werden können.

Die Urteile gegen Spanien und Großbritannien

Die nächsten Urteile ergingen ein Jahr später und betrafen das spanische Privatisierungsgesetz sowie das Sonderrecht Großbritanniens bei BAA.[169] Im Fall der spanischen Regelung stellte der EuGH zunächst erneut das Vorliegen einer Beschränkung fest und sah diese nur teilweise gerechtfertigt. Bei einigen betroffenen Unternehmen (Tabacalera und Argentaria) lägen nämlich keine zwingenden Gründe des Allgemeininteresses vor, da diese keine Dienstleistungen von öffentlichem Interesse erbrächten.[170] Bei den Unternehmen in den Bereichen Erdöl, Telekommunikation und Elektrizität sei die Beschränkung jedoch aus Gründen des Allgemeininteresses gerechtfertigt.[171] Allerdings, so die Richter weiter, seien diese Beschränkungen unverhältnismäßig.[172] Vor Gericht hatten die Spanier argumentiert, ihre Regelung sei mit der für rechtmäßig erklärten belgischen Bestimmung vergleichbar. Diesem Vergleich mochten sich die Richter nicht anschließen, da die spanischen Bestimmungen keine nachträgliche Widerspruchsregelung, sondern ein vorheriges Genehmigungsverfahren vorsah.

167 Handelsblatt, 5. Juni 2002, S. 2.

168 Frankfurter Allgemeine Zeitung, 5. Juni 2002, Nr. 127, S. 13.

169 Slg. 2003, S. I-4581, Urteil des EuGH vom 13. Mai 2003 in Rs. C-463/00 (Kommission/Spanien); Slg. 2003, S. I-4641, Urteil des EuGH vom 13. Mai 2003 in Rs. C-98/01 (Kommission/Großbritannien).

170 Slg. 2003, S. I-4581, Urteil des EuGH vom 13. Mai 2003 in Rs. C-463/00 (Kommission/Spanien), Rnr. 70.

171 Ebd.: Rnr. 71.

172 Ebd.: Rnr. 76.

Nachträgliche Vetorechte seien aber »weniger einschneidend«.[173] Zudem seien die belgischen Sonderrechte viel spezifischer ausgestaltet, wodurch das gebotene Maß an Rechtssicherheit garantiert sei.[174]

Auch die britische Goldene Aktie erklärte der Gerichtshof für vertragswidrig. Die Richter ließen sich nicht vom Argument der britischen Regierung überzeugen, die Sonderrechte bei BAA stellten keine Beschränkung der Grundfreiheiten dar. Der Einwand der Briten, ihre Regelung behindere nicht den Marktzugang und könne daher gemäß der Keck-Entscheidung auch nicht als Beschränkung gewertet werden, überzeugte die Richter nicht. Die fraglichen Bestimmungen hätten sehr wohl Einfluss auf den Marktzugang, da sie, so die Richter kryptisch, »die Situation des Erwerbers einer Beteiligung als solche« berührten.[175] Die Keck-Argumentation könne auf den hier vorliegenden Sachverhalt daher nicht übertragen werden. Und auch das Argument Großbritanniens, lediglich ein reguläres gesellschaftsrechtliches Instrument angewandt zu haben, ließ der EuGH nicht gelten.[176] Die Satzung selbst hätte schließlich vom Staat genehmigt werden müssen, und dies sei Ausübung öffentlicher Gewalt. Die Abwehrstrategie Großbritanniens, die Überprüfung der BAA-Regelung anhand der vom EuGH aufgestellten Anforderungskriterien an eine Beschränkung zu unterbinden, war damit gescheitert. Und da die Briten – bewusst – keine Argumente vorbrachten,[177] die eine Beschränkung rechtfertigen könnten, nahmen die Richter keine weitere Prüfung der Sonderrechte vor und stellten die Vertragsverletzung durch Großbritannien fest.

In den Urteilen gegen Großbritannien und Spanien von 2003 bestätigte der EuGH somit die Linie der Urteile von 2002. Darüber hinaus stellte er aber noch zwei weitere Dinge klar. Zum einen machte er deutlich, dass er eine auf dem Keck-Urteil beruhende Verteidigung bei den staatlichen Sonderrechten kaum akzeptieren würde. Dies ist insofern von erheblicher Bedeutung, da er mit dieser Ablehnung zugleich auch eine mögliche Grenze der Reichweite des Beschränkungsbegriffs der Kapitalverkehrsfreiheit und damit eine autonomieschonendere Interpretation dieser Grundfreiheit verwarf. Zum anderen gab er zu erkennen, dass es für ihn keinen Unterschied macht, mit welchen Instrumenten die Goldene Aktie verbrieft wird. Eine »Flucht ins Privatrecht« würde er demnach nicht gelten lassen (Ringe 2008b: 228).

---

173 Ebd.: Rnr. 78.

174 Ebd.: Rnr. 79.

175 Slg. 2003, S. I-4641, Urteil des EuGH vom 13. Mai 2003 in Rs. C-98/01 (Kommission/Großbritannien), Rnr. 47.

176 Ebd.: Rnr. 48.

177 Ebd.: Rnr. 49.

Die Urteile gegen Italien und die Niederlande

Ein weiteres Urteil des EuGH in Sachen Goldene Aktien erging im Juni 2005[178] und war eine weitere Bestätigung der bisherigen Rechtsprechung. Gegenstand waren jene Sonderbestimmungen, die Italien 2001 für den Energiesektor erlassen hatte. Sowohl Generalanwältin Kokott als auch die Richter prüften die fragliche Regelung anhand des von der Kommission angewandten und vom EuGH bestätigten und verfeinerten Prüfungsschemas. Sie kamen zu dem Schluss, dass auch hier eine Beschränkung der Kapitalverkehrsfreiheit vorläge, da die Stimmrechtsbegrenzung andere Unternehmen, »insbesondere die in anderen Mitgliedstaaten niedergelassenen öffentlichen Unternehmen«,[179] von einer Beteiligung abschreckten. Diese Beschränkung sei jedoch nicht zu rechtfertigen, da das »Interesse an einer Stärkung der Wettbewerbsstruktur« ein unzulässiger Rechtfertigungsgrund sei.[180] Grundsätzlich sei eine Beschränkung aus Gründen, die Energieversorgung zu gewährleisten, zwar denkbar, da Italien aber nicht dargelegt hatte, inwieweit die fragliche Regelung dazu unerlässlich sei, könne dies nicht weiter berücksichtigt werden. Da die italienischen Sonderrechte bereits an der Rechtfertigungsprüfung scheiterten, brachte das Urteil kaum Neuigkeiten.

Das letzte Urteil vor dem VW-Gesetz-Urteil erging dann 2006 im Verfahren »Kommission gegen die Niederlande«.[181] Auch hier bemühte der EuGH sein inzwischen etabliertes Prüfungsschema. Zunächst untersuchten die Richter, ob eine Beschränkung, wie von der Kommission vorgebracht, tatsächlich vorlag. Die Niederlande hatten noch argumentiert, dass dies nicht der Fall sei. Zum einen sei der Staat als Aktionär und nicht als öffentlicher Akteur tätig gewesen, als er die Sonderrechte bei KPN und TPG eingeführt hatte, und er habe sich dabei solcher Instrumente bedient, die nach allgemeinem niederländischem Recht allen Aktionären zur Verfügung stehen (eine »staatliche Maßnahme« läge hier also nicht vor). Zum anderen hatten die Niederlande argumentiert, dass die Sonderrechte nicht dazu geeignet seien, Investoren von einem Anteilserwerb abzuhalten – weder potenziell noch faktisch.[182] Selbst wenn ein Zusammenhang zwischen den Sonderrechten und Investitionen bestehen würde, wäre dies zu »ungewiss und indirekt« und daher keine Beschränkung.[183]

178 Slg. 2005, S. I-04933, Urteil des EuGH vom 2. Juni 2005 in Rs. C-174/04 (Kommission/Italien).

179 Ebd.: Rnr. 30.

180 Ebd.: Rnr. 37.

181 Slg. 2006, S. I-09141, Urteil des EuGH vom 28. September 2006 in Rs. C-282/04 und C-283/04 (Kommission/Niederlande).

182 Ebd.: Rnr. 16.

183 Ebd.

Die Richter ließen sich jedoch nicht von den Einwänden der niederländischen Regierung überzeugen. Eine »staatliche Maßnahme« läge sehr wohl vor, da der Staat zum Zeitpunkt der Einführung der Sonderrechte alleiniger Eigentümer der betroffenen Unternehmen war.[184] Des Weiteren argumentierten die Richter, dass von den Sonderrechten natürlich eine abschreckende Wirkung ausgehe und damit eine Beschränkung vorliege. Die abschreckende Wirkung sei sowohl für Direkt- als auch Portfolioinvestitionen gegeben. Ersteres weil der Einfluss anderer Aktionäre verringert werde,[185] Letzteres weil durch die Sonderrechte Unternehmensentscheidungen getroffen werden könnten, die dem Gesellschaftsinteresse widersprächen:

> Ebenso können die fraglichen Sonderaktien eine abschreckende Wirkung für Portfolioinvestitionen in KPN und in TPG haben. Sollte nämlich der niederländische Staat die Zustimmung zu einer wichtigen Entscheidung, die von den Organen der betreffenden Gesellschaft als in deren Interesse liegend vorgeschlagen wird, ablehnen, so kann dies den (Börsen-)Wert der Aktien dieser Gesellschaft belasten und damit die Attraktivität einer Investition in solche Aktien mindern. […] Damit könnten durch die Gefahr, dass der niederländische Staat seine Sonderrechte zur Wahrnehmung von Interessen ausübt, die nicht mit den wirtschaftlichen Interessen der betreffenden Gesellschaft in Einklang stehen, Investoren von Direkt- oder Portfolioinvestitionen in diese Gesellschaft abgehalten werden.[186]

Allein dass diese abschreckenden Effekte nicht ausgeschlossen werden können, reichte den Richtern, um dem Argument der Niederländer, die Wirkung der Sonderrechte sei zu »ungewiss und indirekt«, eine Absage zu erteilen. Nachdem die Richter festgestellt hatten, dass eine Beschränkung durch die niederländischen Sonderrechte vorlag, prüften sie, inwieweit die fraglichen Bestimmungen gerechtfertigt und verhältnismäßig seien könnten. Da die Niederländer für KPN keine Rechtfertigungsgründe nannten, stellten die Richter bereits hier den Verstoß gegen die Kapitalverkehrsfreiheit fest.[187] Bei TPG hatte sich die niederländische Regierung auf die Sicherstellung eines Universalpostdienstes berufen. Diesen Zweck akzeptierten die Richter (unter Berufung auf frühere Urteile).[188] Allerdings stellten sie fest, dass diese Sonderrechte nicht erforderlich seien: Zum einen seien die Rechte nicht auf den Zweck der Sicherstellung eines Universalpostdienstes beschränkt, zum anderen gäbe es keine klaren und objektiven Anwendungskriterien.[189]

184 Ebd.: Rnr. 22.
185 Ebd.: Rnr. 24 und 26.
186 Ebd.: Rnr. 27 und 28.
187 Ebd.: Rnr. 35.
188 Ebd.: Rnr. 38.
189 Ebd.: Rnr. 39–40.

Dieses Urteil ist insofern von besonderer Bedeutung, als der EuGH hier näher darlegte, was unter einer Beschränkung der Kapitalverkehrsfreiheit zu verstehen ist (Möslein 2007: 210f.). In den Urteilen von 2003 hieß es lediglich, Goldene Aktien berührten die »Situation des Erwerbers einer Beteiligung als solche«.[190] Im Urteil gegen die Niederlande wurde dies nun in doppelter Hinsicht präzisiert. Zum einen sind Goldene Aktien fortan nicht nur in Form von Vetorechten, sondern auch dann als Beschränkung zu verstehen, wenn die Sonderrechte »(stark) überproportionale Stimmgewichte« verbriefen (Möslein 2007: 210).[191] Zum anderen erkannten die Richter in Goldenen Aktien eine beschränkende Wirkung nicht nur für Direktinvestitionen, auch für Portfolioinvestitionen würde dies zutreffen (Weiss 2008a: 204).[192] Staatliche Sonderrechte schränkten den freien Kapitalverkehr demnach nicht nur ein, weil sie eine Beteiligung an der Unternehmensverwaltung für andere Aktionäre verringerten, sie könnten ebenso den Aktienkurs der betroffenen Gesellschaft negativ beeinflussen. Dies, so die Richter, vermindere die Attraktivität einer Investition in ein von einer Goldenen Aktie betroffenes Unternehmen ebenfalls. Damit können sich zukünftig nicht nur solche Investoren auf die Kapitalverkehrsfreiheit berufen, die sich von einer Goldenen Aktie in ihren Verwaltungsrechten behindert sehen, sondern auch solche Anleger, die bereits ihre Geldanlage durch die staatlichen Sonderrechte in Gefahr wähnen (Möslein 2007: 211).

Die Essenz der Urteile und ihr problematisches Potenzial

Zusammenfassend lässt sich also festhalten, dass der EuGH in seinen Urteilen die Auffassung der Kommission hinsichtlich der Goldenen Aktien weitgehend bestätigte: Indem die Richter zunächst feststellten, dass Direkt- und Portfolioinvestitionen tatsächlich unter den Begriff des Kapitalverkehrs fallen, bejahten sie den von der Kommission hergestellten Zusammenhang von Kapitalverkehrsfreiheit und Fragen der Unternehmenskontrolle. Des Weiteren gab der EuGH auch den juristischen Argumenten der Kommission bezüglich der Definition des Beschränkungsbegriffs statt. Demnach müssen fortan nicht nur diskriminierende, sondern auch unterschiedslos geltende Sonderrechte als Beschränkung dieser Norm verstanden werden – sofern sie den freien Kapitalverkehr tatsächlich oder potenziell behindern oder weniger attraktiv machen. Wie die Kom-

190 Slg. 2003, S. I-4581, Urteil des EuGH vom 13. Mai 2003 in Rs. C-463/00 (Kommission/Spanien), Rnr. 61; Slg. 2003, S. I-4641, Urteil des EuGH vom 13. Mai 2003 in Rs. C-98/01 (Kommission/Großbritannien), Rnr. 47.

191 Vgl. dazu auch: Slg. 2006, S. I-09141, Urteil des EuGH vom 28. September 2006 in Rs. C-282/04 und C-283/04 (Kommission/Niederlande), Rnr. 24.

192 Siehe ebd.: Rnr. 27 und 28.

mission, orientierten sich die Richter dabei an der für die Warenverkehrsfreiheit entwickelten und auf die anderen Grundfreiheiten bereits übertragenen Dassonville-Formel.[193] Durch die Urteile zu den Goldenen Aktien wurde die Kapitalverkehrsfreiheit somit endgültig den anderen Grundfreiheiten gleichgestellt (Ruge 2002: 422; Grundmann/Möslein 2003b: 329; Kronenberger 2003: 116; Barnard 2004: 470).

Die Kriterien, die der EuGH zur Feststellung an das Vorliegen einer behindernden oder attraktivitätsmindernden Wirkung einer Goldenen Aktie entwickelte, lagen ebenfalls voll auf Linie der Kommission. Sie waren jedenfalls deutlich anforderungsärmer als von den Regierungen gewünscht (Grundmann/Möslein 2003b: 331; Spindler 2003: 854; Roth 2008: 459; Rühland 2008: 508; Demirakou 2011: 183). Für den EuGH genügte es nämlich bereits, dass durch das staatliche Sonderrecht (unabhängig von der konkreten Rechtsform)[194] eine »Disproportionalität von unternehmerischem Risiko und unternehmerischer Kontrolle« verursacht wird (Möslein 2007: 211). Hierdurch würden nicht nur Aktionäre bei der Unternehmensverwaltung behindert. Auch könne durch dieses Missverhältnis nicht ausgeschlossen werden, so die Richter, dass der Staat mittels seiner speziellen Rechte Unternehmensentscheidungen durchsetzt, die den wirtschaftlichen Interessen des Unternehmens entgegenstehen. Dies berge aber die Gefahr, dass der Aktienkurs negativ beeinflusst werden könne, wodurch letztlich die Attraktivität einer Investition in das Unternehmen auch für solche Investoren verringert werde, die sich lediglich aus Geldanlagegründen beteiligen wollen (Weiss 2008a: 204).

Schließlich bestätigte der Gerichtshof auch fast gänzlich die von der Kommission eingeforderten Prüfsteine, wann eine Beschränkung des Kapitalverkehrs zulässig ist. Dies ist insofern von Bedeutung, als viele Mitgliedstaaten ihre Verteidigungsbemühungen vornehmlich auf diesen Aspekt konzentriert hatten. Der EuGH ließ sich auf die Argumente der Regierungen jedoch kaum ein. Zwar verbot er Goldene Aktien nicht gänzlich – und Belgien konnte sich gegenüber der Kommission sogar behaupten –, aber dies kann nicht darüber hinwegtäuschen, dass die Richter den Mitgliedstaaten enge Grenzen beim Einsatz solcher Sonderrechte setzten.

Hinsichtlich der Rechtfertigungsprüfung ließen sich die Richter – wie schon beim Beschränkungsbegriff – von ihrer bisherigen Rechtsprechung zu den Grundfreiheiten leiten (Weiss 2008a: 205ff.; Demirakou 2011: 207ff.). Demnach können nicht nur die im Vertrag genannten Gründe, sondern auch (wie

193 Vgl. Kapitel 3.1.

194 Das heißt, für den EuGH war es – entgegen den Auffassungen von Großbritannien und den Niederlanden – irrelevant, ob die staatlichen Sonderrechte per Gesetz oder Satzung, also durch öffentliches Recht oder Privatrecht verbürgt waren (Ringe 2008b: 228).

vom EuGH zuerst in der Entscheidung »Cassis de Dijon« festgestellt) »zwingende Gründe des Allgemeininteresses« eine Beschränkung rechtfertigen. Da sich dem Vertrag im Hinblick auf Goldene Aktien keine konkreten Hinweise entnehmen lassen, lag der Fokus der rechtlichen Auseinandersetzungen auf der Frage, was legitime Allgemeininteressen sein können. Der Gerichtshof erkannte als solche die Energieversorgung (Erdöl, Gas, Elektrizität) und universelle Dienstleistungen (Telekommunikation oder Post) an. Als nicht zulässig erachtete er jedoch Sonderrechte für Unternehmen, die keine Dienstleistungen von öffentlichem Interesse erbringen. Zudem betrachtete er allgemeine Erwägungen wie »wirtschaftspolitische Interessen« oder die »Stärkung der Wettbewerbsstruktur« nicht als zulässige Rechtfertigungsgründe. Damit nahm er den Mitgliedstaaten eine Reihe denkbarer Argumente, um ihre staatlichen Sonderrechte zu rechtfertigen.

Des Weiteren stellte der EuGH – ebenfalls weitgehend im Sinne der Kommission – einen ganzen Katalog von Verhältnismäßigkeits- und Geeignetheitskriterien auf, denen gerechtfertigte Sonderrechte entsprechen müssen (Grundmann/Möslein 2003b: 342ff.; Weiss 2008b: 208ff.; Demirakou 2011: 215ff.). Demnach sind nachgelagerte Widerspruchsrechte weniger beschränkend als vorhergehende Genehmigungsvorbehalte. Diese nachgelagerten Widerspruchsrechte müssen zudem auf wenige, klar definierte Anwendungsfälle begrenzt sein. Und schließlich bestimmte der EuGH, dass das behördliche Handeln klaren, vorher bekannten und gerichtlich überprüfbaren Kriterien unterliegen muss, um den staatlichen Ermessensspielraum zu minimieren. Diese zusätzlichen Anforderungen an die Zulässigkeit verringerten den mitgliedstaatlichen Spielraum, Goldene Aktien einzusetzen, noch weiter.

Durch seine Rechtsprechung leistete der EuGH somit einen erheblichen Beitrag zur Stärkung eines liberalen, aktionärsorientierten Modells der Unternehmenskontrolle in der EU, da das Instrument der Goldenen Aktie zukünftig nur noch unter Beachtung sehr strenger Kriterien einsetzbar ist.[195] Zugleich geht dieser Beitrag des Gerichtshofs weit über den unternehmenskontrollrechtlichen Spezialfall der Goldenen Aktie hinaus. Denn bereits seit den ersten Urteilen kommen juristische Beobachter zu dem Schluss, dass die in den Entscheidungen aufgestellten Grundsatzerwägungen auch auf weitere nationale Unternehmenskontrollregelungen übertragbar sind. Dies wird in erster Linie an der großen Anspruchslosigkeit des Beschränkungsbegriffs festgemacht. Denn wenn bereits geringfügige Einschränkungen der Aktionärskontrollrechte den Aktienerwerb

195 Siehe dazu: Adolff (2002), Grundmann/Möslein (2003b), O'Grady Putek (2004), Andenas/Gütt/Pannier (2005), Möslein (2007); Ringe (2008a), Roth (2008), Rühland (2008), Demirakou (2011), Gerner-Beuerle (2012).

weniger attraktiv machen und damit als Beschränkung der Kapitalverkehrsfreiheit zu werten sind, dann »haben die Urteile auch jenseits privatisierter Unternehmen Auswirkungen auf gesellschaftsrechtliche Regelungen, die einen Anteilserwerb unattraktiv machen« (Armbrüster 2003: 227). Die »Disziplinierungswirkung der Kapitalverkehrsfreiheit erscheint nach den Entscheidungen [somit] potentiell nahezu grenzenlos« (Grundmann/Möslein 2003b: 325).[196] Zwar habe sich der EuGH zu dieser möglichen Ausweitung noch nicht geäußert, die dafür nötige Grundlage habe er aber definitiv geschaffen (Ringe 2008b: 231–232).

Dass dieses Potenzial der in den Sonderrechtsurteilen entwickelten Grundsätze zukünftig tatsächlich ausgeschöpft werden wird, ergibt sich aus Sicht der Rechtswissenschaftler aus zahlreichen Gründen:

- Erstens wird darauf hingewiesen, dass solch eine Entwicklung »konsequent und denklogisch« sei (Ringe 2008b: 234). Nur auf diese Weise könne letztlich die Konsistenz der Grundfreiheitendogmatik bewahrt bleiben (Grundmann/Möslein 2003b: 334). Daran müsse sich auch die Kommission orientieren: Der zuständige Kommissar verlöre »seine Glaubwürdigkeit [...], wenn er nur gegen bestimmte Instrumente wie ›goldene Aktien‹ [...] vorginge, gleichzeitig aber Mehrstimmrechte und andere Übernahmehindernisse unangetastet ließe« (Krause 2002: 2751).
- Zweitens wird bemerkt, dass sich den Urteilen kaum ein Kriterium entnehmen lasse, wo die Grenze des vom EuGH entwickelten Beschränkungsbegriffs liegt (Roth 2008: 477; Gerner-Beuerle 2012). Eine Richtschnur, wie sie der Gerichtshof in seinem Keck-Urteil für den Warenverkehr aufgestellt hat (Eilmansberger 1999a, 1999b), sei jedenfalls nicht in Sicht beziehungsweise vom EuGH in der Entscheidung gegen Großbritannien sogar explizit verworfen worden. Die Reichweite der Kapitalverkehrsfreiheit sei daher geradezu »uferlos« (Roth 2008: 477).
- Drittens wird argumentiert, dass allgemeine Bestimmungen der Unternehmenskontrolle weit stärker marktbeschränkend wirkten als Goldene Aktien, da letztere lediglich einzelne Unternehmen – und nicht, wie erstere, ganze Märkte – beträfen (Grundmann/Möslein 2003b: 333).
- Viertens sei die Erfassung weiterer nationaler Regelungen aufgrund der vergleichbaren Wirkung gegeben, die diese auf die Unternehmenskontrolle ausübten. Ein Beispiel seien etwa alle aktienrechtlichen Bestimmungen, die vom Prinzip »one share – one vote«, das heißt vom Grundsatz der Proportio-

196 Ebenso: Adolff (2002), Armbrüster (2003), Spindler (2003), Andenas/Gütt/Pannier (2005), Möslein (2007), Ringe (2008a), Roth (2008), Rühland (2008), Demirakou (2011), Gerner-Beuerle (2012).

nalität von Stimmrechtsmacht und Kapitalbeteiligung, abweichen. Schließlich habe der EuGH in seinem Urteil gegen die Niederlande festgestellt, dass bereits das (starke) Abweichen von diesem Grundsatz genüge, um als Beschränkung des Kapitalverkehrs eingestuft zu werden (Roth 2008: 471; Demirakou 2011: 251ff.). Als weiteres Beispiel wird die Mitbestimmung der Arbeitnehmer im Aufsichtsrat benannt (Roth 2008: 473ff.; Demirakou 2011: 316ff.). Denn wenn bereits Goldene Aktien, die dem Staat Entsenderechte für den Aufsichtsrat einräumen, eine Behinderung der anderen Groß- und Mehrheitsaktionäre darstellen, dann müsse davon ausgegangen werden, dass dies auch auf andere Formen der Entsendung zutreffe. Schließlich zielten gesetzliche Vorgaben, die die Beteiligung von Stakeholdern an der Unternehmenskontrolle verfügen, ihrem Wesen nach auf die Schwächung des »durch die Kapitalbeteiligung vermittelte[n] Gewichts der Groß- oder Mehrheitsaktionäre im Aufsichtsrat« (Roth 2008: 474).

Angesichts der sich aus diesen Argumenten ergebenden Wahrscheinlichkeit, dass die Rechtsprechung des EuGH zu den Goldenen Aktien erheblichen Anpassungsdruck auf die Mitgliedstaaten entfalten wird, diskutieren die Rechtswissenschaftler bis heute die Wünschbarkeit dieser Möglichkeit. Manche Juristen (die in der Mehrheit zu sein scheinen) begrüßen diese Rechtsprechung offen:

> Schlussergebnis ist, dass das weitreichende Beschränkungsverbot der Kapitalverkehrsfreiheit zu einer tiefgreifenden Liberalisierung des Aktienrechts führen könnte. In der intensiven Liberalisierungswelle ist eine Chance zu sehen, um traditionelle, sakrosankte, funktionslose gesellschaftsrechtliche Institutionen durch neue, flexiblere, effiziente Bestimmungen zu ersetzen. (Demirakou 2011: 326)

Andere hingegen kritisieren das Potenzial dieser Judikatur als zu weitgehend (Gerner-Beuerle 2012; Müller-Michaels 2010). Würde der EuGH die hier entwickelten Grundsätze tatsächlich auf weitere Bereiche ausdehnen, setze er sich offen über den Willen der Mitgliedstaaten hinaus. Dies betreffe zum einen den Grundsatz »one share – one vote«:

> Die Korrelation von »ownership und control« in allen Ehren, aber woher nimmt der EuGH für die EU das Recht, dieses Prinzip den Mitgliedstaaten weitergehend aufzuzwingen, als diese es selbst im harmonisierten Gesellschaftsrecht verankert und in ihren nationalen Gesellschaftsrechten adoptiert haben? Denn das Prinzip als solches ist eben gerade kein unumstößlicher gesellschaftsrechtlicher Glaubenssatz. […] Der EuGH will hier seine eigenen ordnungspolitischen Vorstellungen, nämlich marktliberale Grundüberzeugungen, den Mitgliedstaaten jenseits ihres legislativen Willens oktroyieren. (Roth 2008: 473)

Zum anderen betreffe dies aber auch die Frage, inwieweit die Unternehmensverwaltung nicht nur von den Eigentümern beeinflusst werden darf – was insbesondere das Beispiel der Arbeitnehmermitbestimmung zeige:

Der Regelungsstand der Mitbestimmung wurde nicht auf die europäische Ebene verlagert, für die Bestimmung ihrer Inhalte keine gemeinschaftsrechtliche Kompetenz geschaffen. Es ist also kein mitgliedstaatlicher Konsens dahingehend vorstellbar, dass die Kapitalverkehrsfreiheit den Angelpunkt dafür abgeben könnte, die Mitbestimmung kraft Richterrechts zu Fall zu bringen. [...] Wenn der EuGH das täte, würde er eine ihm von den Mitgliedstaaten nicht eingeräumte Legitimation usurpieren. (Roth 2008: 474)

Auch wenn abzuwarten bleibt, welche Auswirkungen die vom EuGH entwickelten Grundsätze auf nationales Unternehmenskontrollrecht tatsächlich entfalten werden, so steht doch fest, dass die Rechtsprechung zu den Goldenen Aktien weit über diesen unternehmenskontrollrechtlichen Sonderfall hinausweist. Insgesamt ist damit über die Integration durch Recht ein Integrationsniveau erzielt worden, das mit legislativen Verfahren in der EU nie möglich war.

5.4 Fazit

Aus der empirischen Analyse der Auseinandersetzung um die Goldenen Aktien lassen sich im Hinblick auf die Forschungsfrage der Arbeit – warum war die Integration durch Recht im Bereich der Unternehmenskontrolle erfolgreich – erste Hinweise entnehmen.

Zunächst ist bezüglich der Durchsetzungsfähigkeit der Kommission festzuhalten, dass sie ganz bewusst das Instrument des Vertragsverletzungsverfahrens wählte, um ihre Vorstellung von Goldenen Aktien durchzusetzen. Forderungen der Mitgliedstaaten und des Europäischen Parlaments, dieses Ziel mit einer Richtlinie zu verfolgen, lehnte die Kommission explizit ab. Dies wird verständlich, wenn man bedenkt, dass die Mitgliedstaaten in einem legislativen Verfahren deutlich größere Chancen gehabt hätten, ihre Interessen hinsichtlich der Sonderrechte zu bewahren. Doch warum haben die Mitgliedstaaten die Initiierung der Vertragsverletzungsverfahren nicht unterbunden? Im Abschnitt 3.3 habe ich darauf hingewiesen, dass sowohl der Intergouvernementalismus als auch der Supranationalismus den Regierungen in dieser Hinsicht Erfolgsaussichten eingeräumt haben (wenn auch in sehr unterschiedlichem Maße). Demzufolge hätte die judikative Integration also bereits in einem frühen Stadium aufgehalten werden können. Die Regierungen nutzten diese Gelegenheit allerdings nicht. Vielmehr gelang es der Brüsseler Behörde, gegen acht Mitgliedstaaten jeweils ein oder sogar zwei solcher Verfahren einzuleiten und dem EuGH zur Entscheidung vorzulegen.[197]

197 Lediglich die dänische Regierung konnte die Kommission davon abhalten, Klage gegen ihr Sonderrecht beim Kopenhagener Flughafen vor dem EuGH zu erheben. Dies war aber nur möglich, weil Dänemark auf die Aufrechterhaltung der Goldenen Aktie gänzlich verzichtete.

Der gewichtigste Grund dafür war sicherlich, dass die Mitgliedstaaten über keine formalen Mittel verfügten, um die Initiierung eines Vertragsverletzungsverfahrens zu unterbinden. Daher waren die Regierungen gezwungen, sich mit den rechtlichen Bedenken der Kommission auseinanderzusetzen. Dabei gelang es ihnen jedoch nicht, die Kommission zum Einlenken zu bewegen. Vielmehr blieb die Kommission durchgehend von der Tragfähigkeit ihrer Rechtsauffassung überzeugt. Als der EuGH dann ab 2002 begann, die Sichtweise der Kommission zu bestätigen, wurde sie mit ihrer Auslegung zudem enorm gestärkt. Jene Regierungen, denen nach 2002 ein Verfahren wegen einer Goldenen Aktie drohte, hatten es damit noch schwerer, die Argumente der Kommission juristisch zu entkräften. Neben diesen rechtlich-argumentativen Gründen haben aber auch politische Gegebenheiten zur Durchsetzungsfähigkeit der Kommission beigetragen.

Erstens scheint die Solidarität unter den Regierungen nicht ausreichend groß gewesen zu sein. Der Versuch Spaniens, innerhalb der Kommission eine Mehrheit für die eigene Position zu organisieren, scheiterte schließlich nicht zuletzt auch daran, dass dies keine ausreichende Unterstützung durch die anderen Regierungen fand. Eine Ursache hierfür war eine Art Konkurrenzsituation, in der sich die Mitgliedstaaten befanden. Dies zeigte sich am Beispiel des Streits um die Liberalisierung der Energiemärkte: Zwar versuchte Frankreich, die eigene Goldene Aktie bei Elf Aquitaine zu verteidigen, ein Interesse an einer Unterbindung des Vorgehens der Kommission gegen andere staatliche Sonderrechte zeigte die französische Regierung aber nicht. Denn immerhin versuchte sich der französische Staatskonzern EdF in derselben Zeitperiode am spanischen Konzern Montedison zu beteiligen, was aufgrund der Goldenen Aktien Spaniens für die Energiebranche jedoch nicht möglich war. Somit gab es für Frankreich keinen Grund, die Spanier bei der Verteidigung ihrer staatlichen Sonderrechte zu unterstützen. Zudem ist für das Fehlen »intergouvernementaler Solidarität« wohl auch ein Kalkül der Gleichbehandlung in Rechnung zu stellen. Jedenfalls dürften jene Regierungen, die vor Gericht unterlagen, anschließend weit weniger motiviert gewesen sein, sich für den Erhalt von Goldenen Aktien anderer Mitgliedstaaten einzusetzen. Warum sollte man etwas verteidigen, was sich zuhause schon nicht retten ließ?

Ein zweiter Grund, warum die Regierungen nicht engagierter gegen die Vertragsverletzungsverfahren vorzugehen versuchten, war, dass die Mitgliedstaaten glaubten, die rechtliche Auffassung der Kommission sei zu weitgehend gewesen und würde daher vor dem EuGH nicht bestehen. Dies lässt sich zum einen daran erkennen, dass einige Mitgliedstaaten den von der Kommission vertretenen Beschränkungsbegriff als zu umfassend erachteten. Insbesondere Großbritannien[198] hoffte in dieser Hinsicht auf eine richterliche Grenzziehung zugunsten der eigenen Position. Dieser Optimismus zeigte sich zum anderen aber auch an den mitgliedstaatlichen Argumenten bezüglich der Rechtfertigungs- und Verhältnismäßigkeitskriterien. Da die Goldenen Aktien allesamt strategisch wichtige Unternehmen betrafen und die Mitgliedstaaten nach ständiger Rechtsprechung des EuGH die Grundfreiheiten aus guten Gründen durchaus einschränken dürfen, schienen die Regierungen darauf zu spekulieren, dass der EuGH weniger restriktive Kriterien zugrunde legen könnte als die Kommission. Der belgische Fall zeigt, dass diese Hoffnung nicht unbegründet war. Und schließlich dürfte die optimistische Haltung der Regierungen, jedenfalls zu Beginn der Auseinandersetzung, noch durch das autonomieschonende Schlussplädoyer des Generalanwalts Colomer Nahrung gefunden haben.

Neben diesen Erkenntnissen zur Durchsetzungsfähigkeit der Kommission kann auch über das Verhalten des EuGH eine erste Einschätzung getroffen werden. Denn die Urteile zeigen eindeutig, dass die intergouvernementalistische These, wonach der Gerichtshof seine Rechtsprechung an den Präferenzen der Mitgliedstaaten ausrichten würde, hier nicht zutraf. Im Gegenteil: Die Argumente der Regierungen führten lediglich in einem (dem belgischen) Fall dazu, dass der EuGH im Sinne des Mitgliedstaates entschied. In allen anderen Verfahren, darunter jene gegen die großen Mitgliedstaaten Frankreich, Großbritannien und Italien folgte der EuGH der Auffassung der Kommission. Angesichts dieses Befunds erscheint die Einschätzung der Supranationalisten, der zufolge sich der Gerichtshof bei seiner Rechtsprechung von anderen Kalkülen – nämlich dem eigenen Machtzuwachs – leiten lässt, deutlich überzeugender.

Schließlich ergibt sich aus dem bisher Geschilderten ein erster Hinweis auf das in Abschnitt 3.3 als erklärungsbedürftig herausgestellte Ausbleiben von nachträglichen legislativen Korrekturversuchen durch die Mitgliedstaaten. Demnach könnten die Regierungen bislang noch keinen akuten Handlungsbedarf in dieser Richtung erkannt haben. Dies lässt sich an zwei Beispielen festmachen: Erstens ist bis heute unklar, inwieweit die Judikatur zu den Goldenen Aktien auch auf andere nicht liberale nationale Unternehmenskontrollregelungen ausstrahlen wird. Zwar mag dies für die meisten Juristen feststehen, vom EuGH bestätigt ist dies aber noch nicht. Diese *Ungewissheit* über die zukünftige Entwicklung der Rechtsprechung dürfte den Druck auf die Mitgliedstaaten, korrigierende Maßnahmen zu ergreifen, jedoch reduzieren. Und zweitens ließ der EuGH den Regierungen hinsichtlich des Einsatzes von Goldenen Aktien noch *Handlungsspielraum*. Schließlich verbot der Gerichtshof den Gebrauch dieser Sonderrechte nicht gänzlich, sondern schränkte ihn lediglich ein. Auch wenn dies aus Sicht

198 Das Gleiche gilt für die Niederlande.

der Mitgliedstaaten sehr restriktiv ausfiel, so könnte dies dennoch den Anreiz verringert haben, legislative Korrekturen einzuleiten. Der belgische Fall bewies immerhin, dass ein Gerichtsverfahren zu Goldenen Aktien nicht zwingend zugunsten der Kommission ausgehen muss. Diese Beobachtungen könnten also ein wichtiger Hinweis darauf sein, welcher Art die Mechanismen sind, die die Supranationalisten bei der Erklärung der Funktionsweise der Integration durch Recht übersehen haben.

Bevor ich diese Überlegungen weiter vertiefe, sollen zunächst aber noch weitere Erkenntnisse über den Erfolg der judikativen Integration im Bereich der Unternehmenskontrolle gewonnen werden. Dazu wird im Folgenden ein weiterer Fall – die Auseinandersetzung um das VW-Gesetz – eingehender analysiert.

Kapitel 6
Der Streit um das VW-Gesetz

Yes, we have heard of shareholder value. But we put customers first, then workers, business partners, suppliers and dealers, and then shareholders.[1]

Der Fall des VW-Gesetzes weist gegenüber den bisher geschilderten Sonderrechtsstreitigkeiten einige Besonderheiten auf. Denn einerseits handelte es sich beim VW-Gesetz um eine Art »heilige Kuh«, weshalb die deutschen Abwehrbemühungen gegen das Vertragsverletzungsverfahren der Kommission ausnehmend intensiv waren und das Urteil des EuGH für außerordentlich starken Unmut auf deutscher Seite gesorgt hat. Andererseits war das VW-Gesetz keine »echte« Goldene Aktie, da es keine expliziten Vorrechte für den Staat,[2] sondern lediglich für alle Aktionäre gleichermaßen geltende Bestimmungen vorsah (Wellige 2003; Sander 2005; Bekkum/Kloosterman/Winter 2008; Ringe 2008b; Gerner-Beuerle 2012).

Letzteres vergrößerte die Erfolgsaussichten der deutschen Abwehrbemühungen in zweifacher Hinsicht. Zum einen konnte Deutschland einen Mangel an Vergleichbarkeit zwischen ihrer Regelung und der bisherigen Goldenen-Aktien-Rechtsprechung geltend machen. Für die Kommission war der juristisch-argumentative Aufwand daher erhöht. Zum anderen trat durch die mangelnde Vergleichbarkeit von VW-Gesetz und Goldenen Aktien das problematische Potenzial der EuGH-Urteile, wonach zukünftig nicht nur staatliche Sonderrechte, sondern auch andere, allgemein geltende Bestimmungen der Unternehmenskontrolle an der Kapitalverkehrsfreiheit gemessen werden könnten, besonders deutlich zutage. Dadurch – so sollte man annehmen – müsste die Bereitschaft anderer Regierungen, die deutschen Abwehrbemühungen zu unterstützen, größer als sonst üblich gewesen sein. Denn wenn es in diesem Fall nicht nur um ein nationales Gesetz, sondern zugleich um weitreichende Konsequenzen für alle möglichen nicht aktionärsorientierten Unternehmenskontrollregelungen in den Mitgliedstaaten ging, dann dürften auch andere Regierungen ein Interesse daran

1 Ferdinand Piëch, ehemaliger Vorstandsvorsitzender und derzeitiger Aufsichtsratsvorsitzender der Volkswagen AG, in: Financial Times, 20. Oktober 2006, S. 4.

2 Bis auf eine Bestimmung; siehe dazu den folgenden Abschnitt.

gehabt haben, die Kommission aufzuhalten oder die Rechtsprechung des EuGH nachträglich zu korrigieren.

Der »Fall VW« war aufgrund dieser Merkmale – starker Widerstand und erhöhte Chancen, dass dieser erfolgreich sein würde – der größte Prüfstein für den hier untersuchten Prozess der judikativen Integration. Wenn es also tatsächlich jemals eine Chance auf frühzeitige Unterbindung oder einen Versuch zur nachträglichen Korrektur der judikativen Integration gegeben haben sollte, dann in diesem Fall. Da sich die Kommission letztlich dennoch mit ihrer Sichtweise durchsetzen konnte und ein Korrekturversuch des Urteils bislang ebenfalls nicht zu beobachten war, sollten sich die Gründe für das in dieser Arbeit untersuchte Gelingen der judikativen Integration hier besonders gut verstehen lassen. Die eingehendere Analyse des Ringens um das VW-Gesetz ist also ausgesprochen geeignet, um die Forschungsfrage dieser Arbeit zu beantworten.

Die folgende Teilstudie gliedert sich in drei Abschnitte: Zunächst werde ich erläutern, was das VW-Gesetz ist und welche Bedeutung es in Deutschland hat. Dadurch werden zugleich die zentralen Akteure aufseiten der nationalen Verteidiger erkennbar. Anschließend soll die Entstehungsgeschichte des EuGH-Urteils rekonstruiert werden. Und im letzten Abschnitt zeichne ich die Reaktionen der Verteidiger auf das Urteil nach. Denn wie sich zeigen wird, fand ein wesentlicher und sehr wichtiger Teil der Auseinandersetzung um das VW-Gesetz *nach* dem Richterspruch statt.

6.1 Die Bedeutung des VW-Gesetzes

Das VW-Gesetz war ein Sondergesetz, das die Verwaltung der Volkswagen AG speziellen, vom allgemeinen deutschen Aktienrecht abweichenden Bestimmungen unterwarf. Diese Bestimmungen, die der besonderen Entstehungsgeschichte des Unternehmens geschuldet waren, garantierten sowohl dem Land Niedersachsen als auch den Arbeitnehmervertretern Vetorechte bei zentralen Unternehmensentscheidungen. Damit konnten diese Akteure selbst für deutsche Verhältnisse ungewöhnlich großen Einfluss auf das Unternehmen ausüben – was sie auch getan haben. Sie nutzten ihre außergewöhnlichen Eingriffsmöglichkeiten, um zu vermeiden, dass die Entwicklung des Unternehmens nicht auf Kosten ihrer Interessen – sichere Arbeitsplätze zu guten Bedingungen – vorangetrieben wurde. Erste – nationale – Angriffe auf das VW-Gesetz in den 1990er-Jahren konnten sie erfolgreich abwehren, da sich ihre Koalition als äußerst stabil erwies.

Die Entstehung eines Sonderfalls …

Volkswagen wurde 1938 nach Vorbild der Ford-Werke in Detroit von den Nationalsozialisten als »nationalsozialistische Musterfabrik« zur Herstellung preiswerter Autos errichtet (Nicolaysen 2002: 13–19). Ziel dieses Projekts war die Motorisierung breiter Bevölkerungsschichten durch den »Volkswagen«. Finanziert wurde das enorm teure Projekt von der Deutschen Arbeitsfront, die dazu vor allem auf das ihr zugeflossene Vermögen der 1933 zerschlagenen Gewerkschaften zurückgreifen konnte. Um den Massenabsatz der dort produzierten Wagen zu gewährleisten, wurde zudem ein eigens entwickeltes Sparsystem eingeführt. Bis 1944 hatten mehr als 300.000 Sparer fast 270 Millionen Reichsmark eingezahlt. Da die Produktion während des Krieges auf militärische Fahrzeuge umgestellt wurde, kam es unter den Nazis jedoch nie zur Fertigung eines zivilen »Volkswagens«, und so gelangte keiner der Sparer bis zum Ende des »Dritten Reichs« in den Besitz eines solchen Fahrzeugs.

Nach Ende des Zweiten Weltkriegs unterstand das Volkswagenwerk der Kontrolle der britischen Militärregierung, die sich gegen eine Demontage entschied. Stattdessen wurde die Produktion wieder aufgenommen, zunächst für militärische, ab Ende 1945 dann für zivile Fahrzeuge. Als 1947 der Alliierte Kontrollrat beschloss, dass das gesamte Vermögen der Deutschen Arbeitsfront der jeweils zuständigen Landesregierung zu übergeben sei, nahmen die Briten das Volkswagenwerk von dieser Bestimmung aus. Dies hatte zwei Gründe: Zum einen sollte den Deutschen kein Unternehmen von potenziell so großer ökonomischer Bedeutung überlassen werden, zum anderen meldeten sowohl die Gewerkschaften als auch die VW-Sparer Ansprüche an dem Unternehmen an. »Angesichts dieser besonderen Situation – der Größe und Bedeutung des Volkswagenwerkes sowie der ungeklärten finanziellen Ansprüche Dritter – hielt die britische Militärregierung die Sache [das heißt die Klärung der Eigentumsverhältnisse] bewusst in der Schwebe« (Nicolaysen 2002: 24).

Im Jahr 1949, als die Gründung der Bundesrepublik bevorstand, boten die Briten das Werk dann aber doch dem Land Niedersachsen an. Aufgrund der ungewissen Verbindlichkeiten gegenüber Gewerkschaften und Sparern lehnte die Landesregierung dies jedoch ab und schlug eine Treuhänderschaft von Bund und Land vor. Dem entsprachen die Briten und übertrugen im Herbst 1949 Bund und Land[3] die Kontrolle über VW. Damit war die Eigentumsfrage zwar

3 Artikel 6, Absatz 3 der Verordnung Nr. 202 lautete: »Solange die zuständigen deutschen Behörden keine anderweitigen Vorschriften erlassen haben, hat das Land Niedersachsen die Kontrolle im Namen und unter der Weisung der Bundesrepublik auszuüben über […] die Volkswagenwerke GmbH« (Amtsblatt der Kontrollkommission – Deutschland [Britische Zone] Nr. 38, Teil 10 B-19).

weiterhin offen (Nicolaysen 2002: 25; Edelmann 1999: 57f.), faktisch blieb das Unternehmen aber in öffentlicher Hand.

Als dann im Laufe der 1950er-Jahre die Adenauer-Regierung und insbesondere Wirtschaftsminister Ludwig Erhard einen allgemeinen, ordnungspolitisch motivierten Privatisierungskurs einschlug (Nicolaysen 2002: 71ff.), entstand das Vorhaben, das Volkswagenwerk zu privatisieren. Dieser Plan stieß allerdings nicht nur auf den Widerstand von SPD und Gewerkschaften, die öffentlichen Besitz als Form der Kontrolle der Wirtschaft für notwendig erachteten. Auch in der CDU gab es auf dem Arbeitnehmerflügel und im CDU-geleiteten Finanzministerium eine Opposition, deren Bedenken Berührungspunkte mit dem Standpunkt von SPD und Gewerkschaften aufwiesen (Edelmann 1999: 56). Um die Unterstützung der innerparteilichen Privatisierungsgegner zu gewinnen, verband Erhard seine Pläne daher mit Ideen zur »sozialen Privatisierung«. Demnach sollte VW zwar privatisiert, gleichzeitig aber sichergestellt werden, dass der private Besitz möglichst breit gestreut blieb. Dies sollte zum einen durch die Ausgabe von »Volksaktien« garantiert werden. Eine kleine Stückelung der Aktien, ein Sozialrabatt sowie Vorkaufsrechte für VW-Arbeitnehmer würden, so die Idee, eine breite, auch einkommensschwache Teile der Bevölkerung umfassende Beteiligung am Unternehmen sicherstellen (Nicolaysen 2002: 188). Zum anderen sollte durch spezielle aktienrechtliche Bestimmungen verhindert werden, dass einzelne Aktionäre dominierenden Einfluss auf das Unternehmen ausüben konnten und es so zur Konzentration wirtschaftlicher Macht in privater Hand kommt (Nicolaysen 2002: 182).

Um sein Privatisierungsvorhaben durchsetzen zu können, musste Erhard aber nicht nur den Widerstand im eigenen Lager überwinden. Auch das Land Niedersachsen stellte sich gegen die Pläne der Bundesregierung. Denn inzwischen meldete das Bundesland nun doch Eigentümerschaft an dem zunehmend prosperierenden, alsbald zum Symbol des deutschen »Wirtschaftswunders« werdenden Unternehmen an (Edelmann 1999: 68f.). Ausschlaggebend für den Sinneswandel Niedersachsens war, dass die von Gewerkschaften und Sparern vorgebrachten finanziellen Ansprüche an VW zunehmend ignoriert werden konnten. Die Gewerkschaften kamen nämlich bereits 1949 zu dem Schluss, dass ihre Forderungen rechtlich nicht durchsetzbar waren (Nicolaysen 2002: 38–46). Seitdem beriefen sie sich lediglich auf einen moralischen Anspruch, mit dem sie ihren Interessen Gehör zu verschaffen versuchten. Dies war allerdings durchaus erfolgreich: So erreichten sie etwa – noch vor Verabschiedung des Betriebsverfassungsgesetzes im Oktober 1952[4] –, dass die Arbeitnehmerseite ein Drittel der

4 Das Betriebsverfassungsgesetz von 1952 (BetrVG 1952) verfügte die Drittelbeteiligung der Arbeitnehmer in den Aufsichtsräten von Unternehmen ab 500 Mitarbeitern.

Vertreter im 1951 eingesetzten »Beirat« von VW, eine Art Aufsichtsorgan, stellen durften. »Zumindest indirekt wurde damit anerkannt, dass Gewerkschaftsansprüche auf das Volkswagenwerk nicht ignoriert werden konnten« (Nicolaysen 2002: 33). Bis die Ansprüche der »VW-Sparer« ignoriert werden konnten, dauerte es länger. Denn diese hatten 1949 einen Musterprozess angestoßen, der zu den bedeutendsten Zivilprozessen der deutschen Nachkriegszeit zählte und bis 1961 verschiedene Gerichtsinstanzen beschäftigte. Aber gegen Ende der 1950er-Jahre zeichnete sich schließlich auch hier ab, dass die Ansprüche der Sparer rechtlich ebenfalls nicht durchsetzbar waren (Nicolaysen 2002: 47–53; Edelmann 1999: 59).

Ihren Streit um die Eigentumsverhältnisse am Volkswagenwerk legten Bund und Land schließlich durch einen Kompromiss bei, der 1960 als »VW-Gesetz« vom Bundestag verabschiedet wurde.[5] Möglich geworden war diese Übereinkunft, weil sowohl Bund als auch Land unter Zugzwang standen: Die Bundesregierung wollte die Privatisierung von Volkswagen unbedingt noch vor der nächsten Bundestagswahl 1961 durchsetzen, da sie dieses Vorhaben zu einem ihrer zentralen Wahlversprechen gemacht hatte. Niedersachsen wiederum befürchtete – aufgrund eines neuerlichen Urteils im Sparerprozess – gänzlich leer auszugehen, sollte es auf der Maximalforderung des alleinigen Eigentumsanspruchs beharren und diesen Anspruch gerichtlich durchzusetzen versuchen. Folglich hatten beide Kontrahenten ein Interesse an einer raschen Einigung (Edelmann 1999: 69; Nicolaysen 2002: 235ff.).

Der gefundene Kompromiss sah lediglich eine Teilprivatisierung VWs vor (Edelmann 1999: 70ff.; Nicolaysen 2002: 235ff.). Demnach blieben Bund und Land mit jeweils 20 Prozent der Aktien die größten Eigentümer des Unternehmens, die restlichen 60 Prozent der Anteile wurden als »Volksaktien« ausgegeben. Der Privatisierungserlös floss in eine eigens geschaffene Stiftung zur Wissenschaftsförderung (dies ist die bis heute existierende »Volkswagen Stiftung«). Zudem wurden zahlreiche Bestimmungen zur Machtverteilung im Unternehmen gesetzlich verankert, die die beiden zentralen Gremien der Unternehmenskontrolle (Hauptversammlung und Aufsichtsrat) betrafen. Für die Hauptversammlung wurde verankert:

5 Genauer: Zunächst kam es im November 1959 zu einem »Vergleichsvertrag« zwischen Bund und Land. Dieser wurde dann in zwei Schritten gesetzlich verwirklicht: Im Mai 1960 wurde das »Gesetz über die Regelung der Rechtsverhältnisse bei der Volkswagenwerk GmbH« zur Klärung der Eigentumsverhältnisse erlassen, dann erst im Juli 1960 das eigentliche VW-Gesetz (»Gesetz über die Überführung der Anteilsrechte an der Volkswagen GmbH in private Hand« vom 21. Juli 1960). Mit diesem wurde nicht nur die Privatisierung Volkswagens veranlasst, sondern auch jene Unternehmenskontrollstruktur geschaffen, die später Gegenstand der Auseinandersetzung mit der EU-Kommission war.

1. Ein *Höchststimmrecht:* § 2 Absatz 1 des Gesetzes bestimmte, dass kein Aktionär mehr als 20 Prozent der Stimmrechte ausüben durfte.[6] Als das Gesetz 1960 erlassen wurde, war das Stimmrecht sogar auf 0,01 Prozent begrenzt (ausgenommen davon waren allerdings die Aktienanteile in staatlichem Besitz). Diese Regelung wurde jedoch 1970 in ein für alle Aktionäre gleichermaßen geltendes, 20-prozentiges Höchststimmrecht umgewandelt.
2. Ein *beschränktes Depotstimmrecht:* § 3 Absatz 1 des Gesetzes verfügte, dass niemand die Stimmrechte von Aktien ausüben durfte, die ihm nicht gehören – es sei denn, er habe eine Vollmacht eingeholt. Dies betraf in erster Linie Banken, die normalerweise über die Stimmrechte jener Aktionäre verfügen durften, deren Aktien sie verwalteten.[7]
3. Eine *Sperrminorität:* § 4 Absatz 3 des Gesetzes besagte, dass alle Hauptversammlungsbeschlüsse, die nach allgemeinem Aktiengesetz eine Mehrheit von 75 Prozent erfordern, bei Volkswagen einer Mehrheit von 80 Prozent bedürfen.[8] Diese Regelung berührte unter anderem die Möglichkeit einer Satzungsänderung.

Für den Aufsichtsrat wurde beschlossen:

4. Ein *Entsenderecht für die staatlichen Aktionäre:* § 4 Absatz 1 garantierten Bund und Land, jeweils zwei Mitglieder in den Aufsichtsrat entsenden zu dürfen, solange ihnen Aktien von VW gehören.[9]
5. Ein *hohes Konsenserfordernis bei Standortfragen:* § 4 Absatz 2 des Gesetzes verlangte, dass Entscheidungen über Errichtung und Verlagerung von Produktionsstätten vom Aufsichtsrat mit einer Zweidrittelmehrheit getroffen werden mussten.[10]

---

6 § 2 Absatz 1 VW-Gesetz: »Gehören einem Aktionär Aktien im Gesamtnennbetrag von mehr als dem fünften Teil des Grundkapitals, so beschränkt sich sein Stimmrecht auf die Anzahl von Stimmen, die Aktien im Gesamtbetrag des fünften Teils des Grundkapitals gewähren.«

7 § 3 Absatz 1 VW-Gesetz: »Niemand darf das Stimmrecht im eigenen Namen für Aktien ausüben, die ihm nicht gehören. Wer das Stimmrecht für Aktien ausübt, die ihm nicht gehören, bedarf, sofern er nicht gesetzlicher Vertreter des Aktionärs ist, einer schriftlichen Vollmacht des Aktionärs.«

8 § 4 Absatz 3 VW-Gesetz: »Beschlüsse der Hauptversammlung, für die nach dem Aktiengesetz eine Mehrheit erforderlich ist, die mindestens drei Viertel des bei der Beschlussfassung vertretenen Grundkapitals umfasst, bedürfen einer Mehrheit von mehr als vier Fünftel des bei der Beschlussfassung vertretenen Grundkapitals der Gesellschaft.«

9 § 4 Absatz 1 VW-Gesetz: »Die Bundesrepublik Deutschland und das Land Niedersachsen sind berechtigt, je zwei Aufsichtsratsmitglieder in den Aufsichtsrat zu entsenden, solange ihnen Aktien der Gesellschaft gehören.«

10 § 4 Absatz 2 VW-Gesetz: »Die Errichtung und die Verlegung von Produktionsstätten bedürfen der Zustimmung des Aufsichtsrats. Der Beschluss bedarf der Mehrheit von zwei Dritteln der Mitglieder des Aufsichtsrats.«

Dieser Kompromiss spiegelte die verschiedenen Interessen der beteiligten Akteure wider. So konnte die Bundesregierung nicht nur ihr Privatisierungsvorhaben als solches, sondern auch den Aspekt der »sozialen Privatisierung« verwirklichen. Denn gerade das Höchststimmrecht und das qualifizierte Depotstimmrecht zielten darauf, dominierenden Einfluss einiger weniger Großaktionäre im Unternehmen zu unterbinden. Zudem sah der Kompromiss (hier nicht aufgeführte) Bestimmungen vor, die den einkommensschwächeren Bevölkerungsschichten einen Rabatt und den Arbeitnehmern von VW ein Vorkaufsrecht beim Aktienerwerb einräumten, was für eine breite und sozialverträgliche Streuung der VW-Aktien sorgen sollte.

Das von der SPD-geführten niedersächsischen Landesregierung verfolgte Ziel, staatlichen Einfluss bei Volkswagen zu erhalten, fand hingegen seinen Ausdruck im jeweils 20-prozentigen Anteilsbesitz von Bund und Land, in der 20-prozentigen Sperrminorität, den Entsenderechten sowie dem erhöhten Konsenserfordernis für Errichtung und Verlegung von Produktionsstätten: Durch die Kombination aus jeweils 20-prozentigem Anteilsbesitz von Bund und Land sowie der 20-prozentigen Sperrminorität war garantiert, dass die staatlichen Anteilseigner auf den Hauptversammlungen alle Beschlüsse verhindern konnten, die sich gegen ihre Interessen richteten. Die Entsenderechte sowie das erhöhte Konsenserfordernis für Standortfragen sicherten den staatlichen Eigentümern zudem großen Einfluss im Aufsichtsrat des Unternehmens. Dieses Gremium, das mit der Umwandlung Volkswagens in eine Aktiengesellschaft eingerichtet wurde, war aufgrund des Betriebsverfassungsgesetzes von 1952 mit zwei Dritteln durch Vertreter der Kapitalseite besetzt, das verbleibende Drittel stellten die Arbeitnehmer. Durch die Entsendung von vier staatlichen Vertretern in dieses Gremium entstand somit die Situation, dass die Kapitalseite hier ohne die staatlichen Vertreter über keine eigene Mehrheit mehr im Hinblick auf Standortentscheidungen verfügte. Damit hatte die SPD-geführte Landesregierung erhebliche Zugeständnisse erringen können. Zwar konnte sie die Privatisierungspläne nicht gänzlich verhindern, wie Bundes-SPD und Gewerkschaften beabsichtigten, aber dennoch gelang es ihr durch staatliche Minderheitsbeteiligung, Sperrminorität, Entsenderechte und Zweidrittelregelung für Standortfragen, das Unternehmen auch weiterhin öffentlichem Einfluss zugänglich zu machen.

... und seine Beständigkeit

Die fünf Kernregelungen des VW-Gesetzes (Höchststimmrecht, Sperrminorität, beschränktes Depotstimmrecht, Entsenderecht, Zweidrittelregelung für Standortfragen) bestanden bis zum Urteil des EuGH im Oktober 2007 unverändert fort. Lediglich der Bund zog sich 1988 unter Bundeskanzler Kohl durch den vollständigen Verkauf seiner VW-Anteile aus dem Unternehmen zurück. Dies hatte jedoch keinerlei Konsequenzen für das Gesetz oder die faktischen Machtverhältnisse bei Volkswagen. Zwar unternahm dieselbe CDU-geführte Bundesregierung in den 1990er-Jahren zwei Versuche, das VW-Gesetz im Zuge von Aktienrechtsreformen abzuschaffen, konnte sich aber nicht durchsetzen. In beiden Fällen gelang es VW-Betriebsrat, SPD-geführter Landesregierung Niedersachsens sowie niedersächsischer CDU, die Regelung zu erhalten (Seibert 1994: 124–131).[11]

Die Verteidigung des Gesetzes durch niedersächsische Landespolitik und VW-Arbeitnehmer ist verständlich, wenn man bedenkt, welchen Einfluss ihnen das Gesetz auf das Unternehmen einräumt. Das Land Niedersachsen war mit einem Aktienanteil von etwas über 20 Prozent immer in der Lage, aufgrund der 20-prozentigen Sperrminorität alle Hauptversammlungsbeschlüsse zu blockieren, die den Landesinteressen entgegenstanden. Im Aufsichtsrat waren die Vertreter des Landes, typischerweise der Ministerpräsident und ein weiterer Landesminister, zudem das »Zünglein an der Waage«, da die Eigentümerseite – jedenfalls ab 1976 mit Einführung des Mitbestimmungsgesetzes[12] – ohne ihre Stimmen über keine eigene Mehrheit verfügte. Und schließlich stärkten auch das 20-prozentige Höchststimmrecht und das eingeschränkte Depotstimmrecht die staatlichen Aktionäre. Das Höchststimmrecht verhinderte, dass sich bis ins neue Jahrtausend hinein andere Großaktionäre bei VW bildeten. Somit blieb die breite Streuung der nicht in staatlichem Besitz befindlichen Aktien bestehen. Da die Kleinaktionäre zumeist aber weder an den Hauptversammlungen teilnahmen noch ihren Banken die vom VW-Gesetz vorgeschriebene Vollmacht zur Ausübung ihrer Stimmrechte ausstellten, war der auf den Hauptversammlungen tatsächlich vertretene Stimmanteil stets sehr gering. In der Konsequenz erhöhte sich der Stimmanteil der staatlichen Aktionäre faktisch noch weiter: Auf der Hauptversammlung 2001 etwa waren lediglich knapp 37 Prozent aller Stimmen anwesend, sodass Niedersachsen mit seinem 20-Prozent-Anteil tatsächlich über 55 Prozent der Stimmen verfügte (Jürgens 2002: 10).

Dass die niedersächsischen Landesregierungen, unabhängig von ihrer parteipolitischen Zusammensetzung, stets an ihrem Einfluss festhielten, liegt an der besonderen Bedeutung Volkswagens für das strukturschwache Bundesland: »Wenn Volkswagen Schnupfen hat, ist deshalb Niedersachsen krank«, brachte

11 Handelsblatt, 12. Juni 1997, S. 4; Handelsblatt, 31. Oktober 1997, S. 6.

12 Das Mitbestimmungsgesetz von 1976 verfügte, dass der Aufsichtsrat von Unternehmen mit mehr als 2.000 Beschäftigten paritätisch zu besetzen ist, das heißt, die Kapitaleigner und die Mitarbeiter stellen jeweils die Hälfte der Aufsichtsratsmitglieder. Dadurch sank die Anzahl der Eigentümervertreter im VW-Aufsichtsrat von zwei Dritteln auf die Hälfte.

ein niedersächsischer Ministerpräsident dies einmal auf den Punkt.[13] Denn mit fünf Produktionsstandorten sowie der Wolfsburger Konzernzentrale ist Volkswagen der größte private Arbeitgeber in Niedersachsen.

> Wo Produktionsstätten und Produktionslinien angesiedelt werden, ob Beschäftigung ausgeweitet oder abgebaut wird, zu welchen Bedingungen Beschäftigte arbeiten – dies alles hat unmittelbaren Einfluss auf die wirtschaftliche Entwicklung und Struktur, auf Arbeitsmärkte, auf öffentliche Haushalte und die Infrastruktur in Kommunen und ganzen Regionen.
> (Dombois 2009: 214)

Aufgrund dieser herausragenden ökonomischen Bedeutung für Niedersachsen hat das Bundesland immer versucht, das Unternehmen nach struktur- und beschäftigungspolitischen Erwägungen zu beeinflussen (Dombois 2009: 214). Die Bestimmungen des VW-Gesetzes waren der Garant, dass diese Motive im Unternehmen denn auch Beachtung fanden.

Das VW-Gesetz sorgte aber nicht nur für erheblichen staatlichen Einfluss. Auch die Arbeitnehmer von Volkswagen profitierten in hohem Maße von den gesetzlichen Bestimmungen. Schon vor Verabschiedung des VW-Gesetzes hatten die Beschäftigten vergleichsweise großen Einfluss auf die Entwicklung des Unternehmens (Haipeter 2000; Koch 1987). Bereits unter britischer Verwaltung entstanden bei VW Betriebsräte. Und der erste Generaldirektor des Unternehmens, Heinrich Nordhoff, legte viel Wert auf den von ihm propagierten Zusammenhalt der »VW-Familie«, was sich in einer engen Kopplung von Leistungs- und Lohnentwicklung niederschlug. Dadurch herrschte aufgrund der großen wirtschaftlichen Erfolge des Unternehmens in den 1950er-Jahren schon früh ein Niveau bei den Lohn- und Sozialleistungen, das über bundesdeutschem Niveau lag und eine »tarif- und sozialpolitische Vorreiterfunktion« für die gesamte deutsche Industrie hatte (Haipeter 2000: 146). Diese durch das kooperative Verhältnis zwischen Beschäftigten und Management ohnehin schon einflussreiche Position der Arbeitnehmer wurde durch das VW-Gesetz schließlich gefestigt und sogar noch weiter ausgebaut: Zum einen trafen die Arbeitnehmer in den niedersächsischen Vertretern im Aufsichtsrat auf einen »natürlichen« Partner. Aufgrund der weitgehenden Deckungsgleichheit der Interessen von Politik und Arbeitnehmern an der Sicherung von Standorten und Beschäftigung konnten beide Fraktionen gemeinsam nun jede unliebsame Entscheidung der Kapitalseite verhindern. Zum anderen bewirkte das Mitbestimmungsgesetz von 1976, dass das erhöhte Konsenserfordernis für Standortfragen zu einem Vetorecht zugunsten der Arbeitnehmerbank wurde. Durch das neue Mitbestimmungsgesetz, das die paritätische Besetzung des Aufsichtsrats verfügte, erhöhte sich die Anzahl der Arbeitnehmervertreter im Aufsichtsrat von einem Drittel auf

13 Niedersachsens Ministerpräsident Gerhard Schröder in: Handelsblatt, 12. Juni 1997, S. 4.

die Hälfte. Damit besaßen die Beschäftigten auch ohne die staatlichen Vertreter genügend Stimmen, um Entscheidungen über Errichtung und Verlagerung von Produktionsstätten blockieren zu können.

Ihre starke Stellung im Aufsichtsrat nutzten die Betriebsräte oftmals, um dem Management bereits im Vorfeld der Aufsichtsratsentscheidung Kompromisse abzuringen und so maßgeblichen Einfluss auf das Unternehmen auszuüben (Dombois 2009; Haipeter 2000; Speidel 2005; Streeck 1984). So unterstützte der Betriebsrat seit den 1970er-Jahren kontinuierlich die Steigerung der Wettbewerbsfähigkeit und Produktivität und gestaltete aktiv den technischen und organisatorischen Wandel des Unternehmens mit. Zugleich konnten die Arbeitnehmervertreter diese Veränderungen aber in sozialverträgliche Bahnen lenken. Außerdem war die Arbeitnehmerseite aufgrund ihres Vetorechts bei Standortentscheidungen in der Lage, die Internationalisierungsstrategie des Konzerns maßgeblich zu beeinflussen. Prinzipiell befanden sich die Arbeitnehmer hierbei in einer Zwickmühle: Stimmten sie zum Beispiel der Eröffnung eines neuen Standortes in einem Land mit niedrigeren Lohnkosten zu, so drohten Arbeitsplätze an den deutschen Standorten verloren zu gehen. Verhinderten sie aber die Eröffnung des kostengünstigeren Werkes, hätte das Unternehmen als Ganzes in die Krise geraten können – was ebenfalls Arbeitsplätze gefährdet hätte. Bei Volkswagen haben die Arbeitnehmervertreter ihr Vetorecht bei Standortfragen daher nicht zur Verhinderung solcher Entscheidungen genutzt. Vielmehr nutzten sie ihre Macht, um Beschäftigungsgarantien für jene Standorte auszuhandeln, die von der konzerninternen Standortkonkurrenz besonders gefährdet waren (in der Regel galt das für die deutschen Werke). Bestes Beispiel für die sozialverträgliche Steuerung der Internationalisierung des Konzerns ist das 1978 eröffnete Werk in den USA, das erst nach weitreichenden Zugeständnissen der Arbeitgeberseite für die deutschen Produktionsstandorte realisiert werden konnte (Streeck 1984: 82ff.; Haipeter 2000).

Unterstrichen wird der große Einfluss der Arbeitnehmer schließlich noch durch die Stellung der IG Metall bei VW, die ebenfalls eine besondere ist. Dies liegt nur zum Teil daran, dass die Automobilbranche die Machtbasis für Deutschlands mächtigste Gewerkschaft darstellt, fast alle Beschäftigten des Unternehmens Mitglied der IG Metall sind und der Erste Vorsitzende der Gewerkschaft traditionell als stellvertretender Aufsichtsratsvorsitzender im Aufsichtsrat sitzt (Jürgens 2002: 1 und 11; Streeck 1984: 45). Entscheidend ist vielmehr, dass Volkswagen aufgrund des großen staatlichen Einflusses nie Mitglied des Arbeitgeberverbands »Gesamtmetall« geworden ist. Dadurch unterstand VW auch nie wie andere Unternehmen einem übergeordneten Tarifvertrag. Vielmehr handelt die IG Metall bis heute die Tarife mit dem Management von VW direkt aus, was ihr unmittelbaren Einfluss auf das Unternehmen gibt (Jürgens 2002: 11f.; Streeck 1984: 46f.).

Das VW-Gesetz war folglich wesentliche Basis für die Macht von Staat und Arbeitnehmern bei Volkswagen und machte das Unternehmen zur »Spitze des deutschen kooperativen mitbestimmten Unternehmensmodells und der deutschen Unternehmenskultur« (Interview XIV, Volkswagen). Durch das Gesetz entstand ein »Bollwerk gegen das Kapital«,[14] bei dem das Land Niedersachsen und die Arbeitnehmer ihre garantierten Mitspracherechte dazu nutzen konnten, ihre Interessen – die Standort- und Beschäftigungssicherung zu guten Konditionen – zu sichern. Dieser außergewöhnliche Stakeholder-Einfluss auf das Unternehmen formte zugleich eine mächtige Abwehrkoalition, die das Gesetz in Deutschland bis ins neue Jahrtausend hinein erfolgreich gegen alle Bestrebungen nach Abschaffung oder Veränderung verteidigen konnte.

6.2 Die Entstehung des EuGH-Urteils

Der Auslöser

Der Streit zwischen EU-Kommission und Deutschland um das VW-Gesetz begann im September 2001, als bei der Kommission – angeblich von einer britischen Investorengruppe beziehungsweise einem Hedgefonds – eine Beschwerde gegen das Gesetz einging.[15] Die Beschwerdeführer sahen in der Regelung eine Behinderung des freien Kapitalverkehrs in Europa und somit eine Benachteiligung ausländischer Investoren.[16] Angesichts der damaligen Situation von VW kam diese Beschwerde allerdings nicht unbedingt überraschend. Vielmehr markierte sie den vorläufigen Höhepunkt eines schon länger schwelenden Streits um die besondere Machtstruktur des Unternehmens.

Wie alle Automobilhersteller Europas stand auch VW Ende der 1990er-Jahre unter wachsendem Druck der Kapitalmärkte (Jürgens et al. 2002). Zwar hatten Teile des Vorstands von VW, vor allem der Vorstandsvorsitzende Ferdinand Piëch, die Akzeptanz von Shareholder-Value im Unternehmen seit Mitte der 1990er-Jahre forciert (Jürgens 2002: 14f.). Aber dem VW-Betriebsrat war es zu verdanken, dass dieses Ziel nicht die Unternehmensausrichtung dominierte. Vielmehr war es Konsens im Unternehmen, dass es einen Ausgleich zwischen den verschiedenen bei VW vertretenen Interessen geben sollte (Jürgens 2002: 15 und 36). Das vom Management entwickelte Konzept des »Workholder-Value«,

14 So ein ehemaliges VW-Betriebsratsmitglied (in: Wolfsburger Nachrichten, 19. September 2001, zitiert in: Jürgens 2002: 35).

15 Financial Times Deutschland, 11. September 2001, S. 8; Handelsblatt, 10. September 2001, S. 1.

16 Financial Times Deutschland, 11. September 2001, S. 8.

das den vom Personal erarbeiteten Unternehmenserfolg bezeichnete und – wenn auch nicht unbedingt öffentlich – den Aktionärsinteressen als gleichrangig oder gar übergeordnet gegenübergestellt wurde, verdeutlicht, dass es bei VW nicht zur Dominanz von Shareholder-Value gekommen ist (Jürgens 2002: 15f.). Entsprechend gab es Kritik von Finanzmarktakteuren am Management: »Es hat keinen Sinn, dass VW perfekte Autos baut. Sie müssen auch perfekte Kurse zimmern«, monierte etwa ein Analyst.[17] »Ich bezweifle ernsthaft, dass Sie überhaupt klare Vorstellungen darüber haben, was Shareholder-Value ist«, kritisierte ein anderer Analyst den Unternehmensvorstand.[18] Zugleich wiesen diese Verfechter einer aktionärsorientierten Unternehmensführung immer auch auf das aus ihrer Sicht bedeutendste Hindernis für eine angemessene Berücksichtigung ihrer Interessen hin:

> Der Automobilkonzern ist de facto ein Staatsunternehmen. Das Land Niedersachsen hat durch das VW-Gesetz, aber auch durch seinen Anteil das Unternehmen fest im Griff. Man sieht das ja auch an einschlägigen Maßnahmen. Natürlich wird entsprechend wenig verdient. Es gibt auch wenig Bereitschaft, Dinge zu verändern. Für Investoren ist dann ein solches Unternehmen langfristig nicht attraktiv.[19]

Das Hauptproblem für Volkswagen, das aus dieser Geringschätzung von Shareholder Value resultierte, war die Möglichkeit, gegen den eigenen Willen übernommen zu werden. Die Übernahmeschlacht um Mannesmann Ende der 1990er-Jahre, ein ebenso spektakuläres wie in Deutschland lange Zeit unbekanntes Phänomen (Höpner/Jackson 2006), hatte eindrücklich bewiesen, dass diese Möglichkeit eine ernst zu nehmende Gefahr war. Zu Beginn des neuen Jahrtausends lag die Marktbewertung VWs bei etwa 20 Milliarden Euro.[20] Wie niedrig dieser Wert ist, zeigen folgende Zahlen: Zum einen betrug der Umsatz VWs mehr als das Vierfache, zum anderen kamen kleinere Unternehmen, etwa Nokia, auf mehr als den zehnfachen Marktwert (Jürgens 2002: 8). Damit war VW zu diesem Zeitpunkt ein attraktives Ziel für eine Übernahme; der Vorstandsvorsitzende Piëch kommentierte die Situation wie folgt: [21]

> Aufgrund der Beträge, die heute bewegt werden, wissen wir selbst, dass wir als appetitlicher Wurm gesehen werden könnten. So könnte jemand folgendes Gedankenspiel anstellen: Wenn man unseren Finanzdienstleister und Audi abkappen und einzeln verkaufen würde, dann hätte man das, was der Konzern rechnerisch an der Börse kosten würde, locker wieder hereingeholt.

---

17 Süddeutsche Zeitung, 24. Mai 2000, S. 29; die Börsen-Zeitung kommentierte zudem: »Die Abkürzung VW lässt sich nach wie vor als ›vernichtet Wert‹ ausschreiben« (24. März 2000, S. 1).

18 Der Spiegel, 21. Mai 2001, S. 83.

19 Frankfurter Allgemeine Zeitung, 6. September 2001, S. 27; vgl. auch die Zitate bei Jürgens (2002: 15).

20 Süddeutsche Zeitung, 24. Mai 2000, S. 29; siehe auch die Daten in Tabelle 4 bei Jürgens (2002: 8).

21 WirtschaftsWoche, 17. Mai 2001, S. 59.

Die ab Sommer 2000 aufgekommenen Spekulationen, dass Ford einen Einstieg bei VW erwäge, ließ die Übernahmegefahr zunehmend konkreter werden.[22]

Diese Bedrohung einer feindlichen Übernahme wurde politisch noch zusätzlich verschärft, da sich abzuzeichnen begann, dass jene Instrumente, mit denen sich VW vor dieser Gefahr schützen konnte, ebenfalls fallen könnten. Zum einen sahen sowohl die Pläne der Bundesregierung als auch der Entwurf für die europäische Übernahmerichtlinie die Neutralität des Managements im Übernahmefall verbindlich vor (vgl. für die Entwicklung in Deutschland Klages 2010: 159–167; vgl. für die Übernahmerichtlinie Kapitel 2.2). Zum anderen befürchtete man bei VW, dass die Kommission gegen das VW-Gesetz vorgehen und damit den wichtigsten Schutzwall vor einer Übernahme einreißen könnte.[23] In der Kommission schätzte man das VW-Gesetz bereits länger als problematisch ein,[24] da man im Zuge des Vorgehens gegen Goldene Aktien vergleichbare Fälle in allen Mitgliedstaaten suchte und dabei in Deutschland auf das VW-Gesetz gestoßen war (Interview II).

Angesichts dieser Bedrohung sahen sowohl die Akteure im Unternehmen als auch die niedersächsische Landesregierung Handlungsbedarf. Piëch etwa gab sich kämpferisch: »Ich sehe es als meine Aufgabe an, vor meinem Ausscheiden hier noch dafür zu sorgen, dass mit oder ohne VW-Gesetz niemand den Konzern schlucken kann, ohne daran zu ersticken.«[25]

Die vom Unternehmen eingeschlagene Abwehrstrategie folgte allerdings nicht dem von Finanzmarktakteuren geforderten Weg. Diese hatten mehr aktionärsorientierte Unternehmensführung sowie das Ende der Dominanz Niedersachsens angemahnt: »Wenn VW dem staatlichen Schutz entsagte, würde dies den Aktienkurs eher in die Höhe treiben und somit eine Übernahme erschweren«, so ein Fondsmanager.[26] Stattdessen startete das Unternehmen einen Aktienrückkauf. Bereits 2000 wurden, mit Genehmigung der Hauptversammlung, 10 Prozent der Anteile zurückgekauft. Ein Jahr später wurde die Genehmigung für den Rückkauf weiterer 10 Prozent erteilt. Da es dem Unternehmen nicht erlaubt war, mehr als 10 Prozent eigener Aktien zu halten, sollten die anderen 10 Prozent durch Aktientausch mit »befreundeten« Unternehmen dem Zugriff potenzieller Käufer entzogen werden. Dadurch hätte man zusammen mit Niedersachsen die faktische Kontrolle über 40 Prozent der Stimmen und könnte so eine Übernahme verhindern (Jürgens 2002: 18).[27] Dies, so die Idee,

22 Handelsblatt, 17. Juli 2000, S. 13; Süddeutsche Zeitung, 17. Juli 2000, S. 23.
23 Handelsblatt, 17. Juli 2000, S. 13.
24 Handelsblatt, 14. Mai 2001, S. 14.
25 WirtschaftsWoche, 17. Mai 2001, S. 59.
26 Handelsblatt, 6. Juni 2001, S. 16.
27 Handelsblatt, 15. Mai 2001, S. 18.

würde auch funktionieren, sollte die Kommission tatsächlich eines Tages erfolgreich gegen das VW-Gesetz vorgehen.

Rückendeckung für diesen Abwehrkurs erhielt das Management nicht nur vom Betriebsrat (Jürgens 2002: 14), sondern auch vom Land Niedersachsen. Der staatliche Aktionär segnete mit seiner faktischen Mehrheit auf der Hauptversammlung den Aktienrückkauf ab. Zudem gab sich das Land in Person des damaligen Ministerpräsidenten Sigmar Gabriel (SPD) betont kämpferisch und kündigte an, die Landesbeteiligung erhalten und, sofern nötig, das VW-Gesetz verteidigen zu wollen:

> Gut möglich, dass ein privater Investor besser wäre für den Börsenkurs von Volkswagen. Dafür wären mittelfristig wahrscheinlich zwei Volkswagen-Standorte in Niedersachsen in Gefahr und Tausende arbeitslos. Mit mir ist das nicht zu machen. [...] Wir werden [daher] weder das VW-Gesetz ändern noch unseren Anteil an dem Unternehmen verringern.[28]

Zudem machten VW-Mitarbeiter gegen die geplante EU-Übernahmerichtlinie mobil.[29] Sie waren der Überzeugung, dass erst ein »Level Playingfield« in Europa geschaffen werden müsse, bevor die im Richtlinienentwurf enthaltene »Stillhaltepflicht des Vorstands einer Zielgesellschaft« (Neutralitätsregel) europaweit eingeführt werden könne. In vielen anderen EU-Staaten und den USA gebe es andere Übernahme- und Verteidigungsmöglichkeiten, die in Deutschland abgeschafft worden seien (zum Beispiel Mehrfachstimmrechte oder Sonderrechte einzelner Großaktionäre). Gemeinsam mit vielen anderen deutschen Unternehmen empfahlen sie der Bundesregierung und den deutschen EU-Parlamentariern daher, die geplante Neutralitätsregel des Richtlinienentwurfs abzulehnen. Dieses politische Manöver verlief erfolgreich: Im Juli 2001 bekam die Richtlinie nicht die nötige Mehrheit im EU-Parlament (siehe hierzu Kapitel 2.2).

Diese Abwehrreaktionen verstärkten die Bedenken der Kommission weiter. In Brüssel nahm man das Gesetz immer mehr als problematisch wahr, dementsprechend wuchsen in der Kommission die Bestrebungen, gegen das VW-Gesetz vorzugehen.[30] Zudem war man in der Kommission auch vom Verhalten des Autoherstellers bei der Verabschiedung der Übernahmerichtlinie wenig begeistert, weshalb die erstarkenden Überlegungen der Kommission, gegen die Regelung vorzugehen, auf deutscher Seite zum Teil als »Retourkutsche« für den deutschen Widerstand gegen die Richtlinie wahrgenommen wurden (Interview XII).[31] Angesichts dieser Entwicklungen lässt sich über die im September 2001 eingegangene Beschwerde daher vom berühmten Tropfen, der das Fass zum Überlaufen

28 WirtschaftsWoche, 7. Juni 2001, S. 30.

29 Siehe auch Financial Times Deutschland, 7. Juni 2001, S. 2.

30 WirtschaftsWoche, 17. Mai 2001, S. 56.

31 Handelsblatt, 14. Mai 2001, S. 14; WirtschaftsWoche, 7. Juni 2001, S. 30.

bringt, sprechen. Die Kommission hätte die Untersuchung des VW-Gesetzes wohl ohnehin in absehbarer Zeit eingeleitet.[32] Die Beschwerde besiegelte diesen Schritt lediglich. Das Prüfungsverfahren, wenn auch noch inoffiziell, begann.

Das Ringen um die angemessene rechtliche Bewertung des Gesetzes

In Deutschland, allen voran bei niedersächsischer Landesregierung und VW-Betriebsrat, stieß die Einleitung des Prüfungsverfahrens auf wenig Begeisterung (Interviews XI, XII, XIII). Schließlich sei VW das »deutscheste aller Unternehmen« und wer »zur Befriedigung einzelner Profitinteressen Hand an das VW-Gesetz legen wolle, der ›gehe an die nationale Identität‹«, so Niedersachsens Ministerpräsident Gabriel.[33]

> Das VW-Gesetz hat vierzig Jahre funktioniert, es gab kaum Gesetzesänderungen daran und es hat sich nicht einmal jemand darüber beschwert. Und dann kommt so eine Gesellschaft, keine normale Bank, sondern so ein Hedgefonds, der schnell Geld machen will, und tritt ein Verfahren bei der EU-Kommission los. Und von denen sollen wir uns dann hier ohne triftigen Grund an den Pranger stellen lassen? Das ist natürlich schon ärgerlich.
> (Interview VIII, Niedersächsische Staatskanzlei)

Land und VW-Arbeitnehmer wurden dabei von der SPD-geführten Bundesregierung unterstützt. Schließlich sei das Gesetz »eine Garantie gegen feindliche Übernahmen und eine Garantie dafür, dass sozialverträglich bei VW weitergearbeitet wird, so wie das seit der Nachkriegszeit ist« (Interview V, Bundesregierung). Bundeskanzler Schröder, der bis 1998 selbst niedersächsischer Ministerpräsident war, gab sich auch öffentlich kämpferisch: »Wer diese Kultur zu zerschlagen sucht, der muss mit dem Widerstand der Bundesregierung rechnen, jedenfalls so lange, wie wir etwas zu sagen haben.«[34] Dementsprechend war es »sicherlich eine historisch günstige Situation«, dass der Bundeskanzler aufgrund seiner niedersächsischen Vergangenheit die Bedeutung VWs nicht nur für Niedersachsen, sondern auch für ganz Deutschland erkannte und die bisherige Konstellation im Unternehmen erhalten wollte (Interview V, Bundesregierung).

Die deutsche Verteidigungskoalition bemühte sich im Folgenden darum, die Kommission von der Vereinbarkeit des VW-Gesetzes mit europäischem Recht zu überzeugen und somit die Einleitung eines offiziellen Vertragsverletzungsverfahrens zu verhindern (Interviews XII, XIII, XIV):

---

32 Financial Times Deutschland, 11. September 2001, S. 8.

33 Frankfurter Allgemeine Zeitung, 21. September 2001, S. 19.

34 Handelsblatt, 27. Februar 2002, S. 3; siehe auch Handelsblatt, 21. Juni 2002, S. 1: Schröder: »Unter meiner Führung wird es zu diesem Gesetz in Deutschland keine Änderung geben, und wir werden jeden bekämpfen, der über Europa eine solche Veränderung herbeiführen will.«

Wir haben versucht, dass man dies im Vorfeld ausräumen kann, dass es nicht zur Eröffnung des Vertragsverletzungsverfahrens kommt. Das ist der natürliche Verfahrensablauf. (Interview VIII, Niedersächsische Staatskanzlei)

Dabei konzentrierte man diese Überzeugungsarbeit im Wesentlichen auf das Argument, das VW-Gesetz sei keine den Goldenen Aktien vergleichbare Regelung und stelle daher auch keine Beschränkung des Kapitalverkehrs dar. Diese Position basierte im Wesentlichen auf zwei Begründungen: Erstens sei nachweisbar, dass der Handel mit VW-Aktien durch die Regelungen des VW-Gesetzes nicht beeinträchtigt werde und somit keine Erwerbsbeschränkung vorliege (Interview VIII).

Wir haben damals nachgewiesen, wie viele ausländische Aktionäre und Fonds wir haben. Und wenn die nun sehenden Auges sich, trotz des VW-Gesetzes, bei uns engagieren und investieren, dann kann das ja so schlecht nicht sein mit unserer Unternehmenskultur und unserer Governance. (Interview XIV, Volkswagen)

Und zweitens, so die Verteidiger, handele es sich beim VW-Gesetz keinesfalls um ein staatliches Sonderrecht, sondern um eine allgemeine und damit reguläre Unternehmenskontrollregelung (Interviews V, VIII).

Es gab keinerlei objektiven Nachweis eines Missbrauchs, eines privilegierten Verhältnisses oder irgendeines Sonderrechtes für den Staat. Deswegen haben wir immer argumentiert, diese Rechtsprechung zu Goldenen Aktien ist überhaupt nicht übertragbar auf das VW-Gesetz. (Interview XIV, Volkswagen)

Vielmehr bestehe das Gesetz aus Bestimmungen, die für alle Aktionäre gleichermaßen gelten. Von der Sperrminorität etwa profitiere jeder Investor, der 20 Prozent der Aktien hält.[35] Solche allgemeinen Gestaltungsrechte im Aktienrecht seien aber in Europa nicht verboten (Interview VIII):

Es gibt keine europäische Richtlinie, die vorschreibt, wie man seine internen Stimmrechtsbeschränkungen definiert, und auch das deutsche Aktiengesetz verbietet es nicht. An sich verbietet das KonTra-Gesetz einiges in Deutschland an Gestaltungsrechten, aber das VW-Gesetz als Lex Specialis, also soweit konnten wir nichts feststellen, verstößt nicht gegen EU-Recht. Dementsprechend ist es erlaubt. (Interview XIV, Volkswagen)

Und eben weil dieser Bereich des Gesellschaftsrechts nicht harmonisiert sei, könne die Kommission auch nicht gegen das VW-Gesetz vorgehen (Interview VI). Würde sie dies dennoch tun, so bedeutete dies,

über die Hintertür faktisch nicht vorhandene Kompetenzen qua EuGH doch noch zu bekommen. Dann hätten aber viele andere Bereiche, wir haben da eine ganze Reihe von Beispielen

35 Dies bedeutete zudem, dass das Land Niedersachsen wie ein privater Investor am Kapitalmarkt Aktien kaufen musste, um seinen 20-Prozent-Anteil zu erhalten.

aufgelistet, bei der gleichen Auslegung auch aufgebrochen werden müssen. Aber das ist natürlich eine politisch gar nicht vorstellbare Frage. So, und das haben wir eben deutlich gemacht und haben gesagt, dass etwas, das komplett in der Zuständigkeit der Bundesregierung ist, wo alle europäischen Harmonisierungsversuche gescheitert sind, auch nicht über die Hintertür des EuGH mit den Grundfreiheiten durchgesetzt werden dürfe. (Interview XIV, Volkswagen)

Angesichts dieser über den Fall hinausweisenden Brisanz hofften die Verteidiger, dass die Kommission sich nicht trauen würde, weiter gegen das VW-Gesetz vorzugehen. Denn, so die Einschätzung,

allgemeine Regelungen im nationalen Aktienrecht hätte die Kommission nie angreifen können, da sonst massiver Widerstand von etlichen Mitgliedstaaten gekommen und der Vorschlag politisch sofort tot gewesen wäre. (Interview VII, Deutschland, Bundesebene)

Mit diesen Einwänden versuchten die Deutschen, eine Mehrheit in der Kommission für sich zu gewinnen. Zwar gelang es den Verteidigern nicht, den federführenden Kommissar, Binnenmarktkommissar Bolkestein, von ihrer Position zu überzeugen. Schon im Frühjahr 2002, also zu Beginn der Auseinandersetzung, stellte dieser klar:

Das VW-Gesetz ist mit meiner Vision eines europäischen integrierten Finanzmarktes nicht vereinbar. [Denn für] eine Marktwirtschaft der Aktionäre müssen auch die Hürden für Unternehmensübernahmen fallen. Dabei ist in Deutschland das VW-Gesetz das Haupthindernis.[36]

Dennoch waren die Argumente der Verteidiger tragfähig genug, um innerhalb der Kommission einige Unterstützer für ihre Auffassung zu gewinnen. Gerade das Argument, beim VW-Gesetz handele es sich nicht um eine Goldene Aktie und die Gefahr einer Kompetenzüberschreitung sei gegeben, fand bei einigen in der Kommission Anklang (Interview XIV). Die Unterstützung für die Verteidigerposition war sogar so groß, dass sich zahlreiche Kommissare, darunter nicht nur die beiden deutschen Kommissare Schreyer und Verheugen, sondern auch die Kommissare Lamy (Frankreich), Fischler (Österreich) und de Palacio (Spanien) öffentlich gegen Bolkestein stellten.[37] Aufgrund dieser Uneinigkeit innerhalb der Kommission verzögerte sich der Beschluss zur Eröffnung des Vertragsverletzungsverfahrens erheblich (Interview I, XIV).

Ab Herbst 2002 begann sich jedoch abzuzeichnen, dass die Gegner des VW-Gesetzes in der Kommission weiterhin auf die offizielle Einleitung eines Vertragsverletzungsverfahrens drängen würden.[38] Dazu dürften auch die ers-

36 Frankfurter Allgemeine Zeitung, 15. März 2002, S. 19.

37 Frankfurter Allgemeine Zeitung, 6. März 2003, S. 13; Financial Times Deutschland, 6. März 2003, S. 11.

38 Frankfurter Allgemeine Zeitung, 30. September 2002, S. 13; Financial Times Deutschland, 4. Oktober 2002, S. 13.

ten drei Entscheidungen des EuGH in Sachen Goldene Aktien vom Juni 2002 beigetragen haben. Zwar hatte Niedersachsens Ministerpräsident betont, dass diese Urteile »inhaltlich nichts mit VW zu tun« hätten,[39] doch ein Mitarbeiter Bolkesteins verkündete schon hier, man werde »ein Vertragsverletzungsverfahren gegen das Volkswagengesetz einleiten«, sollte »der EuGH in unserem Sinne entscheiden«.[40]

Dennoch verschob Bolkestein die Verfahrenseröffnung über den Termin der im Februar 2003 anstehenden niedersächsischen Landtagswahl hinaus. Es sollte der Eindruck vermieden werden, dass man möglicherweise die Wahl beeinflussen könnte. Außerdem wollte der Kommissar den Fall auch mit der künftigen Landesregierung erörtern, in der Hoffnung, hier möglicherweise auf mehr Entgegenkommen zu treffen (Interview VIII). Als sich nach dieser Wahl jedoch abzeichnete, dass sich – trotz der Abwahl der bisherigen SPD-geführten Landesregierung – an der Abwehrhaltung Deutschlands nichts ändern würde, drängten die Gegner des Gesetzes innerhalb der Kommission, allen voran Bolkestein, auf die Einleitung eines Vertragsverletzungsverfahrens.[41]

Ein erster Anlauf hierzu scheiterte Anfang März 2003 noch, da sich keine Mehrheit für Bolkesteins Antrag fand.[42] Allerdings wurde das Vorhaben nicht fallengelassen, sondern lediglich vertagt. Einige juristische Aspekte, auf die sich der Antrag stützte, sollten nochmals eingehender überprüft werden und auch die Möglichkeit eines Kompromisses zur Beilegung der Streitigkeiten sollte ausgelotet werden.[43] Doch die daraufhin eingeleiteten Versuche zur Aushandlung eines Kompromisses verliefen ergebnislos. Zwar bot Niedersachsen an, das Entsenderecht für die staatlichen Aktionäre zu streichen (Interviews I, XIV),[44] doch dieses »Minimalangebot«[45] (Interview VII) vermochte Bolkestein nicht zu überzeugen. Zwar sei das VW-Gesetz keine Goldene Aktie, so der Kommissar, aber in »der Wirkung läuft es [...] auf das gleiche hinaus. Es stellt sicher, dass

39 Süddeutsche Zeitung, 5. Juni 2002, S. 23.

40 Frankfurter Allgemeine Zeitung, 28. Februar 2002, S. 18.

41 Frankfurter Allgemeine Zeitung, 26. Februar 2003, S. 9; Handelsblatt, 26. Februar 2003, S. 5; Handelsblatt, 27. Februar 2003, S. 5; Financial Times Deutschland, 27. Februar 2003, S. 12.

42 Frankfurter Allgemeine Zeitung, 6. März 2003, S. 13; Handelsblatt, 6. März 2003, S. 4; Financial Times Deutschland, 6. März 2003, S. 11.

43 Financial Times Deutschland, 6. März 2003, S. 11.

44 Financial Times Deutschland, 20. März 2003, S. 17. Ähnliche Kompromissangebote der Mitgliedstaaten, einzelne Elemente der fraglichen Rechtsbestimmungen zu streichen oder neu zu formulieren, waren auch bei den anderen Sonderrechtsstreitigkeiten zu beobachten. Und auch diese sind allesamt erfolglos geblieben (siehe dazu Kapitel 5.2).

45 Minimalangebot auch deshalb, weil Niedersachsen aufgrund seiner faktischen Beteiligungshöhe von 20 Prozent nach allgemeinem deutschen Aktienrecht ohnehin zwei Mandate im Aufsichtsrat zugestanden hätten. Die Streichung der Entsenderechte hätte faktisch überhaupt keine Veränderung der Unternehmenskontrollsituation bei VW bewirkt.

das Unternehmen in deutschen Händen bleibt«.[46] Folglich könne ein »Kompromiss« nur in der »Abschaffung des Gesetzes« bestehen.[47]

»Das ist ja kein Kompromiss. Und ja, da waren die Vergleichsverhandlungen, wie wir sie genannt haben, sehr schnell beendet« (Interview VIII, Niedersächsische Staatskanzlei). Erschwerend kam außerdem hinzu, dass die deutsche Seite »praktisch gar nichts Sinnvolles anbieten konnte«, schließlich wollte hier niemand »als der dastehen, der den schwarzen Peter für die Abschaffung des VW-Gesetzes in der Hand hält« (Interview VII, Deutschland, Bundesebene).

Ende März 2003 unternahm Bolkestein schließlich einen erneuten Versuch, einen Beschluss zur Eröffnung eines Vertragsverletzungsverfahrens durchzusetzen. Diesmal mit Erfolg: Die Kommissare diskutierten zwar erneut, ob und inwiefern das VW-Gesetz eine Beschränkung des Kapitalverkehrs darstellen könnte, einigten sich schließlich aber dennoch darauf, das Verfahren einzuleiten.[48] Zugleich machten sie deutlich, dass eine einvernehmliche Lösung des Streits angestrebt werden sollte:

> [T]he Commission decided to send the German authorities a letter of formal notice, on the understanding that this opening stage of the proceedings was aimed at introducing a structured dialogue between the Commission and the German authorities, in order to reach an amicable solution as far as possible.[49]

Einen Tag nach diesem Beschluss wurden die Deutschen in einem Schreiben offiziell von den Bedenken der Kommission unterrichtet und aufgefordert, zu diesen Vorwürfen innerhalb von zwei Monaten Stellung zu beziehen.[50] Die in diesem Brief dargelegten Bedenken der Kommission gegen das VW-Gesetz beruhten grundsätzlich auf denselben Argumenten, die sich die Kommission im Fall der Goldenen Aktien zu eigen gemacht und vom EuGH mittlerweile weitgehend bestätigt bekommen hatte. Demnach seien einige Bestimmungen des VW-Gesetzes dazu geeignet, die Beteiligung an Kontrolle und Verwaltung des Unternehmens für Investoren aus anderen Mitgliedstaaten einzuschränken, was diese vom Erwerb von Aktien und Investitionen in das Unternehmen abhalten könnte. Dadurch drohe das VW-Gesetz den freien Kapitalverkehr »illusorisch« zu machen.[51] Diese mögliche Vertragsverletzung ergebe sich aus zwei Gründen:

46 Frankfurter Allgemeine Zeitung, 14. März 2003, S. 13.

47 Ebd.

48 Frankfurter Allgemeine Zeitung, 20. März 2003, S. 13; Handelsblatt, 20. März 2003, S. 6; Financial Times Deutschland, 20. März 2003, S. 17.

49 Minutes of the 1605th meeting of the Commission, 19 March 2003, PV(2003)1605 final, Brüssel, 26. März 2003, S. 13.

50 Aufforderungsschreiben, Vertragsverletzung-Nr. 2001/54, SG(2003)D/220127, Brüssel, 20. März 2003.

51 Ebd.: S. 8.

- Erstens resultiere aus dem »Zusammenwirken der 20%-Sperrminorität und des 20%igen Höchststimmrechts« eine Sonderstellung für den Aktionär Niedersachsen, die diesem »gegenüber allen anderen – gegenwärtigen oder potenziellen – Volkswagen-Aktionären besondere Befugnisse einräumt«.[52] Daher könnten diese Bestimmungen »für potentielle Investoren abschreckend« erscheinen und folglich »eine Beschränkung der Direktinvestitionen innerhalb der EU darstellen sowie die Ausübung der in Artikel 56 und 43 EG-Vertrag garantierten Grundfreiheiten behindern«.[53] Zwar sei diese Beschränkung nicht diskriminierend, aber gemäß der ständigen Rechtsprechung des EuGH müssten auch solche Regelungen, die die Ausübung der EU-Grundfreiheiten lediglich behindern oder weniger attraktiv machen, durch zwingende Gründe des Allgemeininteresses gerechtfertigt sowie angemessen und verhältnismäßig sein. Doch da »zwingende Gründe des Allgemeininteresses bisher von deutscher Seite nicht vorgebracht wurden, kann die Kommission die zusätzlichen Voraussetzungen der möglichen Angemessenheit und Verhältnismäßigkeit dieser Regelungen nicht beurteilen«.[54]
- Zweitens bemängelte die Kommission das Entsenderecht für Bund und Land. Anders als die beiden Stimmrechtsregelungen sei dies ein explizites Sonderrecht zugunsten des Staates, welches andere Aktionäre benachteilige. Auch dies wirke sich potenziell attraktivitätsmindernd aus, da die staatlichen Vertreter hierdurch »das Abstimmungsverhalten in eine bestimmte Richtung beeinflussen« könnten.[55] Und auch hier sei die Rechtfertigung fraglich.

An dieser juristischen Argumentation wird deutlich, warum sich die kommissionsinternen Gegner des VW-Gesetzes schließlich durchsetzen konnten. Zum einen war die Beanstandung des Entsenderechts sehr einfach, da dies ein explizites Sonderrecht zugunsten des Staates darstellte und der EuGH in seinen ersten Urteilen zu Goldenen Aktien solche klaren staatlichen Privilegierungen bereits als problematisch eingestuft hatte. Tatsächlich war die Beanstandung des Entsenderechts innerhalb der Kommission auch nicht umstritten (Interview I). Zum anderen wurde das Problem, auf das die deutschen Verteidiger so vehement hingewiesen hatten und für das sie auch erhebliche Unterstützung in der Kommission fanden, geschickt umgangen. Statt Höchststimmrecht und Sperrminorität jeweils für sich zu bemängeln, was als ein kompetenzüberschreitender Angriff auf allgemeines Aktienrecht verstanden worden wäre, wurde lediglich

52 Ebd.: S. 6.

53 Ebd. Artikel 56 EG-Vertrag bezeichnet die Kapitalverkehrsfreiheit (heute Artikel 63 AEUV), Artikel 43 EG-Vertrag die Niederlassungsfreiheit (heute Artikel 49 AEUV).

54 Ebd.

55 Ebd.: S. 7.

die von ihrer Kombination ausgehende Wirkung als problematisch eingestuft. Damit war die Argumentation auf den konkreten Fall VW-Gesetz begrenzt:

Die Kommission hatte eine ganz schwierige Argumentation beim VW-Gesetz, weil es eine allgemeine Regelung war, die nicht als Goldene Aktie zugunsten des Staates wirkte. Das Höchststimmrecht etwa galt ganz allgemein für jeden Anteilseigner, der 20 Prozent hat. Also musste die Kommission jetzt einen Weg finden, wie sie argumentativ trotzdem ansetzen konnte, ohne andere allgemeine Regelungen in Europa mit anzugreifen. Denn dann wäre es [das Vertragsverletzungsverfahren] politisch nicht durchsetzbar gewesen. Als Beispiel sind Mehrstimmrechte zu nennen oder Höchststimmrechte in anderen Ländern, die dort existieren und zulässig sind. Wo also liegt der Unterschied beim VW-Gesetz? Da haben sie lange darüber nachgedacht und haben gesagt, Mehrstimmrechte, Höchststimmrechte im allgemeinen Aktienrecht sind nicht zu beanstanden. Das VW-Gesetz ist deshalb anders, haben sie argumentiert, weil es gegenüber dem allgemeinen Aktienrecht eine Sonderregelung ist. Die ist zwar auch allgemein formuliert, aber es ist eine Sonderregelung gegenüber dem allgemeinen Aktienrecht. So kamen sie argumentativ aus der politischen Bredouille heraus, ähnliche Vorschriften in anderen Ländern dann ja auch angreifen zu müssen. Also haben sie so differenziert. Das war die Strategie, die argumentative Strategie. (Interview VII, Deutschland, Bundesebene)

In Deutschland ließ man sich auch von der offiziellen Einleitung des Vertragsverletzungsverfahrens, was zu einer Verschärfung der Auseinandersetzung führte, nicht beirren. Unvermindert hielt man an der Position, wonach das VW-Gesetz zweifellos europarechtskonform sei, fest. Niedersachsens neu gewählter Ministerpräsident Wulff etwa gab sich vor dem niedersächsischen Landtag optimistisch, dass man den Fortgang des Verfahrens würde abwenden können:

Die Diskussionen mit der EU-Kommission haben ergeben, dass jede einzelne beanstandete Regelung für sich nicht mehr als problematisch gilt, dass es lediglich noch darum geht, dass die Gesamtschau der einzelnen Punkte eine Beeinträchtigung des Kapitalverkehrs darstelle, also eine abschreckende Wirkung habe. Wir werden den Nachweis führen, dass dem nicht so ist. Es gibt die 20-prozentige Höchststimmrechtbeschränkung auch in anderen Ländern Europas. Es gibt die Festsetzung einer qualifizierten Hauptversammlungsmehrheit von über 80 % auch in anderen EU-Ländern. [...] Das Land hat ein Entsenderecht für zwei Aufsichtsratsmandate. Bereits nach unserem stimmberechtigten Kapital [von etwa 20 %] stünde uns mindestens ein solches Quorum von zwei Sitzen zu. Damit ist auch dies EU-rechtskonform. [...] Wir haben also gute Karten. Vielleicht schaffen wir es in den nächsten Monaten [...], dass es nicht zu einem weiteren Fortgang des Verfahrens kommt, sondern das Verfahren beendet wird.[56]

Dieses Festhalten am VW-Gesetz wurde nicht nur vom niedersächsischen Landtag fraktionsübergreifend begrüßt,[57] sondern war eine Positionierung, die auch alle bisherigen Verteidiger teilten. Im Juni 2003 übermittelte Deutschland daher

56 Niedersächsischer Landtag, Stenografischer Bericht, 15. Wahlperiode, 3. Sitzung, 2. April 2003, S. 181f.

57 »Alle Fraktionen des Niedersächsischen Landtages unterstützen deshalb mit großem Nachdruck die intensiven Bemühungen der Landesregierung, gemeinsam und in enger Abstimmung mit

der Kommission ihr Antwortschreiben, in dem die wesentlichen, bereits zuvor geäußerten Punkte dargelegt wurden.[58] Demnach sei die deutsche Seite nach wie vor von der Vereinbarkeit des VW-Gesetzes mit europäischem Recht überzeugt, da weder das Gesetz selbst noch die »tatsächlichen Auswirkungen« eine Beeinträchtigung der Kapitalverkehrsfreiheit erkennen lassen würden:[59] Es läge keine Diskriminierung vor und eine Begünstigung der öffentlichen Hand sei ebenfalls nicht ersichtlich, weshalb die vermeintliche Analogie mit den Goldenen Aktien fehlgehe.[60] Die von der Kommission bemängelten Bestimmungen seien vielmehr reguläre Instrumente des Gesellschaftsrechts und daher nicht zu beanstanden. Das Argument, wonach sich aus dem Zusammenwirken von Höchststimmrecht und Sperrminorität eine Beschränkung ergebe, sei »höchst problematisch«.[61] Denn wenn zwei Regelungen, die für sich genommen keine Verstöße darstellen, aber in der Kombination rechtswidrig wären, dann bliebe »unvorhersehbar, an welchem Punkt die Rechtmäßigkeit in Rechtswidrigkeit umschlägt«.[62] Zudem zeige auch die Entstehungsgeschichte des Gesetzes, dass hierdurch »keine Privilegierung der an dem Unternehmen beteiligten öffentlichen Hand gegenüber den anderen Anteilseignern« verfolgt worden sei.[63] Vielmehr sei das Gesetz ein »sorgsam austarierte[r] Interessenausgleich zwischen allen Beteiligten«, der allen Aktionären ermögliche, »aktiv an der Verwaltung und Kontrolle des Unternehmens teilnehmen« zu können.[64]

Im November 2003 meldete die Presse, dass die juristische Prüfung der deutschen Stellungnahme durch die Kommission die Bedenken nicht habe ausräumen können.[65] »Ich persönlich bin nicht zufrieden mit der Antwort, die die Kommission von Deutschland erhalten hat«, kommentierte Bolkestein den Ausgang der Prüfung.[66] Daher erwäge er, darauf zu drängen, dass auch die zweite Stufe des Vertragsverletzungsverfahrens eingeleitet werde. Dann wäre Deutschland ultimativ zur Abschaffung oder Änderung des Gesetzes aufgefordert. Unklar war

der Bundesregierung das Fortbestehen des VW-Gesetzes zu sichern.« (Niedersächsischer Landtag, 15. Wahlperiode, Drucksache 15/93)

58 Pressemitteilung des Bundesjustizministeriums, »Bundesregierung nimmt zu VW-Gesetz Stellung«, Berlin, 23. Juni 2003.

59 Ebd.

60 Ebd.

61 Börsen-Zeitung, 21. Juni 2003, S. 9.

62 Ebd.

63 Pressemitteilung des Bundesjustizministeriums, »Bundesregierung nimmt zu VW-Gesetz Stellung«, Berlin, 23. Juni 2003.

64 Ebd.

65 Frankfurter Allgemeine Zeitung, 27. November 2003, S. 14; Frankfurter Allgemeine Zeitung, 28. November 2003, S. 12; Frankfurter Allgemeine Zeitung, 29. November 2003, S. 10; Financial Times Deutschland, 1. Dezember 2003, S. 12.

66 Frankfurter Allgemeine Zeitung, 28. November 2003, S. 12.

zu diesem Zeitpunkt jedoch, ob der Binnenmarktkommissar erneut eine Mehrheit innerhalb der Kommission für diesen Schritt zusammenbekommen würde.[67] Nach wie vor waren die deutschen Kommissare in ihrer Ablehnung gegen eine Verschärfung des Verfahrens nicht allein. Und auch Kommissionspräsident Prodi versuchte schließlich noch, angeblich auf Bitten von Bundeskanzler Schröder, die erneute Verschärfung des Streits zu stoppen.[68] Ohne Erfolg: Ende März 2004 gelang es den VW-Gesetz-Gegnern, sich in der Kommission durchzusetzen.[69] Damit war auch die vorletzte Stufe des Verfahrens eingeleitet.

Die begründete Stellungnahme, die daraufhin an Deutschland übermittelt wurde, legte den Verteidigern nochmals ausführlicher dar, warum die Bedenken gegen das VW-Gesetz nach wie vor bestanden.[70] Im Wesentlichen trat die Kommission dem Eindruck der deutschen Seite entgegen, lediglich die Kombination der drei beanstandeten Bestimmungen ergebe eine Beschränkung des Kapitalverkehrs. Vielmehr stellten auch die einzelnen Bestimmungen für sich eine Behinderung dar. Dies bedeute jedoch nicht, dass diese Instrumente als solche angegriffen werden sollten. In der Tat sei es richtig, dass Instrumente wie Höchststimmrechte »in den Gesellschaftsrechten der Mitgliedstaaten verbreitet und ohne eine entsprechende sekundärrechtliche Harmonisierung nicht zu beanstanden« sind.[71] Aber bei den Regelungen des VW-Gesetzes sei entscheidend, dass es sich hierbei um eine »gesetzliche Maßnahme« handele.[72] Denn die fraglichen Bestimmungen seien »nicht der freien Entscheidung der Aktionäre zuzuschreiben«, sondern Resultat staatlichen Handelns.[73] Die Aktionäre seien demnach – »auch gegen ihren Willen« – an die Auflagen des Gesetzes gebunden.[74] Eine solche »staatliche Behinderung« könne, entgegen der Behauptung der Deutschen, einer »privat/gesellschaftsrechtlichen Behinderung« daher nicht gleichgestellt werden.[75] Dieses Argument der Kommission beruhte auf dem gerade im Mai 2003 ergangenen Urteil zur Goldenen Aktie bei der British Airport Authority.[76] Hier hatte die britische Regierung eine Beschränkung der Kapitalverkehrsfreiheit bestritten, mit dem Verweis, dass es sich um eine satzungsmä-

67 Handelsblatt, 16. Januar 2004, S. 6; Frankfurter Allgemeine Zeitung, 28. Januar 2004, S. 11; Handelsblatt, 28. Januar 2004, S. 3.

68 Financial Times Deutschland, 28. Januar 2004, S. 12.

69 Frankfurter Allgemeine Zeitung, 31. März 2004, S. 11; Handelsblatt, 31. März 2004, S. 5.

70 Mit Gründen versehene Stellungnahme, Vertragsverletzung-Nr. 2001/54, SG-Greffe (2004) D/201309, Brüssel, 1. April 2004.

71 Ebd.: S. 3.

72 Ebd.: S. 4.

73 Ebd.: S. 5.

74 Ebd.

75 Ebd.: S. 6.

76 Siehe Kapitel 5.3 für Details dieser Entscheidung.

ßige Regelung handele. Der Gerichtshof hatte dies nicht gelten lassen: Es sei unerheblich, mit welchen rechtlichen Mitteln das Sonderrecht zugunsten des Staates verbrieft werde.[77] Indem die Gegner des VW-Gesetzes also durch ein Urteil des EuGH gestärkt wurden, waren sie nunmehr besser in der Lage, auf ihrem Beschränkungsvorwurf zu beharren.[78] Und da die Deutschen nach wie vor keine Argumente zu einer möglichen Rechtfertigung vorgetragen hatten und die Kommission ihrerseits auch keine solchen Gründe erkennen mochte,[79] forderte die Brüsseler Behörde Deutschland zur Aufhebung oder entsprechenden Anpassung des VW-Gesetzes auf.

Die deutschen Verteidiger reagierten entsprechend enttäuscht auf diese Unnachgiebigkeit der Kommission. In einem an die Presse versandten Brief schrieb Niedersachsens Ministerpräsident Wulff:

> Wie im Mahnschreiben vermag m.E. die Kommission auch in der begründeten Stellungnahme nicht darzulegen, warum diese Regelungen im VW-Gesetz im Einzelnen und in ihrer Kombination einen Verstoß gegen die Bestimmungen des EG-Vertrages darstellen sollen. Ich hätte mir eine vertiefte Auseinandersetzung mit den Argumenten, die die Bundesregierung in Beantwortung des Mahnschreibens dargelegt hat, gewünscht.[80]

Demnach verwundert es kaum, dass auch das offizielle Antwortschreiben der Bundesregierung keinerlei Entgegenkommen signalisierte. Es gebe »auch unter Berücksichtigung« der in der begründeten Stellungnahme »vorgetragenen Argumente keinen Grund zu der Annahme«, das VW-Gesetz verstoße gegen die Kapitalverkehrsfreiheit.[81] Man bleibe dabei, dass die von der Kommission beanstandeten Regelungen rechtmäßig seien und es den Mitgliedstaaten überlassen bleibe, diese einzuführen oder auch nicht.[82] Daran könne auch das Zusammenspiel der Regelungen oder die Tatsache, dass es sich um gesetzliche Bestimmungen handele, nichts ändern.[83] Die Mitgliedstaaten seien sehr wohl zu Sonderregelungen befugt und das Europäische Recht sei nicht dafür gemacht,

77 Ebd.

78 Dass das Urteil gegen die britische Sonderregelung die Position der VW-Gesetz-Gegner innerhalb der Kommission gestärkt hatte, äußerten sie auch sofort nach dem Richterspruch (Handelsblatt, 14. Mai 2003, S. 6; Financial Times Deutschland, 14. Mai 2003, S. 9).

79 Mit Gründen versehene Stellungnahme, Vertragsverletzung-Nr. 2001/54, SG-Greffe(2004) D/201309, Brüssel, 1. April 2004, S. 7.

80 »VW-Gesetz: Vertragsverletzungsverfahren«, Schreiben des niedersächsischen Ministerpräsidenten Christian Wulff, 14. Juli 2004.

81 Pressemitteilung des Bundesjustizministeriums, »Bundesregierung bekräftigt Haltung zum VW-Gesetz«, Berlin, 12. Juli 2004.

82 Ebd.

83 »VW-Gesetz: Vertragsverletzungsverfahren«, Schreiben des niedersächsischen Ministerpräsidenten Christian Wulff, 14. Juli 2004, S. 4.

einheitliches Recht in den Mitgliedstaaten zu schaffen.[84] Des Weiteren bleibe man bei der Auffassung, wonach die Rechtsprechung des EuGH zu Goldenen Aktien hier nicht angewendet werden könne.[85] Daran ändere auch das Urteil zur Sonderaktie bei der British Airport Authority nichts. Schließlich habe es sich hierbei um ein explizites Sonderrecht zugunsten des Staates gehandelt, welches auf die Beschränkung des Erwerbs von Unternehmensanteilen ziele. Beide Sachverhalte träfen auf das VW-Gesetz jedoch nicht zu: Einerseits handele es sich um alle Aktionäre gleichermaßen betreffende Bestimmungen, die lediglich die Ausübung des Stimmrechts betreffen; andererseits werde der Erwerb von Unternehmensanteilen hier in keiner Weise behindert.[86] Dies belegten die »Performance« der VW-Aktie, die sich von anderen Aktien nicht unterscheide, sowie der hohe, über 50 Prozent liegende Anteil ausländischer Kleinaktionäre und institutioneller Anleger.[87] Daher sei davon auszugehen, dass das VW-Gesetz keinen Schaden anrichte. Vielmehr verhalte es sich umgekehrt:

> Die Regelungen des VW-Gesetzes haben sich in über 40 Jahren bewährt. Sie waren die Basis dafür, dass das Unternehmen ohne nennenswerte Konflikte gewachsen ist von einem sich selbst überlassenen Betrieb, den keiner haben wollte, zu einem ›global player‹, der in Deutschland, Europa und weltweit Zehntausende von Arbeitsplätzen geschaffen hat. Der Erhalt des sozialen Friedens und die Bewährung der besonderen Austarierung der Entscheidungsstrukturen im Unternehmen waren wesentliche Wegbereiter für diese Erfolgsgeschichte. Wir sollten deshalb das VW-Gesetz seine wohltuenden Wirkungen auch weiterhin entfalten lassen.[88]

Angesichts dieser erneuten Bekräftigung der bisherigen Position Deutschlands kündigte ein Sprecher Bolkesteins bereits bei Eingang des deutschen Antwortschreibens an, eine Klage vor dem EuGH sei nun wohl unausweichlich.[89] Er sollte Recht behalten. Die Positionen waren klar, und die juristischen Argumente lagen auf dem Tisch. Zudem war man auf deutscher Seite nicht unbedingt der Meinung, man werde vor Gericht verlieren. Man schätzte die Chancen auf »fifty-fifty vielleicht« (Interview VI). Die Möglichkeit einer einvernehmlichen Lösung zur Beilegung des Streits war inzwischen äußerst gering, und so war es kaum noch überraschend, als die Kommission im Oktober 2004 beschloss, allerdings wiederum nur mit knapper Mehrheit (Interview XIV), Deutschland vor dem EuGH zu verklagen. Die deutschen Verteidiger kritisierten diesen Entschluss zwar als »unnötig wie ein Kropf« (Niedersachsens Ministerpräsident Wulff)[90]

84 Ebd.: S. 3.
85 Ebd.
86 Ebd.
87 Ebd.: S. 4.
88 Ebd.: S. 6.
89 Handelsblatt, 13. Juli 2004, S. 4; Frankfurter Allgemeine Zeitung, 13. Juli 2004, S. 9.
90 Financial Times Deutschland, 14. Oktober 2004, S. 1.

und »völlig unverständlich« (VW-Betriebsratsvorsitzender Volkert),[91] gaben sich aber weiterhin betont optimistisch, »die Argumente der Kommission vor dem Gerichtshof entkräften zu können« (Bundesjustizministerin Zypries).[92] Damit war das politische Ringen um das VW-Gesetz vorerst beendet, und es oblag nun dem Europäischen Gerichtshof, eine Entscheidung herbeizuführen.

Dass es den Verteidigern letztlich nicht gelang, die Einschaltung des EuGH zu verhindern, ist im Wesentlichen auf drei Gründe zurückzuführen:

- Erstens gelang es den kommissionsinternen Gegnern des VW-Gesetzes, ihre rechtliche Position so zuzuschneiden, dass der Eindruck vermieden werden konnte, man greife allgemeine rechtliche Regelungen der Unternehmenskontrolle an. Da die nationalstaatliche Autonomie, die in diesem Bereich nach wie vor bestand, vehement verteidigt wurde, wäre ein zu breiter Angriff auf diesen Bereich politisch wohl nicht durchsetzbar gewesen. Daher konzentrierte man sich auf jene Regelungen des Gesetzes, aus denen sich eine staatliche Sonderstellung, ähnlich wie bei den Goldenen Aktien, konstruieren ließ.
- Zweitens konnten die kommissionsinternen Gegner des VW-Gesetzes im Zuge des Ringens um die angemessene Rechtsauslegung zunehmend auf Urteile des EuGH in Sachen Goldene Aktien zurückgreifen, da hier für den VW-Gesetz-Fall wesentliche Argumente gerichtlich bestätigt worden waren. Gerade das 2003 ergangene Urteil zum britischen Sonderrecht war eine entscheidende Hilfe.
- Und drittens war eine Kompromisslösung des Streits nicht möglich, da man in Deutschland unbedingt den Status quo erhalten wollte und daher allenfalls minimale Änderungen am VW-Gesetz akzeptieren mochte (die Streichung der Entsenderechte). Die auf deutscher Seite involvierten Akteure befürchteten derart negative innenpolitische Konsequenzen, sollten sie sich auf eine Schwächung oder gar Abschaffung des Gesetzes einlassen, dass sie gegenüber der Kommission keinerlei Zugeständnisse machen konnten.

Die Verschärfung der Auseinandersetzung in Deutschland: Porsche ante portas

In den folgenden drei Jahren, die bis zur Entscheidung des EuGH vergingen, ruhte das politische Ringen zwischen Kommission und Deutschland. Allerdings bekam die Auseinandersetzung um die Macht bei Volkswagen eine neue Dimen-

91 Frankfurter Allgemeine Zeitung, 14. Oktober 2004, S. 9.

92 Ebd. Siehe auch Financial Times Deutschland vom 13. Oktober 2004, S. 9, wo ein deutscher Regierungsbeamter mit den Worten zitiert wird, man habe vor dem EuGH »eine faire Chance, das Verfahren für [sich] zu entscheiden«.

sion, die die Verteidigerkoalition unter zusätzlichen Druck setzte: Im September 2005 gab der Stuttgarter Automobilhersteller Porsche bekannt, sich mit 20 Prozent an VW beteiligen zu wollen.[93] Diese Beteiligung hing kausal mit dem vorhergehenden politischen Streit zusammen. Denn bei Porsche rechnete man damit, dass der EuGH das VW-Gesetz verwerfen würde,[94] wodurch es dann tatsächlich zu der schon länger befürchteten feindlichen Übernahme VWs hätte kommen können. Diese Gefahr wollte Porsche aus eigenem Interesse bannen, so der Vorstandsvorsitzende Wiedeking:

> Unser Investment ist die strategische Antwort auf das Risiko einer feindlichen Übernahme von Volkswagen. Wir wollen damit im eigenen Interesse die Unabhängigkeit von VW sicherstellen. Die von uns angestrebte deutsche Lösung ist eine wesentliche Voraussetzung für eine stabile Entwicklung der Volkswagen AG und damit auch der Fortführung unserer Zusammenarbeit.[95]

Als eigenes Interesse gab Porsche vor allem die bereits bestehenden Kooperationsverbindungen zwischen beiden Unternehmen an.[96] VW sei sowohl als Lieferant als auch als technologischer Partner strategisch so bedeutsam, dass eine Übernahme und Zerschlagung des Unternehmens, etwa durch Hedgefonds, eine Gefahr für die Zukunft Porsches darstellen könne. Mit der 20-prozentigen Beteiligung wäre dieses Interesse an einer technologischen Partnerschaft langfristig abgesichert.

Bei den Verteidigern des VW-Gesetzes stieß dieses Engagement zunächst auf Wohlwollen.[97] Der Einstieg beweise, dass das Gesetz keine Beschränkung des freien Kapitalverkehrs sei (Interview VIII).[98] Zudem gewährleiste dieser Schritt eine stabile und langfristig orientierte Aktionärsstruktur bei VW. Schließlich, so Wulff, sei

> für das Unternehmen […] ein bekannter Investor mit einer klaren Strategie kalkulierbarer als ein anonymer ausländischer Finanzinvestor, der im Namen unbekannter Auftraggeber Aktien sammelt.[99]

---

93 Pressemitteilung Porsche AG, 25. September 2005; Frankfurter Allgemeine Zeitung, 26. September 2005, S. 11; Financial Times Deutschland, 26. September 2009, S. 1; Handelsblatt, 26. September 2005, S. 1.

94 Pressemitteilung Porsche AG, 25. September 2005; Financial Times Deutschland, 26. September 2009, S. 1; Handelsblatt, 26. September 2005, S. 1.

95 Frankfurter Allgemeine Zeitung, 26. September 2005, S. 11.

96 Der Spiegel, Heft 39/2005, 26. September 2005, S. 166; Frankfurter Allgemeine Zeitung, 26. September 2005, S. 11; Financial Times Deutschland, 26. September 2009, S. 1.

97 Etwa VW-Betriebsratsvorsitzender Osterloh: »Wir haben den Einstieg von Porsche immer begrüßt. […] Zusammen mit dem Land Niedersachsen haben wir zwei Ankeraktionäre, die uns vor Übernahmen schützen« (Mitbestimmung. Das Magazin der Hans-Böckler-Stiftung, 7+8/2010, S. 42ff.).

98 So auch die IG Metall (WirtschaftsWoche, 20. November 2006, S. 68).

99 Handelsblatt, 27. September 2005, S. 2.

Doch diese Einschätzung begann sich im Verlauf der folgenden Jahre nach und nach zu wandeln. Denn entgegen den ursprünglichen Ankündigungen, keine weiteren Anteile an VW erwerben zu wollen, erhöhte Porsche seine Beteiligung stufenweise immer weiter und stellte nun zunehmend offen die bisherigen Machtverhältnisse bei Volkswagen infrage. So begann das Stuttgarter Unternehmen ab Sommer 2006, nachdem die Beteiligung an VW auf über 25 Prozent geklettert war, erstmals öffentlich, das VW-Gesetz als Beschränkung der eigenen Rechte zu kritisieren und auf eine baldige Abschaffung des Gesetzes zu drängen; so äußerte ein Unternehmenssprecher von Porsche:

> Wir wollen unsere Rechte als Aktionär im vollen Umfang wahrnehmen können und prüfen, ob wir über den Generalanwalt eine Beschleunigung des Verfahrens vor dem Europäischen Gerichtshof erreichen können.[100]

Auch machte das Unternehmen die Kommission auf die vermeintliche Benachteiligung, die aus dem Gesetz entstehe, aufmerksam. In einem im September 2006 verfassten Brief schrieb der Vorstandsvorsitzende von Porsche, Wiedeking, an den Nachfolger von Bolkestein im Amt des Binnenmarktkommissars, Charlie McCreevy, dass das Argument der deutschen Verteidiger, wonach der Porsche-Einstieg die behindernde Wirkung des VW-Gesetzes widerlege, nicht zutreffend sei. Im Gegenteil:

> As a consequence of the provisions of the VW-Law, Porsche AG's freedom as the biggest independent shareholder of Volkswagen is severely restricted. […] The participation should in no way be cited as an example that the freedom of capital is not restricted by the VW-Law.[101]

Daher unterstütze Porsche die Bemühungen der Kommission in Sachen VW-Gesetz »without reservation«.[102] Damit hatte Porsche der Kommission ein weiteres Argument für ihr Vorgehen gegen die deutsche Regelung geliefert. Als im Dezember 2006 die mündliche Verhandlung des Falls vor dem EuGH stattfand, wies der Rechtsvertreter der Kommission explizit darauf hin, dass Porsche gerade nicht als Beleg für die Rechtmäßigkeit des VW-Gesetzes angeführt werden könne.[103]

Im Frühjahr 2007 fiel dann eine erste Vorentscheidung in der Auseinandersetzung um das Gesetz. In seinen Schlussanträgen plädierte der Generalanwalt dafür, dass die Richter des EuGH der Kommission Recht geben sollten.[104] Er

---

100 Handelsblatt, 4. August 2006, S. 15.

101 Brief von W. Wiedeking, Vorstandsvorsitzender Porsche AG, an Binnenmarktkommissar McCreevy, »Case 112/05: Infringement Procedure launched by the European Commission against the Federal Republic of Germany in connection with the ›VW-Law‹«, Zuffenhausen, 20. September 2006.

102 Ebd.

103 Frankfurter Allgemeine Zeitung, 13. Dezember 2006, S. 12.

104 Slg. 2007, S. I-8995, Schlussanträge des Generalanwalts vom 13. Februar 2007 in Rs. C-112/05 (VW-Gesetz).

könne zwar verstehen, dass viele Bürger in der Klage der Kommission »einen Angriff auf ein Symbol der deutschen Lebensweise« sähen.[105] Aber der europäische Integrationsprozess verlange nun einmal »eine Anpassung des Unternehmens an die neuen Zeiten«.[106] In seiner Begründung räumte er ein, dass es sich beim VW-Gesetz um keine Goldene Aktie handele, aber dies letztlich irrelevant sei. Entscheidend sei vielmehr, dass die »drei Bestimmungen die Verfügungsmacht desjenigen, der sie bereits innehat, mittels Verfahren [...] erhalten, die für die Verteidigung [...] gegen öffentliche Angebote einer feindlichen Übernahme typisch sind«.[107] Die Entsenderechte seien demnach rechtswidrig, weil sie unabhängig von der staatlichen Beteiligungshöhe eingeräumt würden. Dadurch werde aber mit der »Symmetrie zwischen der Kapitalstärke und den Alternativen der Aufsicht in einer Gesellschaft« gebrochen und somit »die Möglichkeit der anderen Investoren, ähnliche Vorteile zu erlangen«, beschränkt.[108] Höchststimmrecht und Sperrminorität kritisierte er hingegen, »da nicht die Regelungen jeweils für sich, sondern ihre Folgen eingehender Aufmerksamkeit bedürfen«.[109] Denn diese Regelungen »zementierten« eine Begünstigung der öffentlichen Hand, weil sie die Stellung der staatlichen Aktionäre »verstärken und jede Beteiligung an der Verwaltung [durch andere Anteilseigner] verhindern«.[110] Aus diesen Gründen liege beim VW-Gesetz sehr wohl eine Beschränkung des Kapitalverkehrs vor.

Schließlich verneinte der Generalanwalt auch eine mögliche Rechtfertigung dieser Beschränkung. Deutschland hatte vor Gericht »hilfsweise« noch Gründe des Schutzes von Minderheitsaktionären, Arbeitnehmern und wirtschaftspolitischen Zielen aufgeführt, um das Vorliegen von »zwingenden Gründen des Allgemeininteresses« zu belegen. Doch für den Generalanwalt war nicht ersichtlich, warum nur diese Maßnahmen die genannten Ziele gewährleisten können. Zudem sei fraglich, ob industrie-, wirtschafts- und regionalpolitische Interessen durch ein Sondergesetz, das nur für ein einzelnes Unternehmen gilt, erreicht werden könnten. Vielmehr verwechsle die

> deutsche Regierung [...] das Allgemeininteresse mit den Interessen des Landes Niedersachsen und ihren eigenen an einer guten Geschäftsentwicklung, die berechtigt und verständlich sind, wenn man die Größe des Unternehmens berücksichtigt, dessen Fabriken über das ganze Land verteilt sind und das sehr viele Arbeitnehmer beschäftigt.[111]

105 Ebd.: Rnr. 2.
106 Ebd.: Rnr. 97.
107 Ebd.: Rnr. 55.
108 Ebd.: Rnr. 72.
109 Ebd.: Rnr. 81.
110 Ebd.: Rnr. 89.
111 Ebd.: Rnr. 102.

Bestärkt durch dieses Plädoyer des Generalanwalts, erhöhte Porsche seinen VW-Anteil erneut auf etwas mehr als 30 Prozent.[112] Bei Porsche rechnete man fest mit dem Fall des VW-Gesetzes. Schließlich habe der EuGH in den bisherigen Urteilen zu Goldenen Aktien einen »außerordentlich weite[n] Schutzbereich« der Kapitalverkehrsfreiheit erkannt,[113] was darauf hinauslaufe, dass eine Regelung bereits dann als Vertragsverstoß gilt, wenn »ein bestimmtes Anlageprodukt in gewissem Umfang rechtlich verschlossen bleibt oder gar nur faktisch weniger attraktiv gemacht wird«.[114] Zwar könnten hierfür mehrere Rechtfertigungsgründe geltend gemacht werden, die von der Bundesregierung für das VW-Gesetz angeführten Gründe seien allerdings angesichts der bisherigen Urteilslage nicht überzeugend.[115]

Porsche kalkulierte also zunehmend fest mit dem Wegfall des VW-Gesetzes, und es begann sich anzudeuten, dass das Stuttgarter Unternehmen mehr als nur eine »technologische Partnerschaft« und Minderheitsbeteiligung anstrebte. Darauf wiesen auch die im Frühjahr 2007 eingeleiteten Maßnahmen zur Restrukturierung der eigenen Unternehmensstruktur hin. Um das um die VW-Beteiligung vergrößerte Unternehmen in Zukunft besser verwalten zu können, sollte der Konzern in eine Holding europäischen Rechts (das heißt in eine Europäische Aktiengesellschaft [SE]) umgewandelt werden.[116] Die verschiedenen Unternehmensbeteiligungen, etwa an der Porsche AG (100 Prozent Anteilsbesitz) oder an Volkswagen (zum Zeitpunkt des Beschlusses etwa 30 Prozent Anteilsbesitz), sollten dann von dieser Holding aus kontrolliert werden. Um die Mitbestimmung in dieser Holding zu regeln, wurde im Mai 2007 entsprechend den Vorgaben zur Gründung einer SE zwischen Porsche-Arbeitgeberseite und Porsche-Betriebsrat ein Gremium zur Aushandlung der Arbeitnehmer-Mitbestimmung in der neuen Holding eingerichtet. Im Juni 2007 wurden diese Verhandlungen abgeschlossen. In Zukunft sollte ein zwölfköpfiger Aufsichtsrat an der Konzernspitze stehen, der je zur Hälfte aus Vertretern der Kapital- beziehungsweise Arbeitnehmerseite besetzt sein würde.[117]

---

112 »Das Schlüsseldatum ist der 13. Februar. Damals hat der Generalanwalt des Europäischen Gerichtshofs erklärt, dass das VW-Gesetz nach Europarecht rechtswidrig sei«, so ein Sprecher Porsches (Frankfurter Allgemeine Zeitung, 26. März 2007, S. 16).

113 Angebotsunterlage, Pflichtangebot der Porsche AG an die Aktionäre der Volkswagen AG, Stuttgart, 26. April 2007, S. 21.

114 Ebd.

115 Ebd.

116 Frankfurter Allgemeine Zeitung, 26. März 2007, S. 16; Handelsblatt, 26. März 2007, S. 11.

117 Für Details siehe den Beschluss des Arbeitsgerichts Stuttgart, Aktenzeichen 12 BV 109/07, vom 29. April 2008, S. 5f.

Schnell realisierte der VW-Betriebsrat die Brisanz dieser Entscheidung, weshalb er sogleich versuchte, gegen diese Vereinbarung vorzugehen.[118] Denn die Mitbestimmungsvereinbarung lief darauf hinaus, dass bei einer vollständigen Übernahme VWs durch Porsche die Arbeitnehmervertreter von VW – die eine erheblich größere Belegschaft vertraten als die Porschevertreter – lediglich dieselbe Vertreteranzahl im Aufsichtsrat stellen würden wie jene von Porsche. Der ungewöhnlich große Einfluss des VW-Betriebsrates, seine Rolle als »Co-Manager« und Garant des sozialen Ausgleichs im Unternehmen, wäre – so die Befürchtung – dahin. Nachdem im September 2007 Gespräche zur Aushandlung einer einvernehmlichen Lösung scheiterten, begann der VW-Betriebsrat schließlich gerichtlich gegen die Mitbestimmungsvereinbarung vorzugehen.[119] Aus Sicht der VW-Arbeitnehmervertreter lag die Schuld dafür allein bei Porsche, schließlich hatte sich der Vorstandsvorsitzende des Stuttgarter Unternehmens inzwischen ganz offen gegen die Machtverhältnisse bei Volkswagen positioniert:

> Wir sind heute bei VW in der Rolle eines Großaktionärs. Sollten wir jedoch eines Tages ein Konzern sein, werden sicherlich einige Themen auf die Tagesordnung kommen. [...] Da darf es keine heiligen Kühe geben, denn die gibt es auch bei Porsche nicht.[120]

Dies empfand man beim VW-Betriebsrat als »Kampfansage«,[121] die darauf ziele, »eine angemessene Vertretung der VW-Belegschaft aus[zu]schalten«.[122] Auch bei der IG Metall zeigte man sich enttäuscht, so der Erste Vorsitzende der IG Metall, Peters, im »Spiegel«:

> Der Verdacht liegt nahe, dass ein Unternehmen, das VW vielleicht irgendwann einmal beherrschen wird, mit Hilfe einer Mitbestimmungsvereinbarung in großer Eile versucht, eine Struktur zu zimmern, bei der VW-Arbeitnehmervertreter in bestimmten Gremien eingeschränkt oder gar rausgehalten werden. Das ist nicht in Ordnung. [...] Man kann eine so große Belegschaft wie die von VW nicht in der Weise aus den Gremien fernhalten wollen. Sie muss angemessen berücksichtigt werden. Deshalb unterstütze ich den VW-Gesamtbetriebsratsvorsitzenden.[123]

Im Oktober 2007, kurz bevor der EuGH schließlich sein Urteil zum VW-Gesetz fällte, bahnte sich also eben jenes Szenario an, welches man seit der Jahrtausendwende bei Volkswagen so fürchtete – eine feindliche Übernahme und damit die Zerschlagung der besonderen Machtverhältnisse im Unternehmen. Porsche war zwar kein Investor, der nach schnellem Gewinn trachtete (wie der Hedgefonds,

---

118 Ebd.: 7ff.

119 Handelsblatt, 24. September 2007, S. 14.

120 Frankfurter Allgemeine Zeitung, 7. September 2007, S. 22.

121 Interview mit VW-Betriebsratsvorsitzenden Osterloh, in: Mitbestimmung. Das Magazin der Hans-Böckler-Stiftung, 7+8/2010, S. 44.

122 Osterloh, in: Die Welt, 22. September 2007, S. 14.

123 Der Spiegel, Heft 44/2007, 29. Oktober 2007, S. 108.

der angeblich das Verfahren der Kommission gegen das VW-Gesetz ins Rollen gebracht hatte), aber das Stuttgarter Unternehmen war sicherlich auch nicht der anfänglich erhoffte »weiße Ritter«, der zur Rettung der hergebrachten Strukturen herbeieilte. Vielmehr beobachteten die Verantwortlichen bei Porsche sehr aufmerksam die politische Auseinandersetzung zwischen Deutschland und EU-Kommission um das VW-Gesetz und nutzten deren Verlauf geschickt für ihre eigenen Interessen: Als klar war, dass der Streit über den EuGH führen würde, erwartete Porsche das Ende des Gesetzes und begann, sich bei Volkswagen zu beteiligen und zunehmend Machtansprüche zu formulieren.

Noch aber war die starke Stellung von Niedersachsen und Arbeitnehmern bei VW ungebrochen und daran würde Porsche auch durch weitere Aktienkäufe nichts ändern können. Die einzige Möglichkeit, die bisherigen Machtverhältnisse bei VW zu brechen, bestand zu diesem Zeitpunkt allein in einem Urteilsspruch des EuGH zugunsten der Forderungen von Kommission und Porsche.

Die richterliche Entscheidung

Der Europäische Gerichtshof verkündete sein Urteil am 23. Oktober 2007.[124] Die Richter schlossen sich darin weitgehend der Empfehlung des Generalanwalts an und sprachen sich gegen das VW-Gesetz aus. Wesentlich für diese Entscheidung war, dass sie in dem Gesetz eine Beschränkung des freien Kapitalverkehrs erkannten.[125] Damit erteilten sie dem zentralen Verteidigungsargument der Deutschen eine Absage. Diese hatten auch vor Gericht noch davor gewarnt, eine Übertragung der Rechtsprechung des EuGH zu den Goldenen Aktien auf das VW-Gesetz würde die Reichweite der Kapitalverkehrsfreiheit »ins Uferlose ausdehnen«.[126]

Die Richter hingegen sahen diese Gefahr nicht und griffen jenes Argument auf, welches die Kommission bereits angeführt hatte: Der Beschränkungscharakter des Gesetzes ergebe sich, weil es sich hierbei um eine gesetzliche Maßnahme handele, die den Aktionären zwingend vorgeschrieben sei und von der sie nicht abweichen könnten.[127] Dies zeige sich etwa daran, dass private Aktionäre kein Höchststimmrecht in der Satzung verankern könnten, da dies im allgemeinen

124 Slg. 2007, S. I-8995, Urteil des EuGH vom 23. Oktober 2007 in Rs. C-112/05 (VW-Gesetz).

125 Siehe dazu: Kilian (2007), Pießkalla (2007), Teichmann/Heise (2007), Zumbansen/Saam (2007), Bekkum/Kloosterman/Winter (2008), Freudenberg (2008), Pläster (2008), Ringe (2008b), Verse (2008), Vossestein (2008), Weiss (2008), Rickford (2009), Demirakou (2011: 223ff.), Gerner-Beuerle (2012).

126 Ebd.: Rnr. 32.

127 Ebd.: Rnr. 40.

deutschen Aktienrecht nicht erlaubt sei.[128] Des Weiteren kamen die Richter zu dem Schluss, dass die Regelungen den staatlichen Aktionären sehr wohl eine privilegierte Stellung einräumen würden. Denn die 20-prozentige Sperrminorität, die zwar wie auch das 20-prozentige Höchststimmrecht unterschiedslos für alle Aktionäre gelte, ermögliche dem Staat aufgrund seines Aktienanteils »mit einer geringeren Investition als nach dem allgemeinen Gesellschaftsrecht erforderlich«, wichtige Entscheidungen zu blockieren.[129] Das Höchststimmrecht vervollständige diesen rechtlichen Rahmen, der den öffentlichen Akteuren die Möglichkeit einräume, mit einer »geringeren Investition wesentlichen Einfluss auszuüben«.[130] Diese Situation bei Volkswagen, die sich aus dem obligatorischen Charakter der Regelungen sowie dem Zusammenspiel von niedersächsischer Anteilshöhe und den Stimmrechtsbestimmungen ergebe, sei

> geeignet, Anleger aus anderen Mitgliedstaaten von Direktinvestitionen abzuhalten, da sie die Möglichkeit anderer Aktionäre einschränkt, sich an der Gesellschaft zu beteiligen, um dauerhafte und direkte Wirtschaftsbeziehungen mit ihr zu schaffen oder aufrechtzuerhalten, die es ihnen ermöglichen, sich effektiv an ihrer Verwaltung oder ihrer Kontrolle zu beteiligen.[131]

Dafür sei unerheblich, so die Richter, dass die VW-Aktie rege gehandelt und in großer Zahl von ausländischen Aktionären gehalten werde.[132] Schließlich gehe es hier um »Direktinvestitionen«, das heißt solche Investitionen, die nicht allein aus Gründen der Geldanlage getätigt werden, sondern auf Einflussnahme im Unternehmen zielen.[133] Und gerade solche »tatsächlichen oder potentiellen Direktinvestoren aus anderen Mitgliedstaaten« könnten vom VW-Gesetz von einer Beteiligung an VW abgehalten werden. »Daher stellt das Zusammenspiel von § 2 Abs. 1 und § 4 Abs. 3 VW-Gesetz eine Beschränkung des Kapitalverkehrs im Sinne von Art. 56 Abs. 1 EG [Kapitalverkehrsfreiheit] dar.«[134] Dieselbe Argumentation gelte auch für die Entsenderechte. Auch sie seien ein obligatorisches Sonderrecht, welches »den öffentlichen Akteuren ermöglicht, einen Einfluss auszuüben, der über ihre Investition hinausgeht«.[135] Dabei sei unerheblich, ob und inwieweit die staatlichen Stellen diese Rechte tatsächlich wahrnehmen würden. Es genüge, dass diese Regelung »in der deutschen Rechtsordnung fortbesteht«.[136]

---

128 Ebd.: Rnr. 41.
129 Ebd.: Rnr. 51.
130 Ebd.
131 Ebd.: Rnr. 52.
132 Das war das zweite zentrale Verteidigungsargument der Deutschen.
133 Ebd.: Rnr. 54.
134 Ebd.: Rnr. 57.
135 Ebd.: Rnr. 64.
136 Ebd.: Rnr. 69.

Nachdem der Gerichtshof das Vorliegen einer Beschränkung festgestellt hatte, prüften die Richter, ob Deutschland eine geeignete Rechtfertigung für das VW-Gesetz geltend machen konnte. Die Richter verwarfen aber auch hier die Argumente der Deutschen. Es sei nicht erkennbar, warum die Aufrechterhaltung einer »stärkeren und unabänderbaren Position öffentlicher Akteure« im Unternehmen zum Schutz von Arbeitnehmer- und Minderheitsaktionärsinteressen, was durchaus »berechtigte Schutzinteressen« sein könnten, geeignet und erforderlich sei.[137] Außerdem habe Deutschland nicht überzeugend darlegen können, warum diese Maßnahmen für die Verwirklichung wirtschaftspolitischer Ziele geboten seien.[138]

> Daher ist festzustellen, dass die Bundesrepublik Deutschland dadurch, dass sie § 4 Abs. 1 sowie § 2 Abs. 1 in Verbindung mit § 4 Abs. 3 VW-Gesetz beibehalten hat, gegen ihre Verpflichtungen aus Art. 56 Abs. 1 EG [Kapitalverkehrsfreiheit] verstoßen hat.[139]

Dieses Urteil entsprach also dem, worauf die Gegner des VW-Gesetzes in der Kommission seit Beginn der Auseinandersetzung hingewirkt hatten und Porsche inzwischen lautstark forderte: Indem die Richter die gesetzliche Sonderregelung für Volkswagen als Verstoß gegen europäisches Recht einstuften, war das »Bollwerk gegen das Kapital«[140] seines entscheidenden Fundaments beraubt. Entsprechend fielen die Reaktionen aus. Während die niedersächsische Landesregierung und die Bundesregierung lediglich verlauten ließen, man akzeptiere das Urteil,[141] äußerten Vertreter des Arbeitnehmerlagers ganz offen ihre Enttäuschung. Man bedauere, dass das Gesetz »Opfer des in der EU grassierenden neoliberalen Mainstreams«[142] geworden sei und sei »enttäuscht, dass man anonymen Anlegern ein stärkeres Gewicht verleiht als den Belangen von Beschäftigten«.[143] Dies müsse als »Rückschlag für die aufkeimende Hoffnung der Menschen auf eine soziale Ausrichtung der Europäischen Union« gewertet werden.[144] Kommission und Porsche hingegen begrüßten die Entscheidung erwartungsgemäß.[145] Allerdings sollte sich recht bald herausstellen, dass sie sich zu früh gefreut hatten.

---

137 Ebd.: Rnr. 74–79.

138 Ebd.: Rnr. 80.

139 Ebd.: Rnr. 82.

140 So ein ehemaliges VW-Betriebsratsmitglied (in: Wolfsburger Nachrichten, 19. September 2001, zitiert in: Jürgens 2002: 35).

141 Frankfurter Allgemeine Zeitung, 24. Oktober 2007, S. 1; Handelsblatt, 24. Oktober 2007, S. 1.

142 VW-Betriebsratsvorsitzender Osterloh in einer Pressemitteilung des VW-Betriebsrates vom 23. Oktober 2007.

143 IG-Metall-Vorsitzender Peters in einem Interview mit dem Spiegel (Der Spiegel, Heft 44/2007, 29. Oktober 2007, S. 108.

144 Ebenfalls der IG-Metall-Vorsitzende Peters in einer Pressemeldung der IG Metall (Nr. 47/2007, 23. Oktober 2007).

145 Frankfurter Allgemeine Zeitung, 24. Oktober 2007, S. 1; Handelsblatt, 24. Oktober 2007, S. 1.

6.3 Der Verlauf der Auseinandersetzung nach dem Urteil

Bereits unmittelbar nach Urteilsverkündung drängten Vertreter von VW-Betriebsrat und IG Metall darauf, das Gesetz nicht einfach abzuschaffen, sondern lediglich an die Vorgabe des Urteils anzupassen.[146] Auf diese Weise sollte vor allem jene Regelung erhalten werden, die Entscheidungen über Standortfragen von einer Zweidrittelmehrheit im Aufsichtsrat abhängig machte und damit den Arbeitnehmervertretern ein Vetorecht einräumte. Diese Regelung, die der Sicherung von Arbeitsplätzen diene,[147] war nicht Gegenstand des Verfahrens gewesen und daher vom EuGH auch nicht beanstandet worden. Schnell zeichnete sich ab, dass dieser Vorschlag breite Zustimmung bei den politischen Akteuren finden würde.[148] In Niedersachsen herrschte bei der regierenden CDU sowie der SPD-Fraktion große Einigkeit, dass »aufgrund der Entscheidung des EuGH kein Arbeitsplatz bei VW in Niedersachsen verloren gehen« solle und man daher die Zweidrittelregelung unbedingt erhalten müsse.[149] Auch in Berlin fand sich in SPD und Teilen der CDU Unterstützung für die behutsame Anpassung des VW-Gesetzes.[150] In der Folge begann das Bundesjustizministerium, einen Vorschlag für eine entsprechende Gesetzesnovelle zu erarbeiten.

Dieser Vorschlag wurde im Januar 2008 von Bundesjustizministerin Zypries (SPD) vorgestellt.[151] Wie gefordert, sollte das Vetorecht der Arbeitnehmer bei Standortfragen auch im reformierten VW-Gesetz enthalten sein:

> Die gute Nachricht für alle Beschäftigten: Über die Einrichtung oder Verlegung von Produktionsstätten von VW wird auch in Zukunft in Deutschland entschieden – und das wie bisher nur mit Zustimmung der Arbeitnehmervertreter im Aufsichtsrat. Das ist ein positives Signal für Niedersachsen und den Standort Deutschland insgesamt.[152]

---

146 Financial Times Deutschland, 24. Oktober 2007, S. 8; Pressemitteilung des VW-Betriebsrats, 23. Oktober 2007.

147 Ebd.

148 Frankfurter Allgemeine Sonntagszeitung, 28. Oktober 2007, S. 35; Frankfurter Allgemeine Zeitung, 29. Oktober 2007, S. 15.

149 So der Landtagsabgeordnete Dinkla (CDU) im niedersächsischen Landtag (Niedersächsischer Landtag, Stenografischer Bericht, 15. Wahlperiode, 131. Sitzung, 14. November 2007, S. 15574); vgl. auch den Redebeitrag des niedersächsischen SPD-Fraktionsvorsitzenden Jüttner: »Wir wollen, dass das Volkswagengesetz europarechtskonform weiterentwickelt wird. Das heißt, dass gegen die Arbeitnehmerbank im Aufsichtsrat keine Entscheidungen über Verlagerungen von Produktionsstandorten getroffen werden. Das sehen wir, Herr Dinkla, wie Sie auch« (ebd.: 15575f.).

150 Frankfurter Allgemeine Sonntagszeitung, 28. Oktober 2007, S. 35; Frankfurter Allgemeine Zeitung, 29. Oktober 2007, S. 15.

151 Frankfurter Allgemeine Zeitung, 17. Januar 2008, S. 11; Handelsblatt, 17. Januar 2008, S. 5.

152 Pressemitteilung des Bundesjustizministeriums, Berlin, 16. Januar 2008.

Doch der Vorschlag ging – überraschenderweise – noch weiter, da nicht alle der vom EuGH gerügten Bestimmungen entfallen sollten. So war zwar die Streichung der Entsenderechte und des Höchststimmrechts vorgesehen, die 20-prozentige Sperrminorität hingegen sollte auch im neuen VW-Gesetz bestehen bleiben. Denn der EuGH habe, so die Begründung, lediglich die *Kombination* aus Höchststimmrecht und Sperrminorität gerügt.[153] Durch die Streichung der Stimmrechtskappung werde es »das vom EuGH beanstandete Zusammenspiel aus Höchststimmrecht und Mehrheitserfordernis [künftig] also nicht mehr geben«.[154] Durch diese »geniale Idee« (Interview VI) wäre Niedersachsen auch zukünftig ein Vetorecht zur Blockierung unliebsamer Entscheidungen auf der Hauptversammlung garantiert, da das Land aufgrund seines rund 20-prozentigen Anteilsbesitzes die nötigen Stimmen besaß, um die Sperrminoritätsschwelle zu erreichen.

Die Sperrminorität sollte aber nicht nur gesetzlich verankert bleiben. Niedersachsen plante zudem, diese Regelung auch auf der im April 2008 anstehenden VW-Hauptversammlung erneut in der VW-Satzung zu verankern[155] – was nach deutschem Aktienrecht zulässig ist.[156] Würde dieses Vorhaben gelingen, dann wäre der staatliche Aktionär zukünftig auch ohne die geplante Gesetzesnovelle in der Lage, alle ihm nicht genehmen Entscheidungen bei VW zu blockieren. Zwar würde auch Porsche von dieser Regelung profitieren, schließlich besaß das Unternehmen ebenfalls genügend Aktien zur Ausübung dieser Sperrminorität, aber allein über Volkswagen zu herrschen wäre so unmöglich.

Doch genau diese Alleinherrschaft strebte Porsche an.[157] Denn nur so ließ sich die Übernahme VWs letztlich auch finanzieren: Mit der entsprechenden Aktienmehrheit könnte Porsche nämlich ein Gewinnabführungs- und Beherrschungsvertrag mit VW schließen, welcher es Porsche erlauben würde, auf die »VW-Kasse« zuzugreifen und so die für die Übernahme eingegangenen Verbindlichkeiten abzutragen.[158] Würde die 20-prozentige Sperrminorität aber auch wei-

---

153 Zur Erinnerung: Der zentrale Satz des Urteils lautete: »Daher ist festzustellen, dass die Bundesrepublik Deutschland dadurch, dass sie § 4 Abs. 1 sowie § 2 Abs. 1 *in Verbindung* mit § 4 Abs. 3 VW-Gesetz beibehalten hat, gegen ihre Verpflichtungen aus Art. 56 Abs. 1 EG verstoßen hat« (Rnr. 82 des EuGH-Urteils zum VW-Gesetz).

154 Pressemitteilung des Bundesjustizministeriums, Berlin, 16. Januar 2008.

155 Handelsblatt, 17. März 2008, S. 15.

156 Das deutsche Aktiengesetz (AktG) sieht für bestimmte Hauptversammlungsbeschlüsse, etwa die Auflösung des Unternehmens (§ 262 AktG) oder Satzungsänderungen (§ 179 AktG), eine Kapitalmehrheit von 75 Prozent vor. Den Aktionären ist es aber ausdrücklich erlaubt, davon abzuweichen und ein höheres Mehrheitserfordernis in der Satzung zu verankern.

157 Im Frühjahr 2008 war dieser Plan zwar noch nicht offiziell bekannt, für die Verteidiger des VW-Gesetzes wurde dies aber immer offensichtlicher (Interviews V, VI, XIV).

158 WirtschaftsWoche Nr. 24/2009, 8. Juni 2009, S. 100.

terhin gesetzlich und/oder in der Satzung von VW bestehen bleiben, so wäre dieser Finanzierungsplan nicht realisierbar. Denn dann bräuchte Porsche mehr als 80 Prozent der stimmberechtigten Aktien, um den Gewinnabführungs- und Beherrschungsvertrag mit Volkswagen schließen zu können. Angesichts der Tatsache, dass Niedersachsen etwa 20,1 Prozent der VW-Aktien hielt und zu einem Verkauf nicht bereit sein würde (Interview XIV),[159] wäre es für das Stuttgarter Unternehmen jedoch unmöglich, die entscheidende Aktienmehrheit von 80 Prozent plus eine Aktie zu erwerben. Die einzige Chance für Porsche, VW wie geplant zu übernehmen und diese Übernahme auch finanzieren zu können, bestand also in der Aufhebung der 20-prozentigen Sperrminorität (sowohl im Gesetz als auch in der Satzung). Dann läge das Mehrheitserfordernis, wie allgemein üblich, bei 75 Prozent. Und diese Schwelle, so die Überlegung bei Porsche, würde man durch – wenn auch fremdfinanzierte – Aktienzukäufe sehr wohl erreichen (Interview XIV).

Folglich begann Porsche, sich gegen die Pläne zum Erhalt der Macht von Niedersachsen und Arbeitnehmern bei VW zu wehren. Um die geplante Neuauflage des VW-Gesetzes zu stoppen, wirkte Porsche vor allem auf die Kommission ein (Interviews V, VI, VIII, XIV). Die Brüsseler Behörde sollte den Unterstützern der Gesetzesnovellierung deutlich machen, dass dieses Vorhaben nicht dem Urteil des EuGH entsprach und somit ein erneutes Vertragsverletzungsverfahren nach sich ziehen würde.[160] Die Konsequenzen dieses Verfahrens wären möglicherweise wieder eine Verurteilung durch den EuGH, was nicht nur Ansehensverlust, sondern auch empfindliche Strafzahlungen für die Bundesrepublik bedeuten würde. Diese Aussichten sollten, so das Kalkül von Porsche, die deutschen Verteidiger des VW-Gesetzes von ihrem Vorhaben abbringen.

Innerhalb der Kommission fiel Porsches Anliegen auf fruchtbaren Boden. Im März 2008 meldete die Wettbewerbskommissarin Kroes erstmals öffentlich

---

159 Tatsächlich kaufte Niedersachsen im Juni 2008 sogar noch VW-Aktien hinzu. Aufgrund eines Aktienoptionsprogramms für VW-Mitarbeiter drohte im Fall der Ausübung dieser Optionen der Stimmanteil Niedersachsens verwässert zu werden und auf unter 20 Prozent zu sinken. Durch den erneuten Zukauf von Aktien sollte die 20-Prozent-Schwelle und damit die Möglichkeit der Ausübung der 20-prozentigen Sperrminorität erhalten bleiben (Frankfurter Allgemeine Zeitung, 19. Juni 2008, S. 16).

160 Porsche hatte bereits Ende Januar 2008 der Bundesjustizministerin in einem Brief mitgeteilt, dass man von der Gemeinschaftsrechtswidrigkeit der geplanten Gesetzesnovelle ausgehe. Der EuGH habe, so Porsche, alle drei Regelungen bereits für sich und nicht erst in der Kombination gerügt. Das Festhalten an der Sperrminorität sei somit höchst problematisch und könne ein erneutes Vorgehen der Kommission provozieren. Dem Schreiben war ein Rechtsgutachten zur Untermauerung dieser Ansicht beigefügt (Frankfurter Allgemeine Zeitung, 31. Januar 2008, S. 18; Frankfurter Allgemeine Zeitung, 1. Februar 2008, S. 14; Handelsblatt, 21. Februar 2008, S. 10).

ihre Bedenken gegen die geplante Gesetzesnovellierung an.[161] Und wenig später warnte auch Binnenmarktkommissar McCreevy die Bundesjustizministerin:

> Um jedes Missverständnis zu vermeiden [...], möchte ich klarstellen, dass nach meinem Verständnis jede einzelne der drei in der Gerichtsentscheidung erwähnten Vorschriften des Volkswagengesetzes eine eigenständige Verletzung des Artikels 56 des EG-Vertrages darstellt. Folglich müssen alle drei Vorschriften, auch die 20%ige Sperrminorität [...], abgeschafft werden, um das Urteil des Gerichtshofes zutreffend umzusetzen.[162]

Sollten die Deutschen hingegen an den bisherigen Plänen hinsichtlich des VW-Gesetzes festhalten, so behalte sich die Kommission die Einleitung eines neuen Vertragsverletzungsverfahrens vor.[163]

Aber auch in Deutschland begann Porsche damit, auf die Aufgabe der geplanten Neuauflage des VW-Gesetzes zu drängen – und auch dies zeigte Wirkung: Innerhalb der CDU regte sich Widerstand gegen die Pläne der Bundesjustizministerin, insbesondere von Bundeswirtschaftsminister Glos, der aus ordnungspolitischen Gründen ohnehin schon Bedenken gegen die geplante Neuauflage hatte (Interviews V, VI, VII, XIII).[164] Zudem gelang es, die Unions-Ministerpräsidenten Baden-Württembergs und Bayerns, Oettinger und Beckstein, als Unterstützer zu gewinnen (Interviews V, VI, XIII). Die Novellierung des Gesetzes, so Beckstein, sei mit seinem »Verständnis einer klaren Ordnungspolitik nicht vereinbar« und Oettinger warnte, Deutschland solle »die EU nicht unnötig mit einem neuen VW-Gesetz provozieren«.[165] Er werde, so versprach Oettinger, jedenfalls »in den Gremien, Partei wie Bundesrat, darauf hinwirken, dass wir mit einem neuen VW-Gesetz nicht das Risiko eines EU-Verfahrens eingehen«.[166]

Und schließlich ging Porsche noch gegen die von Niedersachsen geplante Verankerung der Sperrminorität in der Satzung vor. Auf der im April 2008 abgehaltenen VW-Hauptversammlung beantragte Porsche neben den Entsenderechten und dem Höchststimmrecht auch die 20-prozentige Sperrminorität aus der Satzung zu streichen. Niedersachsen versagte dem Antrag Porsches jedoch die Zustimmung und die von Porsche geplante Satzungsänderung scheiterte.[167]

161 Frankfurter Allgemeine Zeitung, 10. März 2008, S. 15.

162 Brief von Binnenmarktkommissar McCreevy an Bundesjustizministerin Zypries, Brüssel, 9. April 2008 (D/000755).

163 Ebd.

164 Handelsblatt, 21. Februar 2008, S. 10; Frankfurter Allgemeine Sonntagszeitung, 20. April 2008, S. 45; Handelsblatt, 25. April 2008, S. 2.

165 Frankfurter Allgemeine Sonntagszeitung, 13. April 2008, S. 45.

166 Ebd.

167 Frankfurter Allgemeine Zeitung, 22. April 2008, S. 14; Frankfurter Allgemeine Zeitung, 25. April 2008, S. 16.

Daraufhin verklagte Porsche den staatlichen Aktionär auf Zustimmung zum eigenen Antrag. Das VW-Gesetz-Urteil des EuGH verlange nämlich, so Porsche, dass auch die 20-prozentige Sperrminorität aus der Satzung gestrichen werden müsse, weshalb Niedersachsen dem Antrag Porsches nicht die Zustimmung hätte verweigern dürfen.[168] Damit musste nun ein deutsches Gericht über die Rechtmäßigkeit der von Niedersachsen angestrebten Sperrminorität in der Satzung entscheiden.

Die Bestrebungen, die alten Machtverhältnisse bei VW über das EuGH-Urteil hinaus zu erhalten, waren somit erheblichem Widerstand ausgesetzt. Und zumindest Porsche glaubte fest daran, dass diese Gegenwehr erfolgreich sein würde. Jedenfalls erhöhte das Stuttgarter Unternehmen bis Oktober 2008 seinen Anteil an VW-Aktien auf knapp 43 Prozent und sicherte sich mittels Optionen die Kontrolle über weitere 31 Prozent.[169] Die relevante Mehrheit von 75 Prozent der VW-Aktien war somit fast erreicht. Doch diese Rechnung ging nicht auf. Vielmehr behielten die Verteidiger die Oberhand. Im November 2008 verabschiedeten Bundestag und Bundesrat das neue VW-Gesetz, das – wie von Niedersachsen und VW-Belegschaft gefordert – die Sperrminorität und das Zweidrittel-Mehrheitserfordernis im Aufsichtsrat für Standortentscheidungen beinhaltete.[170]

Diese politische Niederlage Porsches hatte zwei Gründe. Erstens blieben die deutschen Gegner dieser Neuauflage des VW-Gesetzes innerhalb des Regierungslagers isoliert. Die von den Verteidigern organisierte Mehrheit erwies sich als so breit und stabil, dass Gegenstimmen chancenlos waren:

> Minister Glos hatte am Anfang noch gesagt, aus ordnungspolitischen Gründen müsse das VW-Gesetz ganz abgeschafft werden. Dem musste man entgegenhalten: Eine solche Position konnte nicht durchgehalten werden. Es würde drei oder vier Wochen dauern und man würde nachgeben. Denn wenn 40.000 Arbeitnehmer mobilisiert werden von Betriebsrat und Gewerkschaften, dann ist so etwas schwer durchzuhalten. Ich hatte geraten, das gar nicht erst zu versuchen. Sie haben es trotzdem gemacht und mussten dann zurückrudern. Die Kanzlerin hat den Minister damals wohl auch etwas im Regen stehen lassen, indem sie vor der Belegschaft von VW verkündet hat: Wir werden das VW-Gesetz halten, soweit es irgendwie geht. (Interview VII, Deutschland, Bundesebene)

Auch der Widerstand der CDU-Landesregierungen Bayerns und Baden-Württembergs fand keine Mehrheiten. Als Ende August 2008 der Entwurf für das

168 Siehe zu den Details die Urteile des Landgerichts Hannovers vom Herbst 2008 (Landgericht Hannover, Urteile der 1. Kammer für Handelssachen vom 27. November 2008 in den Rs. 21 O 52/08 und 21 O 61/08).

169 Frankfurter Allgemeine Zeitung, 27. Oktober 2008, S. 14.

170 Frankfurter Allgemeine Zeitung, 14. November 2008, S. 1; Frankfurter Allgemeine Zeitung, 29. November 2008, S. 12.

neue VW-Gesetz vom Rechtsausschuss des Bundesrats besprochen wurde, drängten die Vertreter Baden-Württembergs darauf, die Novellierung zu stoppen. Aufgrund mangelnder Unterstützung blieb dieser Vorstoß jedoch ohne Konsequenzen.[171] Nach wie vor fürchteten weite Teile der deutschen Politik den Unmut von VW-Betriebsrat und IG Metall und die damit verbundenen negativen Konsequenzen für die eigenen Wahlergebnisse.

Wieder wollte niemand derjenige sein, der Schuld am Ende des VW-Gesetzes hat. Das Urteil sollte möglichst minimal umgesetzt werden, sodass nachher wieder jeder sagen konnte: Ich hab' dafür gekämpft, irgendein anderer war schuld. (Interview VII, Deutschland, Bundesebene)

Zweitens erwies sich auch die Unterstützung Porsches durch die Kommission als wirkungslos – obwohl die Kommission bis zur endgültigen Verabschiedung des novellierten VW-Gesetzes beständig den Druck auf Deutschland erhöhte. So eröffnete sie im Juni 2008, kurz nachdem das Bundeskabinett die neue Fassung des Gesetzes abgesegnet hatte, erneut ein Vertragsverletzungsverfahren.[172] Und als im November 2008 der Bundestag der Gesetzesnovelle zugestimmt hatte, leitete die Kommission umgehend die nächste Verfahrensstufe ein.[173] Dies zielte darauf, die endgültige Verabschiedung des neuen VW-Gesetzes durch den Bundesrat zu verhindern. Doch auch dies brachte auf deutscher Seite niemanden zum Einlenken. Im Dezember 2008 trat das neue VW-Gesetz im Sinne der Verteidiger in Kraft.

Die Wirkungslosigkeit der Kommissionsbemühungen war allerdings nicht nur auf die breite innenpolitische Unterstützung für die Minimalanpassung zurückzuführen. Hinzu kam auch, dass in der Verteidigerkoalition die Auffassung vorherrschte, das neue VW-Gesetz komme dem EuGH-Urteil genügend nach. Ohne diesen Konsens wäre die Novellierung angesichts des massiven Drucks der Kommission nicht durchsetzbar gewesen. Schließlich war im Lager der Verteidiger ebenso Konsens, dass dem Urteil des EuGH Folge zu leisten sei: »Wir wären natürlich nicht so weit gegangen, dass wir gesagt hätten, wir ignorieren ein Urteil des Europäischen Gerichtshofs. Das war nie das Thema« (Interview V). Und die Angst, wegen der geplanten Minimalanpassung erneut von der Kommission vor den EuGH gezogen zu werden, spielte anfänglich durchaus eine Rolle:

Nach dem Urteil des EuGH war ja Glos für die vollständige Aufhebung aus ordnungspolitischen Gründen. Das BMJ hat vorsichtiger eine Umsetzung mit nur zwei Vorschriften präferiert. Dann hatten aber alle Angst, es komme vielleicht zu einem Vertragsverletzungsverfahren wegen mangelhafter Umsetzung und es gäbe hohe Strafgelder gegen Deutschland. Es wurde

171 Frankfurter Allgemeine Zeitung, 27. August 2008, S. 10; Frankfurter Allgemeine Zeitung, 5. September 2008, S. 22.

172 IP/08/873; Frankfurter Allgemeine Zeitung, 6. Juni 2008, S. 13.

173 IP/08/1797; Frankfurter Allgemeine Zeitung, 28. November 2008, S. 17.

lange nach einem Ausweg gesucht und dann gab es einen Kabinettsbeschluss zur Änderung des VW-Gesetzes mit einem geheimen Zusatzprotokoll. (Interview VII, Deutschland, Bundesebene)

Dieses Zusatzprotokoll sah vor, dass man auch die geplante Sperrminorität aus dem neuen VW-Gesetz streichen würde, sollte die Kommission erneut rechtliche Schritte gegen Deutschland einleiten.[174] Als die Kommission dann ein erneutes Verfahren einleitete, berief sich Glos auch auf dieses Protokoll[175] – jedoch erfolglos. Dies lag jedoch nicht nur an der mangelnden Unterstützung für den Wirtschaftsminister im Kabinett, sondern auch an der zunehmenden Überzeugung in Deutschland, dass die Minimalanpassung rechtlich tragfähig sein könnte. Im Gegensatz zu den Entsenderechten habe der EuGH schließlich das Höchststimmrecht und die Sperrminorität lediglich in ihrem Zusammenspiel und nicht, wie von der Kommission gefordert, jeweils für sich untersucht und beanstandet. Die daraus resultierende Unklarheit über den genauen rechtlichen Status der Sperrminorität interpretierten die Verteidiger als Absicht des EuGH (Interviews V, VI, VII, XII, XIII, XIV). Diese Interpretation des Urteils wurde zudem durch einen weiteren, entscheidenden Umstand gestützt:

Möglicherweise war aus dem EuGH zu hören gewesen, die Sache sei damals hoch streitig gewesen, und diese Formulierung des Tenors sei möglicherweise bewusst gewählt worden. Da fühlte man sich bestärkt in der Auffassung, dass das hält. Und dann hat sich das Kanzleramt voll auf diese Seite geschlagen. (Interview VII, Deutschland, Bundesebene)

Angesichts der breiten innenpolitischen Zustimmung für die geplante Minimalanpassung des VW-Gesetzes sowie der verbreiteten Überzeugung von der rechtlichen Tragfähigkeit des Novellierungsvorhabens gelang es den innerdeutschen Gegnern – trotz der massiven Unterstützung durch die Kommission – nicht, die Verabschiedung des neuen VW-Gesetzes zu verhindern. Der politische Sieg derjenigen, die das Gesetz erhalten wollten, war somit nicht allein den Machtverhältnissen in Deutschland, sondern auch der (wohl tatsächlich beabsichtigten) Unklarheit des EuGH-Urteils geschuldet.

Neben der politischen Niederlage musste Porsche schließlich auch im Satzungsstreit mit Niedersachsen eine Schlappe hinnehmen. Im November 2008 – zeitgleich mit der Verabschiedung des novellierten VW-Gesetzes durch Bundestag und Bundesrat – gab das Landgericht Hannover dem staatlichen Aktionär Recht.[176] Aus der Entscheidung des EuGH könne keinesfalls, so wie Porsche

174 Frankfurter Allgemeine Zeitung, 23. Mai 2008, S. 11; Handelsblatt, 23. Mai 2008, S. 6.

175 Frankfurter Allgemeine Sonntagszeitung, 8. Juni 2008, S. 35.

176 Landgericht Hannover, Urteile der 1. Kammer für Handelssachen vom 27. November 2008 in den Rs. 21 O 52/08 und 21 O 61/08.

behauptete, geschlossen werden, in der Satzung seien nun nicht nur Entsenderechte und Höchststimmrecht, sondern auch die Sperrminorität zu streichen.

Dieser [...] klare und eindeutige Regelungsgehalt kommt der Entscheidung nicht zu. Ihr ist nur zu entnehmen, dass zum einen das Entsenderecht [...] und zum anderen die Kombination des Höchststimmrechtes [...] in Verbindung mit der Sperrminorität [...] gegen die Kapitalverkehrsfreiheit [...] verstoßen.[177]

Das Argument Porsches, wonach dies zwar im Tenor des EuGH-Urteils stehe, dies zugleich aber lediglich als Hinweis zu verstehen sei, da die Ausführungen des Gerichtshofs eindeutig in eine andere Richtung wiesen, überzeugte das Landgericht Hannover nicht annähernd:

Den Tenor lediglich als Hinweis zu degradieren, wird seiner Bedeutung in der Rechtsprechung nicht gerecht und impliziert die Auffassung [...], die große Kammer des EuGH, das faktisch höchste Entscheidungskollegium des höchsten Europäischen Gerichts, sei nicht in der Lage, in der für die Entscheidung maßgeblichen deutschen Fassung im Entscheidungstenor die gewollte Feststellung und den Regelungsgehalt zum Ausdruck bringen.[178]

Diese Auslegung des EuGH-Urteils durch die deutschen Richter bestätigte nicht nur jene Interpretation, auf die sich die Verteidiger des gerade verabschiedeten novellierten VW-Gesetzes gestützt hatten. Sie machte ebenso den Plan Porsches zunichte, die Sperrminorität in der VW-Satzung auf gerichtlichem Wege zu beseitigen. Damit wurde das Gelingen der Übernahmepläne Porsches immer unwahrscheinlicher.

Doch das Stuttgarter Unternehmen hielt trotz dieser Rückschläge vorerst an seinem Vorhaben fest.[179] Schließlich hatte Porsche noch einen Trumpf in der Hand: Das von der Kommission eingeleitete und bis auf die zweite Stufe gehobene Vertragsverletzungsverfahren gegen Deutschland lief noch. Sollte die Kommission nun zu der Entscheidung gelangen, erneut vor dem EuGH zu klagen, dann würde man, so die Hoffnung bei Porsche, schließlich doch noch zu seinem Recht kommen.[180] Doch im April 2009 verkündete die Kommission, das Verfahren gegen Deutschland werde vorerst nicht weitergeführt.[181] Damit war klar, dass die Übernahme vorerst nicht zu realisieren sein würde. Kurze Zeit später

177 Landgericht Hannover, Urteil der 1. Kammer für Handelssachen vom 27. November 2008 in der Rs. 21 O 61/08, Rz. I. 2. der Entscheidungsgründe.

178 Ebd.: Rz. I. 2. b) der Entscheidungsgründe.

179 Bis Januar 2009 stockte Porsche seinen Anteil an VW-Aktien jedenfalls auf über 50 Prozent auf und betonte auch weiterhin diesen bis auf 75 Prozent ausbauen zu wollen (Frankfurter Allgemeine Zeitung, 6. Januar 2009, S. 15). Und noch im März 2009 verkündete der Vorstandsvorsitzende von Porsche, Wiedeking: »Wir wollen 75 Prozent an VW« (Handelsblatt, 4. März 2009, S. 16).

180 Handelsblatt, 2. Februar 2009, S. 14; Handelsblatt, 10. März 2009, S. 15.

181 Handelsblatt, 16. April 2009, S. 5.

bekam Porsche Probleme bei der Finanzierung der für die VW-Übernahme in Anspruch genommenen Kredite und musste seinen Übernahmeplan aufgeben.[182] Damit blieb das »Bollwerk gegen das Kapital«[183] faktisch intakt.[184]

6.4 Fazit

Wie schon in den Vertragsverletzungsverfahren gegen die Goldenen Aktien konnte die Kommission auch im Fall des VW-Gesetzes ihre Position gerichtlich durchsetzen. Deutschland war trotz guter Ausgangsbedingungen – mächtige Abwehrkoalition und gute juristische Argumente – nicht in der Lage, die Kommission von ihrem Verfahren abzuhalten. Und auch der EuGH ließ sich nicht von den Argumenten der Deutschen überzeugen, sondern schlug sich auf die Seite der Kommission. Damit bestätigte er nicht nur seine bisherige, in den vorangegangenen Urteilen entwickelte Rechtsprechung zum Verhältnis von Kapitalverkehrsfreiheit und Unternehmenskontrolle, sondern baute sie darüber hinaus auch weiter aus. Denn die wesentliche juristische Innovation des VW-Gesetz-Urteils lag darin, dass eine Beschränkung der Kapitalverkehrsfreiheit seitdem bereits dann vorliegt, wenn die staatliche Sonderstellung nicht durch explizite, allein für den Staat verfügbare Ausnahmerechte, sondern lediglich faktisch durch die Kombination gewöhnlicher, für alle Aktionäre gleichermaßen geltende Instrumente der Unternehmenskontrolle gewährt wird. Damit war zwar noch nicht eindeutig entschieden, ob sich zukünftig sämtliches Unternehmenskontrollrecht an der Kapitalverkehrsfreiheit messen lassen muss – aber ein weiterer Schritt in diese Richtung war damit dennoch getan (Armour/Ringe 2011; Ringe 2008a; Teichmann/Heise 2007; Verse 2008; Vossestein 2008; Weiss 2008).

Gleichwohl – und das ist bemerkenswert – ging Deutschland nicht als absoluter Verlierer aus der Auseinandersetzung mit den supranationalen Institu-

182 Frankfurter Allgemeine Zeitung, 8. Mai 2009, S. 11.

183 So ein ehemaliges VW-Betriebsratsmitglied (in: Wolfsburger Nachrichten, 19. September 2001, zitiert in: Jürgens 2002: 35).

184 Im November 2011 beschloss die Kommission doch noch, Deutschland wegen der Neuauflage des VW-Gesetzes vor dem EuGH zu verklagen. Die Entscheidung des EuGH steht derzeit (Juli 2013) noch aus. Allerdings hat im Mai 2013 der zuständige Generalanwalt dem EuGH empfohlen, die Klage der Kommission abzuweisen: Die Auffassung der Kommission, wonach der EuGH in seinem Urteil von 2007 nicht nur die Kombination aus Höchststimmrecht und Sperrminorität, sondern beide Regelungen jeweils für sich als europarechtswidrig eingestuft habe, ließe sich dem Urteil von 2007 keineswegs entnehmen. Demnach hätte Deutschland das ursprüngliche Urteil bereits mit der vorliegenden VW-Gesetz-Aktualisierung vollumfänglich umgesetzt.

tionen hervor. Ganz im Gegenteil sogar: Denn wie der Verlauf der Auseinandersetzung nach dem Urteil des EuGH gezeigt hat, gelang es den deutschen Verteidigern des VW-Gesetzes, die Auswirkungen der richterlichen Entscheidung auf die Machtstruktur bei Volkswagen trotz erheblicher innerer (Porsche) und äußerer Widerstände (Kommission) zu minimieren.

Inwieweit tragen die Gegebenheiten dieses Falls nun dazu bei, den Erfolg der judikativen Integration im Bereich der Unternehmenskontrolle zu erklären? Genauer: Warum konnte die Kommission auch im Fall des VW-Gesetzes ein Vertragsverletzungsverfahren erfolgreich abschließen? Warum gab der EuGH der Kommission und nicht der deutschen Bundesregierung Recht? Und warum erwogen die Mitgliedstaaten auch nach diesem Urteil keine legislativen Maßnahmen, um die Rechtsprechung des Gerichtshofs zu korrigieren?

In Abschnitt 5.4 wurde bereits darauf hingewiesen, dass die Regierungen über keinerlei formale Kompetenzen verfügen, um die Kommission von einem Vertragsverletzungsverfahren abzuhalten. Sie können daher lediglich versuchen, die Kommission durch juristische Argumente und politisches Verhandlungsgeschick von deren Klageabsicht abzubringen. Im Fall des VW-Gesetzes hat die deutsche Regierung beides versucht. Zum einen bemühte sie sich, die juristischen Argumente der Kommission zu entkräften, indem sie auf die mangelnde Vergleichbarkeit des deutschen Gesetzes mit den Goldenen Aktien sowie auf die potenzielle »Uferlosigkeit« der Kommissionsargumentation hinwies. Dadurch gelang es den Deutschen immerhin, das Verfahren lange Zeit in der Schwebe zu halten, da die kommissionsinternen Gegner des VW-Gesetzes erhebliche Überzeugungsarbeit leisten mussten, um eine Mehrheit für die eigene Position zu bekommen. Zum anderen wurde auch die Möglichkeit eines Kompromisses ausgelotet, um das Verfahren in einem frühen Stadium zu beenden und so ein Urteil des EuGH zu vermeiden.

Doch beide Versuche scheiterten. Einerseits war es nicht möglich, einen Kompromiss mit der Kommission zu schließen. Während der für das Verfahren zuständige Kommissar Bolkestein auf einer Maximallösung (die vollständige Abschaffung des Gesetzes) beharrte, vermochte die deutsche Seite aus innenpolitischen Gründen hingegen nur eine Minimallösung anzubieten (die Streichung der Entsenderechte). Zudem glaubten sowohl die kommissionsinternen Gegner des Gesetzes als auch die Deutschen, eine Chance auf einen Sieg vor Gericht zu haben, wodurch die Kompromissbereitschaft noch weiter sank. Andererseits konnten die kommissionsinternen Gegner des VW-Gesetzes eine – wenn auch knappe – Mehrheit innerhalb der Kommission von der eigenen Rechtsauffassung überzeugen. Dies gelang nicht nur, weil diese Auffassung durch die ersten Urteile des EuGH zu den Goldenen Aktien gestärkt wurde. Auch war von erheblicher Bedeutung, dass die kommissionsinternen Gegner des Gesetzes glaubhaft machen konnten, dass es nur um das VW-Gesetz und keinesfalls um allgemeine Unternehmenskontrollregelungen ging. Durch diese argumentative Strategie schwächten sie einen der gewichtigsten Einwände der deutschen Seite erheblich. Denn so hatten all jene, die die Bedenken der Deutschen teilten, weit weniger Anreiz, gegen Einleitung und Fortführung eines Vertragsverletzungsverfahrens zu protestieren.

Der Fall des VW-Gesetz-Streits zeigt also, dass die Kommission durch geschicktes Agieren in der Lage ist, auch gegen starke nationale Widerstände ihre Ziele erfolgreich durchzusetzen. Der Handlungsspielraum der Kommission muss daher größer eingeschätzt werden, als dies in der Forschungsliteratur – sowohl intergouvernementalistischer als auch supranationalistischer Provenienz – bislang der Fall ist. Ein schwierigerer Prüfstein für die Durchsetzungsfähigkeit der Kommission als das VW-Gesetz ist jedenfalls kaum denkbar.

Des Weiteren lässt sich auch im Fall des VW-Gesetzes beobachten, dass die intergouvernementalistische Deutung, wonach der EuGH seine Rechtsprechung an den Interessen der Mitgliedstaaten orientiert, unzutreffend ist. Zwar kamen die Richter den Deutschen etwas entgegen, indem sie nicht ganz eindeutig erklärten, ob nun alle von der Kommission beanstandeten Regelungen jeweils für sich oder aber – wie die deutschen Verteidiger des Gesetzes behaupteten – lediglich im Zusammenspiel einen Verstoß gegen die Kapitalverkehrsfreiheit darstellten. Aber diese – offenbar beabsichtigte – Unklarheit darf nicht darüber hinwegtäuschen, dass dieses Zugeständnis lediglich minimal war. Denn ein Bruch mit seiner bisherigen Rechtsprechung war dieses Urteil keinesfalls, und die davon ausgehende Problematik für nationales Unternehmenskontrollrecht blieb somit bestehen. Daher bietet sich auch für diese Beobachtung eher eine supranationalistische Erklärung an: Die Richter folgten bei ihrer Entscheidung hauptsächlich ihrer Präferenz der eigenen Machtausdehnung und machten den Deutschen lediglich aus strategischen Gründen ein kleines Zugeständnis. Denn auf diese Weise konnte potenzielle Gegenwehr gegen seine Rechtsprechung gemindert werden.

Dass dieses Kalkül der Richter aufgegangen ist, zeigt sich schließlich am Verhalten der Deutschen nach dem Urteil. Denn statt sich um eine legislative Korrektur des Urteils auf europäischer Ebene zu bemühen, wurde ausschließlich versucht, das VW-Gesetz durch entsprechende innerdeutsche Rechtsanpassungen so weit wie möglich zu erhalten. Da dies, trotz nicht unerheblicher innerer wie äußerer Widerstände (durch Porsche und Kommission), erfolgreich verlief, reduzierte sich auch der Druck, andere Maßnahmen zur Verteidigung des Gesetzes zu ergreifen. Darin dürfte aber eine wesentliche Ursache für das in Abschnitt 3.3 als erklärungsbedürftig bezeichnete Verhalten der Mitgliedstaaten auf das Voranschreiten der judikativen Integration liegen: Wenn es nach einem Urteilsspruch nämlich noch genügend Handlungsspielraum gibt, um die eigenen Interessen – jedenfalls im konkreten Fall – zu wahren, dann dürfte auch der Anreiz schwinden, Korrekturmaßnahmen einzuleiten.

Dem hier analysierten Fall des VW-Gesetzes lässt sich zudem noch ein weiterer Grund für das Ausbleiben von Korrekturversuchen entnehmen. Wie eingangs bereits bemerkt, hat der EuGH auch in diesem Urteil offengelassen, ob und wie die bisherige Rechtsprechung des EuGH zur Kapitalverkehrsfreiheit auf weitere Bestimmungen der Unternehmenskontrolle übertragen werden muss. Und auch die juristischen Einschätzungen über die Konsequenzen dieser Urteilsserie sind alles andere als einheitlich (vgl. etwa Bekkum/Kloosterman/Winter 2008 und Pläster 2008 mit Roth 2008, Demirakou 2011 und Gerner-Beuerle 2012). Wenn aber offen ist, welche Art von Gefahr exakt von dieser Rechtsprechung ausgeht, dann könnte es für die Mitgliedstaaten dringlicher sein, ihre Abwehrbemühungen lediglich auf die konkret beanstandeten Bestimmungen zu konzentrieren. Statt langwierige und kaum erfolgversprechende legislative Korrekturversuche auf europäischer Ebene zu initiieren, verteidigen die Mitgliedstaaten lieber das Greifbare (in diesem Fall das VW-Gesetz) auf nationaler Ebene. Dies verstärkt sich dann noch, wenn die Regierungen tatsächlich über Möglichkeiten verfügen, die Auswirkungen eines Urteils zu begrenzen.

Kapitel 7
Die Gründe für den Erfolg der judikativen Integration im Bereich Unternehmenskontrolle

Nachdem die Integration durch Recht auf dem Gebiet der Unternehmenskontrolle in den vorangegangenen Abschnitten empirisch aufgearbeitet worden ist, sollen nun die hierfür verantwortlichen Gründe nochmals verdichtet herausgestellt und anhand des Forschungsstands diskutiert werden.

Wie in Kapitel 3.3 dargelegt, war diese Entwicklung der judikativen Integration aus Sicht der bestehenden Forschungsliteratur erklärungsbedürftig: So gingen die Intergouvernementalisten etwa davon aus, dass sich die hier untersuchte Integration durch Recht nur deshalb durchsetzen konnte, weil es einen entsprechenden Willen der Mitgliedstaaten dazu gab. Da ein solcher Willen bis heute jedoch nicht existiert, war zu erklären, warum die Regierungen diese Entwicklung nicht unterbanden. Eine mögliche Antwort darauf hielt der Supranationalismus bereit. Nach diesem Deutungsmuster gibt es zwei mögliche Gründe dafür, dass sich die judikative Integration hier ungebremst fortsetzen konnte. Entweder hielten die Regierungen das Vorgehen von Kommission und EuGH aufgrund der depolitisierenden Wirkung des Rechts für unproblematisch, oder aber sie waren nicht in der Lage, diese Entwicklung aufzuhalten, weil die ihnen zur Verfügung stehenden Kontrollmechanismen unwirksam waren. Doch im hier untersuchten Fall griffen beide Erklärungen nicht: Zum einen war den Regierungen die politische Bedeutung des Vorgehens der supranationalen Organe sehr wohl bewusst, und zum anderen bestand eine Chance, die judikative Integration in einem frühen Stadium zu unterbinden (weil man den Kläger, die Kommission, beeinflussen konnte). Dennoch hielten die Mitgliedstaaten die Kommission nicht auf und versuchten auch nicht, die Rechtsprechung des EuGH auf europäischer Ebene im Nachhinein zu korrigieren. Der Erfolg der judikativen Integration im Bereich Unternehmenskontrolle musste folglich andere Ursachen haben. Welche waren das?

7.1 Die aktivierende Rolle der Mitgliedstaaten

Die erste zentrale Erkenntnis war, dass die Mitgliedstaaten die entscheidende Vorbedingung für die Integration durch Recht auf dem Gebiet der Unternehmenskontrolle selbst schufen (siehe Kapitel 4). Im Zuge der Vertragsrevision von Maastricht befreiten die Regierungen die vertraglichen Bestimmungen zum Kapitalverkehr nicht nur von den bis dahin bestehenden Liberalisierungsvorbehalten, sondern sie übertrugen die Überwachung dieser Norm auch den Gemeinschaftsorganen Kommission und EuGH. Zudem räumten sie den Gemeinschaftsorganen durch die sehr allgemein gehaltene Formulierung der Bestimmungen zum Kapitalverkehr erheblichen Spielraum bei der Auslegung dieser Norm ein. Angesichts der Erfahrungen, die die Mitgliedstaaten zu diesem Zeitpunkt mit dem EuGH und seiner integrationsfördernden Rechtsprechung gemacht hatten, musste den »Herren der Verträge« klar gewesen sein, welche Implikationen dieser Schritt barg. Dass ihnen die Konsequenzen tatsächlich bewusst waren, lässt sich insbesondere an der Diskussion um die Steuerproblematik erkennen (Bakker 1996: 229ff.). Hier haben die Mitgliedstaaten die Probleme, die sich durch die reformierte Kapitalverkehrsfreiheit hätten ergeben können, antizipiert und versucht, sie vorsorglich durch ergänzende Vertragsbestimmungen zu entschärfen.

Für Fragen der Unternehmenskontrolle findet sich jedoch kein solches »Stoppschild« in den Verträgen. Und die 1988 beschlossene Kapitalverkehrsrichtlinie, die Grundlage der Vertragsänderung war, benannte Investitionsformen, die auf Unternehmensbeteiligungen zu Zwecken der Kontrollbeteiligung oder Geldanlage zielen (Direkt- und Portfolioinvestitionen), explizit als Form des Kapitalverkehrs. Wie beschrieben, stellte der Begriff der Direkt- und Portfolioinvestition später für Kommission und EuGH das entscheidende argumentative Bindeglied zwischen Kapitalverkehrsfreiheit und Fragen der Unternehmenskontrolle dar. Daraus aber zu schließen, die Mitgliedstaaten hätten mit der Reform der Kapitalverkehrsfreiheit in Maastricht bewusst die Liberalisierung der Unternehmenskontrolle beschlossen, erscheint wenig überzeugend. Nicht nur fehlen explizite Hinweise darauf, auch der Stand der Harmonisierungsbemühungen zu diesem Zeitpunkt spricht gegen solch eine Annahme (siehe Kapitel 2.2). Die verschiedenen Harmonisierungsprojekte waren zu diesem Zeitpunkt fast vollständig zum Erliegen gekommen, und laut Rhodes und van Apeldoorn war der Streit um diese Fragen gar einer der zentralen Gründe für die Einfügung des Subsidiaritätsprinzips in den Vertrag von Maastricht (Rhodes/Apeldoorn 1998: 422). Ob diese Beobachtung von Rhodes und van Apeldoorn stimmt, sei dahingestellt. Aber das Vorhaben der Übernahmerichtlinie wurde tatsächlich sehr schnell auf jene Liste von Richtlinienentwürfen gesetzt, die im

Lichte des Subsidiaritätsgedankens überarbeitet werden sollten. Es erscheint also höchst fragwürdig, ob die Mitgliedstaaten mit der Vertragsrevision in Maastricht intendiert hatten, was der EuGH später in seinen Urteilen zu den staatlichen Sonderrechten zu entwickeln begann.

Angesichts dieser Umstände liegt vielmehr der Schluss nahe, dass die Mitgliedstaaten mit der Maastrichter Reform der Kapitalverkehrsfreiheit zwar bewusst eine rechtliche Grauzone schufen, bei deren Ausgestaltung den Gemeinschaftsorganen ein erheblicher Spielraum zugestanden wurde. Dass sich aus dieser Norm aber ein Hebel zur Liberalisierung der Unternehmenskontrolle entwickeln würde, scheint ihnen weder klar noch von ihnen beabsichtigt gewesen zu sein. Die Vertragspartner beschlossen vielmehr eine Regel, deren Konsequenzen sie nicht in ihrem vollen Umfang antizipieren konnten. Was sich in den darauffolgenden Jahren daraus ergab, lässt sich daher wohl als unbeabsichtigte Entwicklung – jedenfalls aus Sicht der damals entscheidenden Akteure – begreifen. Eine gegenteilige Annahme würde den nationalen Vertragspartnern eine Art Hyperrationalität unterstellen, was angesichts der Komplexität sozialer Prozesse im Allgemeinen sowie in der EU im Besonderen mehr als zweifelhaft erscheint.

Diese Beobachtung ist weder für den Intergouvernementalismus noch für den Supranationalismus überraschend, geschweige denn eine Herausforderung für ihre zentralen Annahmen. Schließlich gehen beide Perspektiven davon aus, dass die von den Mitgliedstaaten ausgehandelten Rechtsnormen einen Interpretationsspielraum eröffnen, der es anderen Akteuren wie der Kommission oder dem EuGH ermöglicht, Inhalte in diesen Normen zu entdecken, die die Regierungen im Moment der Regelsetzung nicht antizipiert haben.[1] Erst bei der Einschätzung der Konsequenzen, die sich aus diesem Spielraum ergeben, beginnen sich die beiden Perspektiven fundamental voneinander zu unterscheiden: Während der Intergouvernementalismus davon ausgeht, dass die Mitgliedstaaten diesen Spielraum kontrollieren können, spricht der Supranationalismus den Regierungen diese Fähigkeit mehr oder weniger gänzlich ab.

7.2 Die hohe Durchsetzungsfähigkeit der Kommission

Durch die Vertragsänderung von Maastricht war zunächst nichts weiter als ein Möglichkeitsraum entstanden. Damit das nun vorhandene Potenzial für Integration durch Recht auch tatsächlich ausgeschöpft werden konnte, bedurfte es

1 Die Intergouvernementalisten bezeichnen dies als das Problem des »incomplete contracting«, was die Supranationalisten in der ein oder anderen Form übernommen haben (siehe etwa Stone Sweet 2003: 23ff.).

– wie dargelegt – entsprechender Klagen. Ohne diese hätte der EuGH nie die Chance gehabt, sich zum Verhältnis von Kapitalverkehrsfreiheit und Unternehmenskontrolle zu äußern und den hier analysierten Integrations- und Liberalisierungsprozess in Gang zu setzen. Als entscheidende Initiatorin dieser Klagen erwies sich hierbei die Kommission, die in ihrer Rolle als »Hüterin der Verträge« ihre einschlägigen Kompetenzen nutzte, um ihre Rechtsauffassung durch Vertragsverletzungsverfahren durchzusetzen. Die judikative Integration wurde hier also nicht – wie es für diesen Prozess eigentlich typisch ist – durch das Vorabentscheidungsverfahren (siehe hierzu Kapitel 3.2) vorangetrieben.

Die Kommission, die bereits vor den Verhandlungen von Maastricht eine andere Auffassung über den exakten Bedeutungsgehalt der Kapitalverkehrsfreiheit vertrat als die Mitgliedstaaten, nutzte den neu geschaffenen Handlungsspielraum sehr bald, um ihre Auffassung ohne die Einbindung der nationalen Regierungen rechtsverbindlich werden zu lassen. Um dies zu erreichen, erließ sie in einem ersten Schritt eine Mitteilung, in der sie staatliche Sonderkontrollrechte in Unternehmen (Goldene Aktien) als eine Beschränkung der Kapitalverkehrsfreiheit interpretierte. Die Sonderrechte, so die Kommission, schränkten die Rechte von (privaten) Aktionären bei der Unternehmensverwaltung derart ein, dass diese nicht länger bereit sein würden, in die betroffenen Unternehmen zu investieren. Da sich hierdurch aber (unter anderem) die Qualität der Unternehmensführung vermindere und die Entstehung eines europäischen Marktes für Unternehmenskontrolle unterbunden werde, stellten die Sonderrechte ein kaum zu rechtfertigendes Hindernis des Binnenmarkts dar.

In einem zweiten Schritt initiierte die Kommission dann eine Reihe von Vertragsverletzungsverfahren. Wie die Diskussion innerhalb der Kommission und im Europäischen Parlament zeigte, entschied sich die Kommission hierbei bewusst gegen die Option, ihre Ziele durch eine Richtlinie zu verfolgen. Auf diese Weise sollte die Einbindung von Mitgliedstaaten und Europäischem Parlament in den politischen Prozess, was für die Verabschiedung dieser Richtlinie nötig gewesen wäre, vermieden werden. Nicht Verhandeln, sondern Einklagen erschien der Kommission augenscheinlich als der aussichtsreichste Weg. Angesichts des Umstands, dass mehr als die Hälfte der Mitgliedstaaten, darunter Frankreich, Italien und Großbritannien, auf Goldene Aktien zurückgegriffen hatten, erscheint diese Wahl aus Kommissionssicht einleuchtend. Hätte sie versucht, ihre Vorstellungen auf politischem Wege zu erreichen, hätte sie mit Sicherheit einen Kompromiss eingehen müssen, der erheblich von ihren eigenen Vorstellungen abgewichen wäre.

Dass dieses Vorgehen der Kommission von den Mitgliedstaaten, die ja von der rechtlichen Auffassung der Brüsseler Beamten keineswegs überzeugt waren, nicht unterbunden wurde, hatte verschiedene Gründe. Der gewichtigste hierbei war natürlich, dass die Mitgliedstaaten über keinerlei formale Mittel verfügten, um die Kommission von einem Vertragsverletzungsverfahren abzuhalten. Allein schon dieser Umstand erleichterte der Kommission ihr Vorgehen ungemein. Allerdings können die Mitgliedstaaten versuchen, die Kommission informell zu beeinflussen, um die Bildung einer kommissionsinternen Mehrheit für die Einleitung und Fortsetzung solcher Verfahren zu verhindern. Vor allem die Auseinandersetzung um das VW-Gesetz hat gezeigt, dass genau dies auch versucht worden ist. Jedoch mit bescheidenem Erfolg: Zwar gelang es der deutschen Seite immer wieder, das Verfahren zu verlangsamen – aufhalten ließ es sich aber nicht.

Der Umstand, dass auch die informellen Möglichkeiten der mitgliedstaatlichen Kommissionskontrolle scheiterten, hatte mehrere Ursachen. So spielte etwa eine wesentliche Rolle, dass die Kommission juristisch geschickt argumentierte. Zum einen gelang es ihr, ihr Vorgehen (jedenfalls intern) als legitim und geboten darzustellen, weil sie ihre Rechtsauffassung so formulierte, dass diese als logische Folge der bisherigen Rechtsprechungssystematik des EuGH erschien. Zum anderen, und das zeigt der Fall des VW-Gesetzes, gelang es der Kommission, eine interne Mehrheit zu bilden, indem sie glaubhaft machen konnte, lediglich den Spezialfall Sonderrecht, nicht aber allgemeines Unternehmenskontrollrecht anzugreifen (was politisch wohl nicht durchzusetzen gewesen wäre). Dadurch gelang es den nationalen Regierungen nicht, die Rechtsauffassung der Kommission mit juristisch zulässigen Argumenten zu entkräften.

Neben diesem rechtlich-argumentativen Aspekt waren aber noch andere, politische Gründe von Bedeutung. Hierzu zählt zum Beispiel die mangelnde Solidarität unter den Mitgliedstaaten. Manche Regierungen dürften jedenfalls ein Interesse daran gehabt haben, dass die Goldenen Aktien in anderen Mitgliedstaaten fallen.[2] Der Streit um die Liberalisierung der Energiemärkte deutet jedenfalls darauf hin. Zudem wird das Motiv der Gleichbehandlung eine Rolle gespielt haben. Denn nachdem die ersten Mitgliedstaaten vor Gericht verloren hatten, bestand für sie kein Grund mehr, dagegen zu kämpfen, dass die Kommission gegen vergleichbare Regelungen in anderen Staaten vorging. Neben der mangelnden Solidarität bremste aber auch der Optimismus der nationalen Re-

2 Ein ähnliches Phänomen beschreibt Callaghan, die dies den »Constrain-Thy-Neighbor-Effekt« nennt. Demnach überlegen nationale Akteure auch, welche Effekte eine europäische Regelung auf andere Mitgliedstaaten hat. Wird dieser Effekt größer als jener eingeschätzt, den dies für sie selbst hat, dann kann dies dazu führen, dass gegen die europäische Regelung kein Widerstand geleistet wird – obwohl sie die Regelung eigentlich ablehnen (Callaghan 2011).

gierungen, die Fälle vor Gericht gewinnen zu können, die Bemühungen, energischer gegen die Kommission vorzugehen. Viele Mitgliedstaaten glaubten, die rechtliche Auffassung der Kommission würde vor dem EuGH nicht bestehen können, da entweder der von ihr zugrunde gelegte Beschränkungsbegriff überdehnt oder aber die von ihr vertretenen Rechtfertigungs- und Verhältnismäßigkeitskriterien zu restriktiv ausgelegt worden seien. Ein weiterer Grund für die Erfolglosigkeit der Bemühungen, die Kommission zum Einlenken zu bewegen, lag schließlich noch in dem Umstand, dass es den Regierungen nicht gelang, Kompromisse mit der Kommission zu schließen. Viele der betroffenen Mitgliedstaaten boten zwar an, Teile der beanstandeten Regelungen abzuändern oder gar zu streichen (Deutschland hatte etwa angeboten, auf die Entsenderechte im VW-Gesetz zu verzichten). Aber all diese Kompromissangebote wurden von der Kommission als ungenügend ausgeschlagen – zu überzeugt war die Brüsseler Behörde von ihrer eigenen Rechtsauffassung. Die Streitigkeiten außergerichtlich beizulegen, was bei Vertragsverletzungsverfahren eigentlich die Regel ist,[3] gelang daher nicht.

Wie von den Supranationalisten vorausgesagt, nutzte also ein an vertiefter Integration (europäische Kapitalverkehrsfreiheit vor nationalen Goldenen Aktien und VW-Gesetz) und Liberalisierung (mehr Rechte für Aktionäre in den Unternehmen) interessierter Akteur den Spielraum, den ihm die neue europäische Rechtsnorm eröffnet hatte. Allerdings sind aus Sicht der Forschung hierbei zwei Dinge bemerkenswert.

Zum einen konzentriert sich die politikwissenschaftliche Forschung über die Handlungsfähigkeit der Kommission – sowohl intergouvernementalistischer als auch supranationalistischer Provenienz – in erster Linie auf ihre Rolle als »Agenda Setter«, das heißt als ein Akteur, der über seine Richtlinienvorschläge politische Ziele verfolgt (Schmidt 2000). Im Fall der staatlichen Sonderrechte verzichtete die Kommission aber explizit auf diese Kompetenz und verfolgte ihre Ziele stattdessen sehr erfolgreich mittels Vertragsverletzungsverfahren, bei denen weder die Mitgliedstaaten noch das Europäische Parlament über große Mitsprache-, geschweige denn Vetorechte verfügen. Allein schon dieser Umstand, dass die Kommission über zusätzliche, effektiv einsetzbare und von anderen politischen Akteuren abgeschirmte Instrumente zur Politikgestaltung verfügt, spielt in der oben genannten Forschung nach wie vor keine tragende Rolle. Aber genau über dieses Instrument konnte die Kommission Integrationsfortschritte erzielen, die nicht dem Willen der Mitgliedstaaten entsprachen. Diese Beobachtung un-

3 Siehe den 28. Jahresbericht über die Kontrolle der Anwendung des EU-Rechts der Kommission (KOM [2011] 588 endg.; Brüssel, 29. September 2011), in dem es auf Seite 4 heißt, dass 88 Prozent aller Vertragsverletzungsverfahren ohne Hilfe des EuGH beendet werden.

terstreicht daher die bereits von Schmidt getroffene Feststellung, dass der Rolle der Kommission hinsichtlich ihrer Klagekompetenzen in der Europa-Forschung größere Aufmerksamkeit zu schenken ist als bisher geschehen (Schmidt 2008).

Zum anderen ist überraschend, dass es der Kommission auf diese Weise gelang, sich gegen den Willen einer *Mehrheit* der Mitgliedstaaten durchzusetzen. Denn weder der Intergouvernementalismus noch der Supranationalismus hätten der Kommission eine so hohe Durchsetzungsfähigkeit zugesprochen. Aus intergouvernementalistischer Perspektive sollten die Mitgliedstaaten (Frankreich, Großbritannien, Deutschland!) eigentlich in der Lage gewesen sein, die Kommission von ihren Vorhaben abzuhalten. Und dies umso mehr, da hier eine recht homogene Interessenlage vorlag: Alle Regierungen wollten ihre staatlichen Sonderrechtskonstruktionen erhalten. Für die Vertreter des Supranationalismus ist dieser Grad an Durchsetzungsfähigkeit der Kommission weniger überraschend, spricht diese Perspektive den europäischen Institutionen doch eine deutlich größere Autonomie zu, als es der Intergouvernementalismus tut. Allerdings wird diese Autonomie im Vergleich zum EuGH deutlich geringer eingeschätzt (Pollack 1997, 2003). Ein Blick in die weitere Forschungsliteratur bestätigt zudem, dass die Kommission durchaus beeinflussbar ist, wenn es um Vertragsverletzungsverfahren geht (Schmidt 1998; Blauberger 2009: 116). Da diese nur mit absoluter Mehrheit der Kommissare durchsetzbar sind, scheinen die nationalen Regierungen sehr wohl die Chance zu haben, solche Verfahren in strittigen Fällen zu unterbinden. Der VW-Gesetz-Fall zeigt, dass die Mitgliedstaaten genau dies versuchten und dass dies sogar fast erfolgreich war. Zudem haben Untersuchungen ergeben, dass die meisten Vertragsverletzungsverfahren aufgrund von Kompromissen oftmals in einem frühen Stadium beigelegt werden, sodass es erst gar nicht zur Anrufung des EuGH kommt (Börzel 2003). Meine Arbeit zeigt hingegen, dass sich die Kommission durchaus auch in brisanten Fällen behaupten kann. Daher ist die Autonomie der Kommission tatsächlich größer einzuschätzen, als die bisherige politikwissenschaftliche Forschung angenommen hat.

Die Auseinandersetzung zwischen Kommission und Mitgliedstaaten um Goldene Aktien und VW-Gesetz verdeutlicht also, dass die Kommission über weitere Möglichkeiten der Politikdurchsetzung verfügt, die mit ihrer Agenda-Setting-Fähigkeit nichts zu tun haben, und dass sie diese Möglichkeiten auch in sensiblen Fällen effektiv einsetzen kann.

7.3 Die Beharrlichkeit des EuGH

Ohne den EuGH wäre das Vorgehen der Kommission niemals von Erfolg gekrönt gewesen. Erst seine Anerkennung der Rechtsauffassung der Kommission machte diese für die Mitgliedstaaten rechtlich bindend. Den nationalen Regierungen gelang es nicht, den EuGH zu einer autonomieschonenderen oder liberalisierungsskeptischeren Position zu bewegen. Und auch die Aufforderung des Generalanwalts, der Gerichtshof möge sich angesichts der politischen Brisanz der Fälle zurückhalten, hatte keinen großen Einfluss auf die Rechtsprechung. Es gelang den Mitgliedstaaten lediglich in einzelnen Fällen, die Richter zu gewissen Zugeständnissen zu bewegen. So konnte etwa Belgien sein Sonderrecht erfolgreich als gerechtfertigt verteidigen. Und den Deutschen kam der EuGH insoweit entgegen, als er offenbar bewusst nicht eindeutig urteilte. Allerdings dürfen diese Zugeständnisse keinesfalls überbewertet werden. Vielmehr bestätigte der EuGH den Beschränkungsbegriff und die Rechtfertigungsprinzipien weitgehend so, wie es die Kommission gefordert hatte.

Damit hatte der EuGH nicht nur den Spielraum der Mitgliedstaaten drastisch eingeschränkt, Goldene Aktien bei der Kontrolle strategisch bedeutsamer Unternehmen einzusetzen. Zugleich schuf er durch die Weite des Beschränkungsbegriffs – so legen es jedenfalls große Teile der rechtswissenschaftlichen Literatur nahe – die Möglichkeit, zukünftig auch viele andere nationale Regelungen der Unternehmenskontrolle an der Kapitalverkehrsfreiheit zu messen. Dem Anwendungsbereich dieser Grundfreiheit unterliegen nun offenbar *alle* Bestimmungen, die die Ausübung dieser Freiheit weniger attraktiv machen – und sei es nur potenziell. Angesichts dieses nahezu uferlosen Verständnisses ist es für die Mitgliedstaaten seither fast unmöglich, einer Regelung eine beschränkende Wirkung abzusprechen und somit einer Prüfung durch den EuGH zu entgehen. Die Chance, dass die Mitgliedstaaten solche Beschränkungen erfolgreich rechtfertigen können, dürfte angesichts der sehr eng gefassten Rechtfertigungskriterien in vielen Fällen zudem weitgehend aussichtslos sein. Schließlich hat der Gerichtshof eine Reihe von Rechtfertigungsgründen erst gar nicht anerkannt (etwa allgemeine wirtschaftspolitische Ziele). Und finden die Regierungen dennoch einen legitimen Grund, dann muss diese Regelung immer noch einen restriktiven Verhältnismäßigkeits- und Geeignetheitstest überstehen.

Durch die Urteile zu den staatlichen Sonderrechten hat der EuGH also eine Integrationsvertiefung zugunsten des liberalen, auf Aktionärsinteressen ausgerichteten Unternehmenskontrollmodells betrieben, was in der EU politisch nie konsensfähig war und daher mittels legislativer Verfahren bis heute nicht durchgesetzt werden konnte. Die Annahme des Intergouvernementalismus, wonach die Rechtsprechung des EuGH Ausdruck des Willens der Mitgliedstaaten ist, trifft somit eindeutig nicht zu. Überzeugender erscheint auch hier das Erklärungsangebot des Supranationalismus, dem zufolge die Richter des EuGH eigene Interessen bei der Urteilsfindung verfolgen.

Ob aber das Streben nach mehr Ressourcen und Einfluss – wie vom Supranationalismus behauptet – tatsächlich das handlungsleitende Motiv der Richter war, kann anhand des vorliegenden empirischen Materials freilich nicht eindeutig beantwortet werden. Gewiss, die Urteile zu Goldenen Aktien und VW-Gesetz bedeuten im Endeffekt nichts anderes als ein Machtzuwachs des EuGH. Schließlich dehnen die Entscheidungen die Reichweite europäischen Rechts gegenüber nationalem Recht und damit auch die Zuständigkeit des EuGH weiter aus. Aber die in diesen Urteilen erfolgte Ausweitung der eigenen Macht bedeutet zugleich auch eine Zunahme der eigenen Arbeitsbelastung sowie potenziell erhebliche Kritik seitens Regierungen, Rechtsexperten und betroffener nationaler Akteure. Angesichts dieser Kosten wäre es für die Richter also mindestens ebenso rational, ihren Zuständigkeitsbereich *nicht* zu vergrößern.

Die Motivlage der Richter dürfte daher deutlich komplexer sein, als die rationalistische Eigennutz-These des Supranationalismus suggeriert. Diese Überlegung wird auch durch jüngere Forschungsarbeiten gestützt. So legt etwa Höpner überzeugend dar, dass der Expansionsdrang des EuGH in hohem Maße durch verschiedene Sozialisationsprozesse entsteht, die die Europa-Richter vor und nach ihrem Amtsantritt durchlaufen (Höpner 2011). Zudem haben Schmidt und ihre Kollegen gezeigt, dass sich der EuGH bei seiner Urteilsfindung überwiegend an den Grundsätzen seiner vorangegangenen Rechtsprechung orientiert (Schmidt 2008; Blauberger/Krüger/Schmidt 2012). Dies deutet ebenfalls darauf hin, dass das Handeln des EuGH nicht vollständig durch die (individuellen) Präferenzen der Richter erklärt werden kann.

Trotz dieser Einwände bleibt die Grundthese des Supranationalismus aber richtig: Was auch immer die Richter bewegt, die Präferenzen der Mitgliedstaaten sind es nicht. Und ganz offenbar stellen auch so sensible Fälle wie Goldene Aktien und VW-Gesetz keinen Anreiz für die Richter dar, ihre Rechtsprechung spürbar autonomieschonender auszugestalten.

7.4 Die mangelnde Bereitschaft zum Widerstand bei den nationalen Verteidigern: Drei Mechanismen

Für eine umfassende Erklärung des Erfolgs der Integration durch Recht im Bereich der Unternehmenskontrolle fehlt schließlich noch die Antwort auf eine letzte, wesentliche Frage: Wenn die judikative Integration ein Integrationsniveau hervorgebracht hat, welches nicht auf den Willen der nationalen Regierungen zurückzuführen ist – warum haben die Mitgliedstaaten dieses Resultat nicht im Nachhinein korrigiert? Die Mitgliedstaaten haben die Problematik der Rechtsprechung ja sehr wohl gesehen, wie sich etwa an den Fällen gegen Großbritannien und Deutschland erkennen lässt. In beiden Fällen haben die jeweiligen Regierungen den EuGH vor einer Überdehnung des Anwendungsbereichs der Kapitalverkehrsfreiheit gewarnt. Doch obwohl der EuGH diese Warnungen ignorierte, blieb größerer, über die Einzelfälle hinausgehender Protest oder gar ein Korrekturversuch seitens der Mitgliedstaaten im Anschluss an die Urteile aus.

Dass dies auf einen neuen Konsens unter den Mitgliedstaaten hinsichtlich der Ausgestaltung der Unternehmenskontrolle zurückzuführen ist, wie der Intergouvernementalismus annehmen würde, ist angesichts der nach wie vor in diesem Bereich bestehenden großen Interessenunterschiede zwischen den Mitgliedstaaten nicht plausibel. Jedenfalls finden sich darauf keine empirischen Hinweise. Aber auch der Supranationalismus stößt hier an die Grenzen seiner Erklärungskraft. Die Schwäche der Mitgliedstaaten, die Integration durch Recht zu kontrollieren, wird hier vor allem auf die Wirkungslosigkeit der verfügbaren Korrekturmechanismen zurückgeführt. Doch nur dass diese Mechanismen so schwierig einzusetzen sind, bedeutet noch nicht automatisch, dass Protest oder Korrekturversuche gänzlich ausbleiben müssen. Für die Erklärung dieses Phänomens käme allerdings eine andere These der Supranationalisten in Betracht, der zufolge der ausbleibende Widerstand auf die »maskierende« Wirkung des Rechts zurückzuführen ist. Demnach hätten die Mitgliedstaaten gar nicht wahrgenommen, wie die Integration durch Recht ihre Autonomie beschneidet. Doch auch dies lässt sich, angesichts der Äußerungen der Regierungen in den konkreten Fällen, mit den empirischen Beobachtungen nicht vereinbaren.

Folglich müssen andere Ursachen für das Ausbleiben von Widerstand verantwortlich sein. Ich werde im Folgenden drei Gründe benennen, die eine plausiblere Erklärung hierfür anbieten: Demnach sind es (1) der schleichende Charakter der Integration durch Recht, (2) die unterschiedlichen Zeithorizonte von Richtern und politischen Akteuren sowie (3) die nach einem Urteil verfügbaren Möglichkeiten zur Schadensbegrenzung, die die Wahrscheinlichkeit reduzieren, dass die integrationsvertiefenden Effekte der judikativen Integration anschließend wieder korrigiert werden. Diese Gründe liegen dicht beieinander, bedingen und verstärken sich gegenseitig und sind daher lediglich analytisch zu trennen.

Kleine Schritte statt »Big Bangs«

Der in dieser Arbeit untersuchte Erfolg der Integration durch Recht vollzog sich nicht auf einen Schlag, sondern entwickelte sich langsam und kam lediglich in kleinen Schritten voran. Der EuGH präsentierte seine Grundsätze zum Zusammenhang von Kapitalverkehrsfreiheit und Fragen der Unternehmenskontrolle nicht gleich im ersten Urteil und mit absoluter Klarheit, sondern entwickelte diese erst sukzessive von Urteil zu Urteil. Das aus dieser Rechtsprechung erwachsene Potenzial ist folglich das kumulative Ergebnis einer längeren, schleichenden Entwicklung, die zudem noch nicht abgeschlossen ist. Dieser inkrementelle Charakter der judikativen Integration hatte zur Folge, dass die nationalen Verteidiger nach einem einzelnen Urteil kaum absehen konnten, welche Konsequenzen sich hieraus tatsächlich für zukünftige Entscheidungen ergeben könnten: Am Anfang des Prozesses war nicht sicher, ob und wie die Kapitalverkehrsfreiheit als Beschränkungsverbot ausgelegt werden würde (siehe Kapitel 5.2). Ende der 1990er-Jahre begann sich hier in einigen ersten Urteilen zur Kapitalverkehrsfreiheit (siehe hierzu die Einleitung zu Abschnitt 5.3) zwar eine Antwort abzuzeichnen, aber zu diesem Zeitpunkt war immer noch ungewiss, ob hiervon auch tatsächlich (wie von der Kommission gefordert) Fragen der Unternehmenskontrolle betroffen sein würden. Als dann mit den ersten drei Urteilen zu Goldenen Aktien (siehe Kapitel 5.3) klar war, dass dies so sein würde, konnte allerdings mit Sicherheit nur gesagt werden, dass dies für den Spezialfall Goldene Aktien gilt. Ob – und wenn ja wie – davon auch andere Regelungen der Unternehmenskontrolle betroffen sein würden, blieb zunächst aber nach wie vor ungewiss. Erst mit den späteren Urteilen begannen sich in dieser Frage zunehmend klare Konturen der EuGH-Judikatur abzuzeichnen. So erläuterten die Richter etwa erst sehr spät genauer, nämlich im Urteil gegen die Niederlande (siehe Kapitel 5.3), was eine unternehmenskontrollrechtliche Beschränkung der Kapitalverkehrsfreiheit ausmacht. Und dass von dieser Rechtsprechung auch weitere Bestimmungen der Unternehmenskontrolle betroffen sein könnten, wurde im Fall des VW-Gesetzes zwar besonders deutlich (siehe Kapitel 6.2). Aber unter Juristen wird bis heute darüber gestritten, ob und wie sich die Kapitalverkehrsfreiheit als Maßstab nicht nur für staatliche Sonderkontrollrechte, sondern auch für andere nationale Bestimmungen zu Fragen der Unternehmenskontrolle heranziehen lässt.

Wenn aber ungewiss ist, ob und in welcher Form ein Ereignis eintritt – es also scheinbar lediglich um ein potenzielles, in der Zukunft liegendes Problem geht – wie lässt sich dann der nötige Widerstand organisieren? Wie können der enorme Aufwand und die erheblichen Kosten, die mit einer Korrektur der EuGH-Rechtsprechung verbunden sind, gerechtfertigt werden, angesichts eines Problems, welches möglicherweise gar nicht existiert? Durch die hohe Ungewissheit, die sich aus der schleichenden Entwicklung der EuGH-Rechtsprechung ergibt, sinkt das Vermögen, größere Gegenwehr zu mobilisieren, erheblich:

> Während also die langfristigen Nachteile eines einzelnen Urteils oft schwer zu erkennen sind, sind die dauerhaften Vorteile der Gemeinschaftsinstitutionen inklusive des EuGH immer evident. Dies lässt die Kritik am EuGH als integralem Bestandteil des gesamten institutionellen Settings kaum ratsam erscheinen. (Höreth 2008: 242)

Unterschiedliche Zeithorizonte von Richtern und politischen Akteuren

Folgt man Pierson und Alter, dann haben Politiker (im Vergleich zu Richtern) einen relativ begrenzten Zeithorizont, da sie in erster Linie daran interessiert sind, nur solche Ziele zu verfolgen, die ihre Wiederwahl nicht gefährden (Pierson 1996: 135f.; Alter 1998: 130ff., 2001: 186ff.). Dieser Interessenfokus führt dazu, dass sie – selbst wenn sie die langfristigen Folgen einer EuGH-Entscheidung erkennen – keine Energie auf die Korrektur solcher Urteile aufwenden werden, solange diese Urteile keine unmittelbaren negativen politischen Konsequenzen haben. Stattdessen verlassen sie sich auf eine Art »Feuermeldersystem«, das ihnen anzeigt, wann eine intensivere Beschäftigung mit einem Urteil geboten scheint – nämlich erst bei »politischem Alarm«. Dieses auf Reaktion ausgelegte Verhalten ist sinnvoll: So müssen die Politiker keine kostbare Energie auf politisch scheinbar Irrelevantes verwenden (solange sich niemand beschwert, ist alles in Ordnung). Zudem können sie Ansehen und Unterstützung bei den Wählern finden, wenn sie in brisanten Fällen aktiv werden.

> If a legal decision creates an immediately untenable political situation, fighting the decision may be a wise political strategy. However, if a legal decision does not cause a problem today, it is not worth expending political resources to mobilize against it. Even if the decision turns out to be a problem in ten years' time, the chances are that it will be left for other politicians to deal with. (Alter 2001: 186)

Dieses Argument lässt sich auch auf andere Akteure übertragen, die eine nationale Regelung bewahren wollen (etwa Verbands- oder Gewerkschaftsakteure). Zwar stellt sich bei diesen das Problem der Wiederwahl kaum oder gar nicht, aber auch ihnen geht es in erster Linie darum, die für sie unmittelbare Bedrohung zu bannen. Die weitergehenden, zukünftigen Folgen eines Urteils sind dann oftmals von zweitrangigem oder gar peripherem Interesse, da es andere viel mehr betrifft. Die Unsicherheit über die zukünftige Entwicklung der Rechtsprechung dürfte diese Orientierung von Politikern wie anderen Akteuren wohl noch zusätzlich verstärken.

Demgegenüber ist, so Alter, der Zeithorizont von Richtern deutlich langfristiger ausgelegt (Alter 2001: 186). Ihr Interesse gelte weniger den unmittelbaren

Auswirkungen eines Urteils, sondern vorrangig der Entwicklung und Festigung der rechtsdogmatischen Grundsätze. Laut Alter erwachse aus diesem Motiv ein Spielraum, den der EuGH durchaus nutzen könne, um auf die primären Interessen der politischen Akteure Rücksicht zu nehmen und so potenziellem Widerstand gegen seine dogmatischen Anstrengungen entgegenzuwirken. Denn wenn es dem EuGH in seinen Urteilen primär um Grundsätzliches gehe, dann könne er die unmittelbaren Konsequenzen einer Entscheidung für den Mitgliedstaat als zweitrangig betrachten und versuchen, diese abzumildern. Eine Technik hierfür sei beispielsweise, in politisch brisanten Fällen, die eine Gegenreaktion wahrscheinlich machen, zwar Grundsätzliches zu entscheiden beziehungsweise zu bestätigen, zugleich aber Argumente zu finden, um zu begründen, warum diese Grundsätze im konkreten Fall nicht oder nur sehr eingeschränkt zur Anwendung kommen (Alter 1998: 131).

Beispielhaft hierfür ist etwa die Entscheidung im für die »Konstitutionalisierung« der europäischen Verträge so wichtigen Fall »Costa/ENEL«.[4] In diesem Rechtsstreit ging es konkret um die Frage, ob Italien seinen Stromerzeuger ENEL wie beabsichtigt verstaatlichen durfte oder nicht. Abstrakt war hier aber sehr viel mehr im Spiel: nämlich die Frage, ob europäisches Recht über nationalem Recht steht. Zwar bejahten die Richter prinzipiell die Vorrangwirkung des europäischen Rechts, zugleich entschieden sie im konkreten Sachverhalt aber zugunsten Italiens. Folglich konnte die italienische Regierung ihr Privatisierungsvorhaben weiterverfolgen. Von den »konstitutionellen Klarstellungen waren die kurzfristigen Interessen Italiens jedenfalls nicht mehr direkt berührt, so dass für eine mögliche Kritik am Urteil von ihrer Seite kein unmittelbarer Anlass mehr bestand« (Höreth 2008: 242).

Dieses Argument über die unterschiedlichen Zeithorizonte von nationalen Verteidigern einerseits und EuGH-Richtern andererseits lässt sich auch für die Erklärung der Integration durch Recht auf dem Gebiet der Unternehmenskontrolle heranziehen. Die Kurzsichtigkeit der Verteidiger zeigte sich etwa daran, dass sie das problematische Potenzial des sehr weiten Beschränkungsbegriffs zwar gesehen und kritisiert haben. Handlungsrelevant für ihre Abwehrbemühungen wurde dies allerdings nur in solchen Fällen, in denen sich aus dieser Problematik eine vermeintlich aussichtsreiche Verteidigungsstrategie für die konkrete nationale Regelung ergab: Im britischen Fall war in Anbetracht der ersten Urteile wohl abzusehen, dass der Betrieb von Flughäfen nicht als zulässiger Rechtfertigungsgrund für ein staatliches Sonderrecht vom EuGH akzeptiert worden wäre. Statt also die Goldene Aktie bei BAA als gerechtfertigt zu verteidi-

4 Slg. 1964, S. 1141, Urteil des EuGH vom 15. Juli 1964 in Rs. C-6/46 (Costa/ENEL). Siehe hierzu auch Kapitel 3.1.

gen, erschien es sinnvoller, die Verteidigung über den Beschränkungsbegriff zu versuchen. Die wesentliche juristische Argumentation der Briten war also, den satzungsmäßigen Charakter ihrer Maßnahme als außerhalb des Anwendungsbereichs der Kapitalverkehrsfreiheit darzustellen (siehe Kapitel 5.2). Sollte der EuGH dies anders sehen, so die britische Regierung, dann würde er die Reichweite dieser Grundfreiheit auf unzulässige Weise überdehnen. Auch die Niederländer versuchten ihre Sonderrechte mit einer ähnlichen Argumentation zu verteidigen (siehe Kapitel 5.2), und beim Streit um das VW-Gesetz lässt sich diese Strategie besonders deutlich erkennen (siehe Kapitel 6.2). Die Verteidigung über die Rechtfertigungskriterien zu versuchen, schien bei einem Automobilhersteller wohl weniger aussichtsreich als der Hinweis, dass hier keine Beschränkung des Kapitalverkehrs vorlag. Die potenzielle Uferlosigkeit des Beschränkungsbegriffs wurde also lediglich instrumentell für die Verteidigung konkreter Sachverhalte eingesetzt. Dass durch den sehr weiten Beschränkungsbegriff aber zukünftig viele andere nationale Unternehmenskontrollbestimmungen angegriffen werden können, löste keinen größeren, über die Einzelfälle hinausgehenden Widerstand der Mitgliedstaaten aus. Und das, obwohl es langfristig das viel größere Problem ist als die Einschränkung des Einsatzes von Goldenen Aktien.

Aber auch die langfristigere Orientierung der Richter lässt sich hier erkennen, genauso wie das Phänomen, wonach sie durch den strategischen Einsatz von Zugeständnissen im konkreten Fall die Kurzsichtigkeit der nationalen Verteidiger nutzen können, um weitreichende dogmatische Entscheidungen durchzusetzen oder bestehende Grundsätze zu schützen. So etwa, als der EuGH in den ersten drei Goldene-Aktien-Fällen erstmals das sehr weite Beschränkungsverbot verkündete (siehe Kapitel 5.3). Obwohl er einen Präzedenzfall mit potenziell sehr weitreichenden Konsequenzen für die Regulierung der Unternehmenskontrolle schuf, machte der Gerichtshof den Mitgliedstaaten insofern ein Zugeständnis (gegen den Willen der Kommission), als er ihnen bei der Rechtfertigungs- und Verhältnismäßigkeitsprüfung einen Ausweg konstruierte. Statt staatliche Sonderrechte gänzlich zu verbieten, zeigte er am Beispiel der belgischen Regelung, dass dieses Instrument sehr wohl in Einklang mit der Kapitalverkehrsfreiheit zu bringen ist. Goldene Aktien waren fortan beschränkt – verloren waren sie nicht. Dies signalisierte den nationalen Regierungen, die ihre Goldenen Aktien behalten wollten, dass ein Verfahren vor dem EuGH prinzipiell gewonnen werden könnte. Wenn für die Mitgliedstaaten aber die Aussicht auf juristischen Erfolg, wenn *Hoffnung* besteht, warum sich die Mühe eines langwierigen politischen Gegenschlags machen, dessen Erfolgsaussichten bestenfalls ungewiss wären?

Auch im VW-Gesetz-Fall erkennt man dieses Muster, allerdings machten die Richter hier ein Zugeständnis nicht über den Rechtfertigungs- und Verhältnismäßigkeitstest (was wohl auch nur gegangen wäre, wenn man die frühere Rechtsprechung zugunsten der mitgliedstaatlichen Autonomie ignoriert oder zurückgenommen hätte), sondern durch ein salomonisches Urteil, welches den deutschen Verteidigern einen Ausweg ließ (siehe die Kapitel 6.2 und 6.3). Statt die drei strittigen Regelungen des VW-Gesetzes eindeutig jeweils für sich genommen als Vertragsverletzung zu erklären, wählten die Richter eine nicht ganz eindeutig zu interpretierende Formulierung: Indem sie (scheinbar) lediglich die Kombination von Höchststimmrecht und Sperrminorität rügten, blieb den Deutschen der Ausweg, nur eine der beiden Regelungen zu streichen. Der Bedarf, auf Korrekturen der Rechtsprechung zu drängen, dürfte sich hierdurch erheblich verringert haben.

Die ohnehin schon starke Orientierung der nationalen Verteidigungsbemühungen auf die konkreten Fälle wurde somit durch die Zugeständnisse des EuGH noch verstärkt. Denn wenn die Mitgliedstaaten den Eindruck gewinnen, eine juristische Auseinandersetzung vor dem EuGH müsse nicht zwangsläufig mit einer absoluten Niederlage verbunden sein, dann werden sie auch weiterhin ihre Abwehrbemühungen auf die unmittelbar gegebene Problemlage konzentrieren.

Verbleibender Spielraum zur Schadensbegrenzung: »kreative Compliance«

Die Analyse der Auseinandersetzung um das VW-Gesetz hat gezeigt, dass den nationalen Verteidigern bei der Eindämmung der konkreten Folgen eines Urteils noch Handlungsmöglichkeiten bleiben (siehe Kapitel 6.3). Dies vermindert ebenfalls die Wahrscheinlichkeit, dass es zu größerem Protest und Korrekturversuchen gegen die Rechtsprechung des EuGH kommt. Die nationale Verteidigerkoalition war im konkreten Fall stark und stabil genug, um gleich zwei schadensbegrenzende Optionen zu verwirklichen, die keine offene Missachtung des EuGH-Urteils bedeuteten. Zum einen nutzten die Verteidiger die vom Gerichtshof eingeräumte Option zur Schadensbegrenzung (durch die Formulierung »in Verbindung« konnte die wichtigste der angegriffenen Bestimmungen, die Sperrminorität, erhalten bleiben). Zum anderen konnten sie andere, vom allgemeinen deutschen Aktienrecht eingeräumte Instrumente der Unternehmenskontrolle nutzen, um den *status quo ante* weitgehend zu erhalten (über satzungsmäßige Veränderungen wurde ein zweiter, hinter dem VW-Gesetz liegender Verteidigungswall aufgebaut).

Hier zeigt sich also, dass die – in der Forschung vorherrschende – dichotome Unterscheidung zwischen »Compliance« einerseits und »Non-Compliance« andererseits die nationale Reaktion auf ein Urteil nicht ausreichend erfasst (so auch Blauberger 2012). Es ist nämlich gerade der Raum zwischen diesen beiden Polen, der entscheidend dazu beiträgt, dass sich die Mitgliedstaaten mit der Verteidigung der konkreten Streitgegenstände begnügen. Wenn einerseits nicht klar ist, wie sich die Rechtsprechung zukünftig entwickeln wird, andererseits aber im konkreten Fall durchaus noch echte Exit-Optionen bestehen (das heißt Möglichkeiten der Schadensbegrenzung, ohne offen gegen das Rechtstaatsprinzip zu verstoßen), wird verständlich, warum die nationalen Verteidiger keinen Versuch zur Organisation eines kollektiven legislativen Schlags gegen die EuGH-Rechtsprechung angestoßen haben. Durch die Schadensbegrenzung im konkreten Fall nimmt der unmittelbare Druck ab, gegen den EuGH und die über den Fall hinausweisenden Konsequenzen eines Urteils vorzugehen. Und für die politischen Akteure hat dieses Vorgehen sogar den Vorteil, sich um die Verteidigung des Gesetzes verdient gemacht zu haben (was sich wiederum an der Wahlurne auszahlen könnte).

Der VW-Gesetz-Fall zeigt aber auch, dass diese Optionen keine dauerhaften Lösungen sind. Zum einen ändern sie nichts an der grundsätzlichen Ausrichtung der EuGH-Rechtsprechung, zum anderen provozieren sie weitere Klagen. Letzteres deutet gar darauf hin, dass das Problem der Integration durch Recht durch die kreative Compliance eher noch verschärft wird, da der EuGH durch die neuen Klagen zur weiteren Präzisierung seiner Rechtsprechung genötigt wird.

Zusammengenommen können diese drei Gründe – kleine Schritte, Kurzsichtigkeit der politischen Akteure, Möglichkeiten der Schadensbegrenzung – einen Beitrag zur Erklärung der Frage leisten, warum größerer Protest und legislativer Widerstand gegen den Erfolg der Integration durch Recht im Bereich der Unternehmenskontrolle bislang ausgeblieben sind. Die Mitgliedstaaten haben die judikative Integration sehr wohl aufzuhalten versucht, da sie die sich hieraus ergebende Problematik zum Teil genau erkannten. Dennoch blieb ihr Widerstand eher halbherzig. Dies ist allerdings weder auf einen neuen Konsens unter den Mitgliedstaaten noch auf die depolitisierende Wirkung des Rechts oder die geringen Erfolgsaussichten politischer Korrekturversuche zurückzuführen. Die Mitgliedstaaten schritten gegen die Integration durch Recht vielmehr deshalb nicht richtig ein, weil aus ihrer Sicht das Problem nicht akut genug war, sie ihre Verteidigung lieber auf die konkreten Fälle konzentrierten und weil es noch genügend unmittelbare Möglichkeiten zur Schadensbegrenzung gab. Dies macht plausibel, warum die Regierungen den Expansionismus der Integration durch Recht auch in politisch sensiblen Bereichen nicht unterbinden. Denn politische Brisanz führt offensichtlich nicht automatisch zu (mehr) Widerstand.

7.5 Fazit: Die Stärke der Integration durch Recht

Die in diesem Kapitel angeführten Ursachen waren für den Erfolg der judikativen Integration auf dem Gebiet der Unternehmenskontrolle maßgeblich. Insgesamt widerspricht dies der zentralen Annahme der Intergouvernementalisten, der Fortgang der europäischen Integration werde allein von den Mitgliedstaaten bestimmt. Zwar haben die Regierungen den hier untersuchten Prozess sehr wohl ausgelöst, aber welche Konsequenzen damit einhergingen, entzog sich ihrer Kontrolle. Vielmehr erwies sich die wesentliche Einschätzung des Supranationalismus als zutreffend. Die Unachtsamkeit der Mitgliedstaaten bei der Vertragsänderung in Maastricht nutzten Kommission und EuGH in ihrem Interesse aus und trugen erfolgreich zur Vertiefung der Integration bei. Dieser Erfolg beruhte jedoch teilweise auf anderen Gründen als den von den Supranationalisten angeführten. So bestätigte sich zwar deren generelle Ansicht, wonach die Kommission gegenüber den Mitgliedstaaten sehr durchsetzungsfähig ist. Die Ursachen für diese Durchsetzungsfähigkeit sind im Einzelnen jedoch, wie meine Untersuchung nachweist, erheblich zu differenzieren. Ein weiterer wesentlicher Beitrag dieser Arbeit resultiert zudem aus der Erklärung des Verhaltens der Mitgliedstaaten. Gerade hier erwies sich das Deutungsangebot des Supranationalismus als wenig überzeugend. Demgegenüber biete ich eine alternative Erklärung für dieses Verhalten an, indem ich die fehlenden Handlungsanreize für Korrekturversuche seitens der nationalen Regierungen betone. Hierdurch lässt sich der Erfolg der judikativen Integration auf dem Gebiet der Unternehmenskontrolle deutlich besser erklären, als es bisher der Fall war.

Damit trägt die Arbeit zugleich auch zu einem besseren Verständnis der judikativen Integration im Allgemeinen bei: Denn implizit ist aus meinen Ergebnissen zu folgern, dass dieser Politikdurchsetzungsmodus durchschlagskräftiger ist, als selbst so mancher Supranationalist vermutet hätte. Denn nicht nur sind nachträgliche Korrekturen der EuGH-Rechtsprechung fast aussichtslos – eine wesentliche Erkenntnis der supranationalistischen Literatur –, sondern es ist offensichtlich ebenso aussichtslos, die judikative Integration in einem frühen Stadium zu unterbinden: Augenscheinlich gelingt es selbst starken Abwehrkoalitionen nicht, die Kommission von Klagen abzuhalten. Und auch der EuGH lässt sich in solchen Fällen nicht zu größeren Zugeständnissen an mitgliedstaatliche Autonomie oder Liberalisierungsvorbehalte bewegen. Schließlich kommt noch hinzu, dass mangelnder Antrieb der nationalen politischen Akteure die Bereitschaft effektiv reduziert, gegen den EuGH und seine Rechtsprechung aufzubegehren. Insgesamt erscheint die Integration durch Recht daher als weitgehend unkontrollierbar und damit unaufhaltsam.

Kapitel 8
Schlussbetrachtungen

Abschließend soll noch einigen allgemeineren Implikationen meiner zentralen Untersuchungsergebnisse nachgegangen werden: Was lässt sich angesichts der hier herausgestellten Erkenntnisse über die Zukunft der Unternehmenskontrolle in Europa sagen? Und wie könnte sich die hohe Durchschlagskraft der judikativen Integration auf die Akzeptanz des europäischen Integrationsprojekts auswirken?

8.1 Die Zukunft der Unternehmenskontrolle in der EU

Obwohl die Urteile zu Goldenen Aktien und VW-Gesetz lediglich in einem sehr speziellen Gebiet der Unternehmenskontrolle marktschaffend wirkten, ist eine deutliche Mehrheit der juristischen Beobachter davon überzeugt, dass die in diesen Urteilen entwickelte Dogmatik auch auf andere Bereiche dieses Politikfelds liberalisierende Effekte entfalten wird. Angesichts der Erkenntnisse dieser Arbeit liegt zudem der Schluss nahe, dass dieser von Juristen erwartete Liberalisierungsschub – wenn er denn kommt – kaum aufzuhalten sein wird. Doch wie wahrscheinlich ist es, dass dieser Schub tatsächlich eintritt? Und für den Fall, dass das vorhandene Liberalisierungspotenzial ausgeschöpft werden wird: Wie sähe die Regulierung der Unternehmenskontrolle in der EU zukünftig aus?

Damit sich die Integration durch Recht auch auf weitere Bereiche der Unternehmenskontrolle auswirken kann, müssen grundsätzlich drei Bedingungen erfüllt sein.

Erstens braucht es ausreichend Kläger, die das Potenzial der Rechtsprechung zu den staatlichen Sonderrechten erkennen und für andere Unternehmenskontrollregelungen in Anspruch nehmen. Nur so wird der EuGH überhaupt die Gelegenheit bekommen, seine bisherige Rechtsprechung weiter auszudehnen und zu verfestigen. Als mögliche Kläger kommen prinzipiell einzelne Mitgliedstaaten, die Kommission sowie Private[1] in Betracht. Allerdings ist die Wahrscheinlichkeit, dass diese Akteure den EuGH auch tatsächlich anrufen, je nach Akteur unterschiedlich hoch. So ist es etwa bis heute nicht üblich, dass sich die Mitgliedstaaten untereinander wegen möglicher Vertragsverletzungen verklagen (Stone Sweet 2010: 13). Vielmehr überlassen sie diese Aufgabe weitgehend der Kommission, die als »Hüterin der Verträge« explizit dafür zuständig ist. Es hat sich gezeigt, dass die Kommission – sobald es eine interne Mehrheit dafür gibt – auch in politisch sehr sensiblen Fällen nicht von einer Klage abgehalten werden kann. Es ist aber fraglich, ob es innerhalb der Kommission ausreichenden Willen gibt, die Liberalisierung der Unternehmenskontrolle allein über Vertragsverletzungsverfahren voranzutreiben. Im VW-Fall zeigte sich etwa, dass das Argument der Deutschen, hier würde allgemeines Unternehmenskontrollrecht angegriffen, das Vertragsverletzungsverfahren fast zum Scheitern brachte. Trotz ihrer großen Autonomie scheint die Kommission also ein Gespür für politisch Vertretbares zu haben. Es ist jedoch fraglich, inwieweit sich diese Zurückhaltung durchhalten lässt, wenn die Kommission durch Beschwerden, vor allem von Privaten (siehe Porsche), unter Handlungsdruck gerät. Immerhin ist sie verpflichtet, diesen Beschwerden nachzugehen. Bei individuellen privaten Klägern dürfte politische Rücksichtnahme hingegen kaum zur Verminderung der Klagebereitschaft führen, was das Agieren von Porsche im Fall des VW-Gesetzes eindrücklich belegt. Zugleich macht das Beispiel Porsche aber auch auf eine grundlegende Schwierigkeit aufmerksam, die sich bremsend auf das Klageverhalten von Privaten auswirken dürfte. Im Gegensatz zur Kommission können Private den EuGH nämlich nicht direkt anrufen, sondern müssen entweder die Kommission zu einer Klage bewegen oder ein nationales Gericht davon überzeugen, ihren Fall dem EuGH zur Vorabentscheidung vorzulegen. Dies führt zu einer nächsten Bedingung, die für weitere Integration durch Recht erfüllt sein muss.

Zweitens müssen sich nämlich die nationalen Gerichte auch weiterhin als »Komplizen« des EuGH erweisen. Denn nur, wenn sie weiter das Vorabentscheidungsverfahren nutzen, bekommt der EuGH die Chance, über Klagen Privater (die wohl bedeutendste Quelle der judikativen Integration; Kelemen 2006: 109ff.) zu befinden. Die Forschung hat allerdings gezeigt, dass sich die Rolle der nationalen Gerichte in dieser Hinsicht von Mitgliedstaat zu Mitgliedstaat zum Teil deutlich unterscheidet (Slaughter/Stone Sweet/Weiler 1998; Alter 2001; Davies 2012). Und auch im VW-Gesetz-Fall erwies sich, dass das Verhalten der nationalen Gerichte keinem Automatismus zu unterliegen scheint. Die

1 Im Gegensatz zu Mitgliedstaaten und Kommission können Einzelpersonen oder juristische Personen den EuGH nicht direkt anrufen. Sie können lediglich versuchen, ein nationales Gericht dazu zu bewegen, ihren Fall dem EuGH zur Vorabentscheidung vorzulegen (siehe hierzu Kapitel 3.2).

Auseinandersetzung um das Gesetz wäre vielleicht anders ausgegangen, hätte das Landgericht Hannover den Satzungsstreit, wie von Porsche gefordert, dem EuGH vorgelegt. Stattdessen kamen die deutschen Richter zur selben Rechtsauffassung wie Bundesregierung, Landesregierung und VW-Arbeitnehmer und leisteten somit einen entscheidenden Beitrag zur Aufrechterhaltung des Gesetzes. Jedoch erscheint es nicht plausibel, dass die nationalen Gerichte dem EuGH zukünftig jegliche Mitarbeit verweigern werden. Schließlich profitieren die nationalen Gerichte, insbesondere auf niederer Ebene, von dieser Zusammenarbeit, da sie hierdurch ihre Handlungsspielräume gegenüber nationaler Politik und nationalen Höchstgerichten erweitern (Burley/Mattli 1993; Stone Sweet/Brunell 1998; Alter 2001).

Drittens schließlich dürfen die Mitgliedstaaten weder dazu übergehen, die EuGH-Rechtsprechung in großem Stil zu ignorieren beziehungsweise zu umgehen, noch diese sekundärrechtlich oder vertraglich zu korrigieren. Das vollständige Ignorieren von EuGH-Urteilen dürfte jedoch als Verletzung des Rechtsstaatsprinzips gelten und daher kaum als einsetzbare Option in Betracht gezogen werden. Realistischer erscheint, dass die Auswirkungen von Urteilen seitens der Mitgliedstaaten kreativ gehandhabt werden, um so innenpolitisch negative Effekte zu vermeiden. Der VW-Fall illustriert dies eindrücklich: Statt das VW-Gesetz gänzlich aufzugeben, wurde das Urteil lediglich im Modus einer Abschwächung des Gesetzes interpretiert. Zudem zeigte sich, dass das deutsche Aktienrecht eine Reihe von Möglichkeiten bereithält, die es erlauben, die Wirkung des Gesetzes auch mit satzungsrechtlichen Mitteln zu erhalten. Allerdings könnte sich diese kreative Compliance als kurzlebig erweisen, da dies weitere Klagen nach sich ziehen kann – wie das erneute Vertragsverletzungsverfahren der Kommission gegen Deutschland zeigt. Auf diese Weise könnten die verbleibenden Spielräume nationaler Restsouveränität nach und nach gänzlich abgetragen werden. Als bessere Lösung würden sich daher legislative Maßnahmen auf europäischer Ebene anbieten. Diese Option ist jedoch schwierig zu realisieren, angesichts der hohen Konsensanforderungen (qualifizierte Mehrheit im Rat und einfache Mehrheit im EP bei Sekundärrecht, Einstimmigkeit im Rat bei Vertragsänderungen) sowie den zum Teil erheblichen Interessenunterschieden zwischen den Mitgliedstaaten (Höpner/Schäfer 2012; Scharpf 2010). Es bleibt natürlich abzuwarten, ob sich im Bereich der Unternehmenskontrolle dafür nicht doch noch ein entsprechender Konsens organisieren lässt. Die bisherige Geschichte all jener Versuche, das Politikfeld auf europäischer Ebene zu regulieren, spricht aber nicht dafür, dass dies sehr bald eintreten könnte.

Die Wahrscheinlichkeit, dass die Integration durch Recht im Bereich Unternehmenskontrolle weiter voranschreiten wird, ist folglich als hoch einzuschätzen.

Es werden mit großer Sicherheit weitere Klagen initiiert werden, wenn auch eher von privater Seite als von der Kommission, und die Mitgliedstaaten dürften erhebliche Schwierigkeiten bei der Eindämmung dieser Entwicklung haben. Auch die nationalen Gerichte werden diese Entwicklung kaum in größerem Maße verhindern, obwohl ihre Rolle und ihr Verhalten in diesem Prozess weiterer Forschung bedürfte. Wenn die judikative Integration angesichts dieser Aussichten aber auch in Zukunft weitergehen wird, dann liegt es letztlich allein beim EuGH, über die Zukunft der Unternehmenskontrolle in der EU zu entscheiden. Denkbar sind hier drei Szenarien, die sich hinsichtlich der Wahrscheinlichkeit ihres Eintretens allerdings voneinander unterscheiden.

Das erste Szenario wäre das *Ausbleiben von weiterer Liberalisierung*. Damit dies eintreten kann, müsste sich der EuGH in Selbstbeschränkung üben und die Übertragung der in den bisherigen Urteilen entwickelten dogmatischen Grundsätze auf andere Bereiche der Unternehmenskontrolle verweigern. Hierdurch bliebe die Rechtsprechung auf den Spezialfall Goldene Aktien begrenzt und könnte somit keine zusätzliche liberalisierende Wirkung entfalten. Tatsächlich finden sich auch in der juristischen Literatur Stimmen, die solch ein Szenario für wahrscheinlich halten (etwa Ruge 2002; Bekkum/Kloosterman/Winter 2008). Diese Einschätzungen werden jedoch nur von einer Minderheit vertreten. Die Mehrheit der Juristen hält dagegen die Anwendung des Beschränkungsverbots auf weitere Fragen der Unternehmenskontrolle nicht nur für »logisch« (Ringe 2008: 234), sondern auch für geboten. Schließlich würden allgemeine Unternehmenskontrollregelungen aufgrund ihres flächendeckenden Adressatenkreises eine viel größere Beschränkungswirkung entfalten als Spezialregelungen wie Goldene Aktien, die lediglich für einzelne Unternehmen gelten (Grundmann/Möslein 2003: 333). Darüber hinaus lassen sich noch zwei weitere Gründe anführen, die gegen dieses Szenario sprechen. Zum einen ist die Integration durch Recht bislang eine »Geschichte der Expansion«. Seit seinen ersten, »revolutionären« Urteilen hat der EuGH die Reichweite europäischen Rechts kontinuierlich auf immer neue Sachbereiche ausgeweitet (vgl. nur die Beispiele in Roth/Hilpold 2008 und Scharpf 2009b). Angesichts dessen wäre es mehr als verwunderlich, wenn der EuGH ausgerechnet die Unternehmenskontrolle von diesem Ausdehnungsprozess ausnehmen würde. Zum anderen könnte es rechtsimmanent schwierig werden, eine Begrenzung der bisherigen Rechtsprechung zu begründen (siehe dazu die Ausführungen zum dritten Szenario):

> Tatsächlich dürfte auch für diese [Rechtsprechung] ein Moment kennzeichnend sein, das uns von manchen Entwicklungen nationaler Höchstgerichte vertraut ist, nämlich dass eine bestimmte Judikatur im Ansatz der Zielrichtung wie der Begründung nach durchaus plausibel erscheint, dass es dann aber oftmals Schwierigkeiten bereitet, ihre Ausuferungen mit dogma-

tisch gesicherten Mitteln zu begrenzen, die ansonsten zu schlicht unvertretbaren Ergebnissen führen würden. (Roth 2008: 470)

Ein zweites Szenario wäre die *radikale Liberalisierung*, also das genaue Gegenteil des ersten. Demzufolge würde der EuGH die Ausweitung seiner bisherigen Rechtsprechung auf andere Bereiche der Unternehmenskontrolle bejahen und sämtliche nationalen Regelungen daran messen, ohne große Zugeständnisse bei der Rechtfertigungsprüfung zu machen. Dies würde dann nicht nur für Regelungen wie etwa aktienrechtliche Bestimmungen oder die deutsche Mitbestimmung gelten, die die Mitgliedstaaten den Unternehmen verbindlich vorschreiben. Ebenso wären davon privatrechtliche Bestimmungen betroffen, die den Eigentümern bestimmte Möglichkeiten bei der Kontrolle ihres Unternehmens lediglich eröffnen. Das heißt, wenn etwa ein Mitgliedstaat den Aktionären das Recht einräumt, sich gegen feindliche Übernahmen zu wehren, so wäre dies nur dann mit dem freien Kapitalverkehr zu vereinbaren, wenn hieraus keine Einschränkung für andere Aktionäre entstünde. Die bindende Wirkung der Grundfreiheiten für Private, die sogenannte unmittelbare Drittwirkung, hat der EuGH in einer Reihe von Urteilen zu anderen Grundfreiheiten bereits bestätigt (Streinz/Leible 2000; Kingreen 2003: 676ff.). Zudem hat er auch die mittelbare Drittwirkung herausgestellt, wonach die Mitgliedstaaten verpflichtet sind, Einschränkungen der Grundfreiheiten durch Private zu unterbinden (Demirakou 2011: 93ff.; Pläster 2008: 174). Tatsächlich findet sich auch in der juristischen Literatur zuweilen die Einschätzung, dass der Unternehmenskontrolle diese maximale Liberalisierung bevorstehen könnte (Grundmann/Möslein 2003; Möslein 2007). Allerdings ist auch dies eine Minderheitenposition innerhalb der Rechtswissenschaft, und einige Befunde meiner Arbeit sprechen ebenfalls gegen dieses Szenario. Das Urteil gegen Belgien sowie das VW-Gesetz-Urteil haben deutlich gemacht, dass die Richter des EuGH die Liberalisierung nicht um jeden Preis verfolgen und sich durchaus auf – kleinere – Zugeständnisse einlassen. Dabei muss freilich berücksichtigt werden, dass dieses Entgegenkommen die Rechtsprechung des EuGH keinesfalls korrigiert oder zurückgenommen hat. Wenn das Szenario einer radikalen Liberalisierung tatsächlich eintreten sollte, dann wohl nur in Form von kleinen, vorsichtigen Schritten.

Ein drittes Szenario wäre das der *moderaten Liberalisierung*. Auch hier würde der EuGH seinen bisherigen Kurs weiter fortsetzen und die bereits vollzogene Entwicklung der Rechtsprechung auf andere Regelungsbereiche der Unternehmenskontrolle ausweiten. Allerdings würde er versuchen, dieser Ausdehnung ihre radikalsten Auswüchse zu nehmen. Dazu hätte er jedenfalls mehrere dogmatische Möglichkeiten, bei denen allerdings fraglich ist, inwieweit sie für diesen Zweck geeignet sind:

- Der EuGH könnte eine Grenze bei der »Privatautonomie« ziehen, das heißt, lediglich zwingende Vorschriften der nationalen Unternehmenskontrollgesetzgebungen an den Grundfreiheiten messen (Pläster 2008: 174ff.; Rühland 2008: 517ff.). Aber wie oben bereits erwähnt, hat der EuGH die unmittelbare Drittwirkung in anderen Fällen inzwischen erkannt. Warum sollte er dies hier nun unterlassen? Aber selbst wenn: Auch die Grenzziehung bei der Privatautonomie würde liberalisierend auf viele nationale Regulierungsregime wirken, da obligatorische Vorschriften in voluntaristische Möglichkeiten verwandelt werden würden. Was den Mitgliedstaaten dann noch bliebe, wäre, den Kapitaleignern möglichst attraktive Unternehmenskontrollregelungen anzubieten. Dies mag vielleicht als autonomieschonender angesehen werden, der hierdurch verschärfte Systemwettbewerb dürfte den liberalisierenden Effekten der Rechtsprechung aber wohl kaum entgegenwirken.
- Der EuGH könnte zudem eine Grenze »à la Keck« auch für die Kapitalverkehrsfreiheit entwickeln, um die potenzielle Uferlosigkeit des bisherigen Beschränkungsbegriffs einzudämmen. In seinem Keck-Urteil[2] hatte der Gerichtshof bestimmte Regelungen (sogenannte Verkaufsmodalitäten wie Ladenöffnungszeiten usw.) nicht als Beschränkung der Warenverkehrsfreiheit anerkannt und damit einer umfassenden Liberalisierung der Gütermärkte einen Riegel vorgeschoben (Eilmansberger 1999: 436ff.; Kingreen 2003). Im Bereich der Kapitalverkehrsfreiheit hat der EuGH eine Keck-Analogie bislang zwar verweigert (siehe das Urteil gegen Großbritannien), Juristen sehen hierin allerdings noch nicht das letzte Wort (Wellige 2003; Demirakou 2011: 186ff.). Das Problem scheint hier aber zu sein, dass innerhalb der Rechtswissenschaft erhebliche Unklarheit darüber herrscht, wie solch eine Keck-Analogie im Bereich des Kapitalverkehrs aussehen könnte beziehungsweise ob sie überhaupt möglich ist (siehe dazu nur Roth 2008: 477ff.).
- Schließlich könnte der EuGH bei der Rechtfertigungsprüfung großzügig zugunsten der Mitgliedstaaten entscheiden (Ringe 2008: 234). Hierbei muss jedoch beachtet werden, dass – wie die Rechtsprechung zu den staatlichen Sonderrechten gezeigt hat – dieser Rechtfertigungstest die Mitgliedstaaten strukturell benachteiligt: Viele mitgliedstaatliche Interessen sind erst gar keine zulässigen Rechtfertigungsgründe (etwa wirtschaftspolitische oder fiskalische Ziele). Und selbst wenn es den Regierungen gelingt, einen legitimen Grund zu finden, dann muss die betroffene Regelung auch noch einen strengen Verhältnismäßigkeitstest bestehen. Um sich hierbei also großzügig zeigen zu können, müsste der EuGH einen ganz neuen Katalog zulässiger

2 Slg. 1993, S. I-6097, Urteil des EuGH vom 24. November 1993 in den Rs. C-267/91 und 268/91 (Keck).

Kriterien entwickeln. Allerdings habe ich in der juristischen Literatur niemanden gefunden, der sich hierfür ausgesprochen hat.

Angesichts der Schwierigkeiten, denen sich die Umsetzung des dritten Szenarios ausgesetzt sähe, sind also Zweifel an dessen Realisierungschancen angebracht. Gleichwohl hätte dieser Weg den Vorteil – jedenfalls aus Sicht der supranationalen Organe –, die Integration weiter voranzutreiben, ohne größeren politischen Widerstand zu provozieren. Denn dies würde den Mitgliedstaaten etwas größere Spielräume zur Verteidigung ihrer Interessen lassen und somit den Anreiz für sie verringern, Gegenmaßnahmen zu ergreifen.

Man mag über die Eintrittswahrscheinlichkeit dieser drei Varianten sicher auch zu anderen Einschätzungen gelangen. Doch scheint mir in Anbetracht der hier vorgetragenen Überlegungen alles darauf hinzudeuten, dass die Ausgestaltung der Unternehmenskontrolle in der EU zukünftig weiter in Richtung Liberalisierung voranschreiten wird. Ob dies konkret eher auf das Szenario der maximalen oder doch der moderaten Liberalisierung hinauslaufen wird, ist derzeit offen. Jedoch scheint es fraglich, ob die moderate Variante mit rechtsdogmatischen Mitteln überhaupt realisierbar ist. In jedem Fall sind es aber vor allem die Richter des EuGH – und nicht die politischen Akteure –, die diese Zukunft gestalten werden.

8.2 Die judikative Integration als Instrument zur Realisierung eines liberalen (Alb-)Traums

Angesichts der in dieser Arbeit identifizierten Gründe, die für eine hohe Durchschlagskraft der Integration durch Recht sprechen, sowie der daraus resultierenden Einschätzung, dass die Zukunft der Unternehmenskontrolle in Europa sehr wahrscheinlich liberaler sein wird als bisher, stellt sich abschließend die Frage einer Bewertung unter Aspekten legitimationstheoretischer Überlegungen. Im Folgenden werde ich diese Frage anhand der beiden zentralen Traditionen politischer Philosophie – Liberalismus einerseits, Republikanismus andererseits – erörtern. Dabei werde ich zeigen, dass die Effektivität der judikativen Integration und die damit verbundenen Konsequenzen aus liberaler Perspektive zu begrüßen, aus republikanischer Perspektive hingegen als problematisch einzuschätzen sind.[3]

3 Die in diesem Abschnitt formulierte Argumentation basiert im Wesentlichen auf den Arbeiten Scharpfs (statt vieler: Scharpf 2009b).

Unter »liberal« verstehe ich hier jene normative Tradition, die die Wahrung individueller Freiheit als oberstes Ziel des Regierens begreift (Döhn 1998), wobei diese Freiheit insbesondere als »Recht auf unreglementierte wirtschaftliche Transaktionen« (Günther 1992: 474) verstanden wird. Der Staat muss demzufolge auf die Aufgabe der Wahrung dieser Freiheit begrenzt bleiben, da alle Maßnahmen, die darüber hinausgehen, freiheitsbeschränkend und damit illegitim sind. Dieses Ideal lässt sich am besten verwirklichen, indem die Einführung freiheitsbeschränkender Maßnahmen so schwierig wie möglich gemacht wird. Ein entsprechendes Mittel dazu wäre, die Verabschiedung von Gesetzen an sehr hohe Konsensanforderungen (am besten Einstimmigkeit) zu koppeln. Aber auch konstitutionell verankerte Vetopositionen und die Pluralisierung der Interessenvermittlung können helfen, die Einschränkung oder Abschaffung der individuellen Freiheitsrechte zu verhindern.

Demgegenüber wird hier als »republikanisch« jene philosophische Strömung bezeichnet, die die Verpflichtung staatlichen Handelns auf den Allgemeinwillen als oberstes Ziel der Politik begreift (Llanque 2003; Pettit 1999; Bellamy 2007, 2008, 2011). Um zu verhindern, dass allein die Regierenden den Allgemeinwillen definieren, werden Maßnahmen empfohlen, die ein hohes Maß an Partizipation der Regierten sicherstellen. Dazu gehören vor allem Wahlen, die unter der Bedingung eines universellen Wahlrechts stattzufinden haben, sowie umfassende Prozesse öffentlicher Deliberation. Staatliches Handeln legitimiert sich demzufolge aus der »Herrschaft durch das Volk« und nicht, wie in der liberalen Perspektive, aus der »Herrschaft für das Volk«.[4]

Die liberale Perspektive: Hayek und das Ideal des »market-preserving federalism«

In seinem 1939 erschienenen Essay »The Economic Conditions of Interstate Federalism« argumentierte Friedrich A. Hayek, dass ein Zusammenschluss von Staaten zur Sicherung internationalen Friedens nur von Dauer sein könne, wenn diese Union auch von ökonomischer Integration begleitet werde (Hayek [1939]1980). Schließlich sei es gerade wirtschaftlicher Protektionismus, der die Menschen entlang nationaler Linien spalten würde. Durch die Schaffung eines gemeinsamen Marktes, auf dem sich Waren, Arbeit und Kapital frei und über die Landesgrenzen hinweg bewegen können, werde diese zentrale Friedensbedrohung jedoch beseitigt. Dieser Effekt sei möglich, weil der gemeinsame Markt die Fähigkeiten der einzelnen Mitgliedstaaten, in die Wirtschaft einzugreifen,

4 Dies verweist natürlich auf die oft verwendete, von Scharpf geprägte Unterscheidung zwischen »Input-« und »Output-Legitimation« (Scharpf 1999: 16ff.).

drastisch verringere. Denn die grenzüberschreitende Mobilität von Waren und Produktionsfaktoren würde die nationalen Vorgaben zu deren Besteuerung, Qualität und Herstellungsbedingungen einem kompetitiven Wettbewerb zugunsten der attraktivsten Bedingungen in der Union aussetzen:

> [P]rovided the state could not exclude commodities produced in other parts of the union, any burden placed on a particular industry by state legislation would put it at a serious disadvantage as opposed to similar industries in other parts of the Union. […] even such legislation as the restriction of child labor or of working hours becomes difficult to carry out for the individual state. (Hayek [1939]1980: 260)

Theoretisch sei denkbar, dass die Mitgliedstaaten versuchen würden, die verlorenen Kompetenzen zur Regulierung der Wirtschaft auf supranationaler Ebene durch Zentralisierung zurückzugewinnen. Aber die unterschiedlichen Interessen, die zwischen ihnen bestehen, machten dies zu einem aussichtslosen Unterfangen (Hayek [1939]1980: 263f.). Allein schon die Vielfältigkeit der Ausgangsbedingungen und die verschiedenen ökonomischen Entwicklungsstadien der einzelnen Länder stellten ein gewichtiges Hindernis bei der Einigung auf einheitliche Standards für den gemeinsamen Markt dar. Je größer die Heterogenität zwischen den Mitgliedstaaten der Föderation sei, desto unwahrscheinlicher sei solch eine Einigung. Und solange diese Mannigfaltigkeit nicht durch gemeinsame Überzeugungen, Ideale und Traditionen verdrängt würde, sei die Entstehung einer gemeinsamen, für alle gleichermaßen verbindliche Wirtschaftspolitik blockiert:

> Planning, or central direction of economic activity, presupposes the existence of common ideals and common values; and the degree to which planning can be carried is limited to the extent to which agreement on such a common scale of values can be obtained or enforced. (Hayek [1939]1980: 264)

Und um zu verhindern, dass dieses Unvermögen zur Einhegung des Regulierungswettbewerbs auf supranationaler Ebene in Desintegrationsbestrebungen (das heißt unilaterales Einführen von Beschränkungen des gemeinsamen Marktes) zurückschlägt, müsse die supranationale Ebene allerdings mit umfassenden Kompetenzen zur Abwehr dieser Gefahr ausgestattet werden:

> [I]t is scarcely sufficient to prohibit tariffs and similar obvious impediments to interstate commerce. Evasion of such rules by an individual state which has embarked upon a course of national planning by means of administrative regulations has proved so easy that all effects of protection can be achieved by means of such provisions as sanitary regulations, requirements of inspection, and the charging of fees for these and other administrative controls. In view of the inventiveness shown by state legislators in this respect, it seems clear that no specific prohibitions in the constitution of the federation would suffice to prevent such developments; the federal government would probably have to be given *general restraining powers* to this end. This means that the federation will have to possess *the negative power of preventing individual states*

from interfering with economic activity in certain ways, although it may not have the positive power of acting in their stead. (Hayek [1939]1980: 267; Hervorh. nicht im Orig.)

Hayeks Argumentation wurde später im Hinblick auf das europäische Integrationsprojekt immer wieder aufgegriffen. So empfahl etwa der Ökonom, politische Philosoph und Nobelpreisgewinner James M. Buchanan den Europäern eine föderale Ordnung, um endgültig mit den »politics without principle« des »sozialistischen Jahrhunderts«, das heißt umverteilender und marktbehindernder Politik, zu brechen (Buchanan 1990, 1995, 1995/96). Denn obwohl die Europäer am Ende des 20. Jahrhunderts zunehmend skeptisch gegenüber Politik und Staat eingestellt seien, könne nicht erwartet werden, dass hieraus automatisch eine Hinwendung zum »laissez-faire« erfolge. Geboten sei vielmehr die *konstitutionelle Beschränkung* von »interest-driven political interferences with markets« (Buchanan 1990: 11) – und die europäische Integration sei das geeignete Mittel hierzu:

Europe confronts a setting that will permit the rent-seeking pressures of modern democratic politics to be finessed, while, at the same time, ensuring that the damages inflicted by such pressures will be limited. (Buchanan 1990: 11)

Denn statt die Bemühungen der verschiedenen, nach Markteingriffen strebenden Interessengruppen direkt auf mitgliedstaatlicher Ebene zu bekämpfen beziehungsweise zu untersagen, genüge es, die Freiheiten von Individuen und Unternehmen durch die supranationale Ebene zu schützen. Der dadurch entstehende Systemwettbewerb entfalte den nötigen Druck, um den Einfluss der »rent-seekers« dauerhaft und nachhaltig zu reduzieren.

The independent efforts of interest groups, as they operate on and through the political processes within separate national economies, need not be explicitly prohibited by the constitution of the federal union. Nor need the responses of majority legislative coalitions to such efforts be expressly limited. So long as individuals and associations (firms) are protected by the constitution of the federal union in their liberties to purchase and to sell both producers' and consumers' goods freely throughout the territory of the union, particularized interferences with internal economic relationships within a single national unit will be policed with reasonable effectiveness by the forces of cross-national competition. (Buchanan 1990: 11)

Und wie auch Hayek warnte Buchanan davor, der supranationalen Ebene andere Kompetenzen als jene zur Aufrechterhaltung des gemeinsamen Marktes zu übertragen:

The Europe-wide economy has been substantially integrated, with historically unprecedented liberties of resource flows and trade across traditional national boundaries. Reform requires the establishment of a strong but limited central authority, empowered to enforce the openness of the economy, along with other minimal state functions. In this way, and only in this way, can the vulnerability of the individual European to exploitation by national political units be reduced. At the same time, however, the extension of the central authority's powers beyond such minimal limits must be rigidly opposed. (Buchanan 1995/96: 266)

Im Gegensatz zu Buchanan, der das Ideal eines »market-preserving federalism« (Weingast 1995) lediglich als Handlungsorientierung für zukünftige Integrationsschritte empfahl, sah der Rechtswissenschaftler Ernst-Joachim Mestmäcker[5] dieses Ideal in der EU bereits verwirklicht (Mestmäcker [1989]1993, [1991]1993, 1994, 2007). Schließlich setzten die europäischen Verträge eine »offene Marktwirtschaft« voraus und hielten dafür auch die maßgeblichen Rechtsprinzipien bereit. Der EuGH habe diese Prinzipien bereits früh durch seine Rechtsprechung konstitutionalisiert und damit dem Zugriff der Mitgliedstaaten entzogen:

Aufgabe der Gemeinschaft ist es bei dieser Betrachtung, die wirtschaftlichen Freiheitsrechte, den Binnenmarkt und das System unverfälschten Wettbewerbs mit Vorrang vor dem Recht der Mitgliedstaaten zu gewährleisten. Den Mitgliedstaaten bliebe es überlassen, die demokratische Legitimation beanspruchenden, diskretionären Politiken in eigener Zuständigkeit, aber unter den Bedingungen offener Märkte zu betreiben. Die damit verbundene *Neutralisierung des Politischen* [...] ist in der Verfassungsstruktur der Gemeinschaft angelegt.
(Mestmäcker 1994: 274; Hervorh. nicht im Orig.)

Diesen »Konstitutionalismus ökonomischer Vernunft« (Bogdandy 2001: 28) gelte es zu bewahren und weiter auszubauen, da das europäische Integrationsprojekt hierdurch nicht nur seine Form, sondern auch seine Legitimation beziehe: Die europäische Rechtsordnung sei

bestimmt und geeignet, die staatlichen und privaten Herrschafts- und Machtpotentiale [...] so zu begrenzen, dass sie mit der Selbstständigkeit und dem Wohlstand europäischer Bürger vereinbar bleiben. (Mestmäcker 2007: 5)

Betrachtet man das zentrale Ergebnis meiner Arbeit – den Befund, dass die Integration durch Recht tatsächlich kaum aufzuhalten ist – nun aus dieser Perspektive, dann ist dieses Ergebnis sicherlich zu begrüßen: Dieser Governance-Modus ist eine große Hilfe bei der Verwirklichung des liberalen Ideals eines »market-preserving federalism«. Nicht nur ist die supranationale Ebene mit eben jenen »general restraining powers« (Hayek) zur Beseitigung von Marktbeschränkungen versehen, die die Liberalen fordern. Meine Studie hat zudem gezeigt, dass die mit diesen Kompetenzen ausgestatteten Institutionen – Kommission und EuGH – in der Lage sind, diese Zuständigkeiten auch in politisch sensiblen Fällen effektiv durchzusetzen. Diese Effektivität beruht in hohem Maße auf der Tatsache, dass die supranationalen Institutionen bei der Wahrnehmung ihrer

5 Mestmäcker war Schüler Franz Böhms, eines wesentlichen Mitbegründers des deutschen Ordoliberalismus.

markterhaltenden Aufgaben fast gänzlich gegen direkte politische Einflussnahme immunisiert sind. Weder gelang es den Verteidigern nationaler Marktbeschränkungen die Kommission von ihren Klagen abzuhalten noch den EuGH zu größerem Entgegenkommen zu bewegen. Während die legislativen Verfahren in der EU den Liberalisierungsgegnern Möglichkeiten bieten, den Marktbefürwortern aufgrund von Partizipations- und Vetorechten Zugeständnisse abzuringen, sind Kommission und EuGH von Kompromisszwängen weitgehend befreit. Aus Sicht von Hayek und seinen Anhängern kann dies nur gut sein, da hierdurch individuelle Freiheitsrechte besonders gut vor der »Tyrannei der Mehrheit« beziehungsweise ausbeuterischen und freiheitsraubenden Verteilungskoalitionen geschützt werden.

Die Effektivität bei der Realisierung des Binnenmarkts gewinnt aber noch an Bedeutung, wenn man bedenkt, dass nachträgliche Korrekturen der durch diesen Modus geschaffenen Integrationsfortschritte sehr unwahrscheinlich sind. Wie ich gezeigt habe, mangelt es den nationalen Verteidigern selbst in so brisanten Fällen wie der Rechtsprechung zu Goldenen Aktien und VW-Gesetz bereits am nötigen Willen, solche Korrekturversuche überhaupt zu initiieren. Und selbst für den Fall, dass sich die Mitgliedstaaten einmal doch dazu entschließen sollten, Maßnahmen zur Einhegung der judikativen Integration zu ergreifen, dann wären diese wiederum nur durch Sekundärgesetzgebung oder Vertragsänderungen möglich. Angesichts der zahlreichen Vetomöglichkeiten, die diese Verfahren den Befürwortern und Profiteuren der EuGH-Rechtsprechung bieten, sind die Erfolgsaussichten dieser Korrekturmaßnahmen äußerst gering.

Zu der großen Autonomie der supranationalen Institutionen sowie der enormen Schwierigkeit, die durch die Integration durch Recht erzielten Integrationsfortschritte auf politischem Wege nachträglich zu korrigieren, kommt schließlich noch hinzu, dass diese Effektivität bei der Marktschaffung kaum durch marktbegrenzende Politik auf europäischer Ebene konterkariert werden kann. Damit ist neben der Stärke der EU zur Verhinderung von nationalen Markteingriffen auch die zweite, von den Liberalen geforderte Bedingung eines effektiven »market-preserving federalism« gegeben: die Schwäche der supranationalen Ebene bei der Marktbeschränkung.

Denn zum einen ist es nicht (oder jedenfalls nur sehr begrenzt) möglich, marktbegrenzende Politik über judikative Integration zu betreiben (Scharpf 1999, 2001, 2006, 2010). Die Kommission kann beispielsweise keine marktkorrigierenden Inhalte über Klageverfahren vor dem EuGH durchsetzen, da es weder im Primär- noch im Sekundärrecht der EU einschlägige Anknüpfungspunkte gibt. Aus demselben Grund kann auch der EuGH kein »soziales Europa« richterrechtlich erschaffen. Zwar gibt es inzwischen eine Reihe von Urteilen mit sozialem Inhalt, etwa jene zur Anti-Diskriminierung oder zum ungehinderten Zugang zu den nationalen Wohlfahrtssystemen für Bürger anderer Mitgliedstaaten. Ob diese Judikatur aber als Beitrag zur Etablierung von sozialen Schutzrechten, die vor den Unwägbarkeiten des Marktes schützen, angesehen werden kann, ist fraglich (bejahend: Caporaso/Tarrow 2009; ablehnend: Höpner/Schäfer 2010; Scharpf 2008, 2010: 222f.; Somek 2008).

Zum anderen zeichnen sich die auf europäischer Ebene bestehenden Verfahren, die zur Regulierung und Beschränkung des Binnenmarkts eingesetzt werden können, nicht durch eine der judikativen Integration vergleichbare Effektivität aus. Die Verabschiedung von Richtlinien etwa leidet unter dem von Hayek beschriebenen »Heterogenitätsproblem«: Die großen Unterschiede zwischen den Mitgliedstaaten und die gleichzeitig hohen Konsensanforderungen für die Verabschiedung solcher Richtlinien erschweren das Zustandekommen von Einigungen (Scharpf 2001, 2006, 2010; Höpner/Schäfer 2012). Der Umstand, dass es sich bei marktkorrigierenden Maßnahmen in der Regel um politisch sensible Fragen handelt, verschärft das Problem noch zusätzlich, da unter diesen Bedingungen Kompromisslösungen weit weniger realistisch sind (Scharpf 1999: 74ff.). Das Schicksal der in dieser Arbeit vorgestellten Richtlinienentwürfe zur Harmonisierung der Unternehmenskontrolle zeigt dies eindrücklich. Durch die beständige Aufnahme neuer Mitgliedstaaten in die Europäische Union sowie die Erweiterung der Mitsprachemöglichkeiten des Europäischen Parlaments bei der Verabschiedung von Richtlinien dürften die Chancen auf marktbeschränkende Politik auf supranationaler Ebene zudem noch weiter gesunken sein. Schließlich hat hierdurch nicht nur die Heterogenität zwischen den Mitgliedstaaten enorm zugenommen (siehe hierzu etwa die Angaben in Höpner/Schäfer 2008: 15ff.), auch die Möglichkeiten zur Blockade marktbeschränkender Politik sind gewachsen. Dieselbe Problematik – große Heterogenität bei gleichzeitig hohen Hürden der Beschlussfassung – erklärt auch die Ineffektivität anderer Politikinstrumente, die im Bereich der Marktregulierung beziehungsweise -begrenzung existieren, etwa der »Offenen Methode der Koordinierung« (Schäfer 2006; Schäfer/Leiber 2009) oder des »Sozialen Dialogs« (Schäfer/Streeck 2008).

Auf diese ungleichen Durchsetzungschancen von marktschaffender und marktkorrigierender Politik in der EU wies bereits Scharpf Ende der 1990er-Jahre hin (Scharpf 1999). Auch er identifizierte eine Asymmetrie zwischen »negativer« und »positiver Integration« zugunsten ersterer. Durch meine Arbeit gewinnt diese Einschätzung aber an Schärfe: Denn je durchschlagskräftiger die marktschaffende Integration durch Recht ist – ohne dass die Effektivität der Verfahren zur Marktbegrenzung gesteigert wird –, desto eher lässt sich das liberale Ideal des »market-preserving federalism« durchsetzen. Je ausgeprägter diese Asymmetrie ist, desto weniger ist zu befürchten, dass die durch die Integration durch Recht erzielten Liberalisierungsfortschritte durch andere Verfahren wieder zurückgenommen und konterkariert werden – ein Umstand, über den Hayeks Anhänger höchst erfreut sein dürften.

Die Legitimationsproblematik des Hayek'schen Ideals: Eine republikanische Kritik

Aus republikanischer Perspektive ist diese effektive Durchsetzung von individuellen Freiheitsrechten unproblematisch, *solange* dieses Ziel von allen Bürgern als erstrebenswert erachtet wird und diejenigen, die damit nicht einverstanden sind, die Chance haben, durch demokratische Verfahren Änderungen an dieser Zielvorstellung sowie an den in dieser Hinsicht bestehenden Errungenschaften vorzunehmen. Unter der Maßgabe von demokratischer Beeinflussbarkeit und Korrigierbarkeit lässt sich auch hinnehmen, dass die Durchsetzung dieser Freiheiten an sogenannte nicht majoritäre oder nicht politische Körperschaften – hier sind dies Kommission und EuGH – übertragen wird, die nicht denselben partizipativen Zwängen wie Parlamente und Regierungen unterliegen. Einem politischen System aber, in dem ökonomische Freiheiten durchgesetzt werden können, ohne dass ausreichende Möglichkeiten bestehen, dies in jenen gesellschaftlichen Bereichen zu unterbinden oder nachträglich zu korrigieren, in denen ein entsprechender Konsens fehlt, diesem System droht ein Legitimationsproblem. Und dieses beträfe dann nicht nur die konkreten Politikinhalte, etwa die Liberalisierung der Unternehmenskontrolle, sondern auch das politische System als solches.

In allen existierenden nationalen Demokratien spielen nicht politische Einrichtungen eine große Rolle,[6] in Deutschland sind hier vor allem das Bundesverfassungsgericht und – bis zur Einführung des Euros – die Deutsche Bundesbank zu nennen. Aus mehreren Gründen kann es sinnvoll sein, Aufgaben an solche Institutionen zu delegieren: Sie erleichtern die Entscheidungsfindung, steigern die Effektivität bei der Durchsetzung der von ihnen verfolgten Ziele und verbessern so die Leistungsfähigkeit des politischen Systems (Majone 2001). Aus dieser erhöhten Fähigkeit zur »Problemlösung« beziehen diese Einrichtungen ihre Legitimation. Allein der Umstand, dass in der EU bestimmte Aufgaben an die nicht politischen Institutionen Kommission und EuGH übertragen sind, ist daher noch nicht zwingend problematisch (Moravcsik 2002). Allerdings müssen

---

6 Die Bedeutung nicht politischer Institutionen hat in den letzten Jahrzehnten sogar erheblich zugenommen, was sich sowohl für unabhängige Zentralbanken (Rapaport/Levi-Faur/Miodownik 2009) als auch für sogenannte Regulierungsbehörden (Gilardi 2008; Jordana/Levi-Faur/Fernández i Marín 2011) sowie Gerichte belegen lässt (Bellamy 2007; Hirschl 2004).

bei der Beurteilung der Autonomie von Kommission und EuGH zwei wichtige Aspekte beachtet werden, die sie von vergleichbaren Institutionen in den Mitgliedstaaten unterscheiden.

Erstens sind Kommission und EuGH im Vergleich zu den nicht politischen Organen in den Nationalstaaten in viel geringerem Maße kontrollierbar. Mit welchen Schwierigkeiten es verbunden ist, die Gemeinschaftsorgane bei ihren Liberalisierungsbemühungen aufzuhalten, hat meine Untersuchung deutlich gemacht. Natürlich, auch in den Mitgliedstaaten genießen nicht majoritäre Institutionen ein hohes Maß an Autonomie. Gerade nationale Höchstgerichte sind mit erheblichen Handlungsspielräumen ausgestattet und die dadurch entstehende Problematik der Rechtsfortbildung betrifft nicht allein den EuGH (siehe zu Letzterem nur Walter 2009). Aber wenn diese Institutionen gewisse Grenzen überschreiten, können ihre Entscheidungen viel leichter korrigiert werden, weil die dazu notwendigen Maßnahmen – etwa Gesetzes- oder Verfassungsänderungen – in den Nationalstaaten viel einfacher durchzusetzen sind als auf europäischer Ebene.

Zweitens muss berücksichtigt werden, dass die nicht majoritären Institutionen in den Mitgliedstaaten viel stärker in der politischen Kultur ihres jeweiligen Landes verwurzelt sind, als es Kommission und EuGH jemals sein könnten. Diese Verankerung in den normativen »Selbstverständlichkeiten« und kognitiven Vorverständnissen einer spezifischen nationalen politischen Kultur bewirkt, dass die nationalen Einrichtungen viel weniger Gefahr laufen, bestehende Grundkonsense zu verletzen (Scharpf 2009a: 187). Der EuGH hingegen, dessen Mitglieder sich aus 27 höchst unterschiedlichen politischen Kulturen zusammensetzen, dürfte über weit weniger Gespür für »angemessene« Entscheidungen verfügen. Ähnliches muss wohl auch für die Kommission angenommen werden. Und selbst wenn den Gemeinschaftsorganen klar sein sollte, dass sie in sensible Bereiche eingreifen, und sie daher eine gewisse Zurückhaltung für angemessen halten, dann müsste auch eine entsprechende Bereitschaft vorhanden sein, von der bisherigen Rechtsdogmatik (im Bereich der Grundfreiheiten) abzuweichen. Dass diese Bereitschaft nicht sehr ausgeprägt ist, dürfte im Zuge dieser Untersuchung mehr als deutlich geworden sein. Wenn es aber an dieser Bereitschaft mangelt, dann verfügen die Gemeinschaftsorgane über fast gar keinen Spielraum zur Rücksichtnahme auf nationale Befindlichkeiten.[7] So wurden etwa die Kriterien, wann eine Beschränkung einer Grundfreiheit vorliegt und als gerechtfertigt anerkannt werden kann, vom EuGH derart restriktiv geformt,

7 Vgl. hierzu auch das im vorhergehenden Abschnitt geschilderte dritte Szenario zur Zukunft der Unternehmenskontrolle in der EU. Bereits hier zeigt sich, dass es fraglich ist, inwieweit die bestehenden dogmatischen Instrumente eine Selbstbeschränkung des EuGH überhaupt zulassen.

dass es für viele nationale Beweggründe gar keinen Raum mehr gibt. So ist es für die Mitgliedstaaten fast unmöglich zu beweisen, dass keine Beschränkung vorliegt: Im VW-Gesetz-Fall reichte dem EuGH der Nachweis der Bundesregierung, dass der Handel mit der VW-Aktie durch das Gesetz faktisch gar nicht eingeschränkt wird, nicht aus, da die Möglichkeit einer solchen Beschränkung grundsätzlich nicht ausgeschlossen werden konnte. Unter dieser Maßgabe des Potenziellen ist aber kaum noch ersichtlich, was nicht den Tatbestand einer Beschränkung erfüllt. Ähnliche Probleme stellen sich auch bei der Rechtfertigungsprüfung. Manche nationale Anliegen, wie allgemeine wirtschaftspolitische Ziele oder fiskalische Gründe, vermögen bereits von vornherein keine Beschränkung der Grundfreiheiten zu rechtfertigen. Und sollte das vom Mitgliedstaat vorgebrachte Motiv den Rechtfertigungstest dennoch bestehen, dann müssen die nationalen Verteidiger immer noch nachweisen, dass ihre Regelung geeignet und verhältnismäßig ist. Aber auch hier hat der Gerichtshof den Mitgliedstaaten erhebliche Begründungslasten auferlegt. Größeres Entgegenkommen seitens Kommission und EuGH ist – jedenfalls im Rahmen des etablierten Prüfungsrasters – kaum denkbar.

Solange Kommission und EuGH ihre Möglichkeiten zur Marktschaffung auf Gebieten einsetzen, die politisch unproblematisch sind, werden die Unterschiede, die zwischen den nicht politischen Institutionen auf nationaler und europäischer Ebene bestehen, keine nennenswerten Konflikte und Spannungen erzeugen. Dies ändert sich jedoch, sobald die Gemeinschaftsorgane beginnen, liberalisierend auf solche Politikfelder einzuwirken, in denen weder auf europäischer Ebene noch in den Mitgliedstaaten selbst ein Konsens über das »richtige« Ausmaß an Liberalisierung besteht. Eines dieser Felder ist die in dieser Arbeit behandelte Ausgestaltung der Unternehmenskontrolle, die bis heute von sehr verschiedenen und vehement verteidigten Vorstellungen geprägt ist.[8] In keinem EU-Verfahren, an denen politisch verantwortliche Akteure (das heißt Parlamente und gewählte Regierungsvertreter) mitgewirkt haben, war ein umfassendes, an Marktkriterien ausgerichtetes Modell der Unternehmenskontrolle je durchsetzbar. Wenn Kommission und EuGH nun aber beginnen, sich über diesen fehlenden Konsens erfolgreich hinwegzusetzen, gerät das dahinterstehende Legitimationsmuster an seine Grenzen: Als Verwirklichung eines Allgemeinwillens lässt sich dieses Vorgehen jedenfalls nur noch schwerlich rechtfertigen.

Dieses Problem verschärft sich noch, wenn man bedenkt, dass ein Erfolg der Integration durch Recht kaum noch korrigiert werden kann. All jene, die

8 Andere Beispiele für sensible Bereiche, in denen die Integration durch Recht in den letzten Jahren zunehmend für Liberalisierung gesorgt hat, sind etwa das Streikrecht, die Tarifautonomie oder die wohlfahrtsstaatlichen Systeme (Ferrara 2005; Höpner 2008).

die davon verursachten Kosten zu tragen haben, laufen Gefahr, zu permanenten Verlierern dieser »Fortschritte« zu werden. Dauerhaft Benachteiligte sind aber ein grundlegendes Problem für jedes politische System: Wenn bestimmte Inhalte den demokratischen Verfahren entzogen sind, dann droht die Gefahr, dass jene, die davon negativ betroffen sind, zu Gegnern des Systems selbst werden. Dies ist in der Demokratieforschung schon länger bekannt:

> Revolutions only become necessary because of the fact that a polity has failed to integrate opposition within government, to provide it with an outlet, and to welcome it as an integral part of the political process. (Shapiro 1965: 3)

Sicher, von revolutionären Zuständen sind wir in der EU weit entfernt. Aber sollte die Integration durch Recht ihre Stärke auch weiterhin behalten und sollte die Durchsetzungsfähigkeit marktkorrigierender Politik in der EU auch zukünftig so schwach bleiben, dann droht der EU eine erhebliche, dauerhafte Legitimationskrise und damit eine ungewisse Zukunft (vgl. auch Mair 2007). Aus republikanischer Sicht könnte sich die durch die Integration durch Recht voranschreitende Realisierung des liberalen Ideals eines »market-preserving federalism« folglich als Albtraum für das europäische Integrationsprojekt erweisen.

Interviews

Interviewnummer	Institutionelle Zuordnung
I	EU-Kommission (1)
II	EU-Kommission
III	EU-Kommission (1)
IV	EU-Kommission (1)
V	Bundesregierung
VI	Bundesregierung
VII	Deutschland, Bundesebene
VIII	Niedersächsische Staatskanzlei
IX	Niedersächsische Staatskanzlei
X	Vertretung des Landes Niedersachsen bei der EU
XI	Landtag Niedersachsen
XII	Volkswagen (1)
XIII	Volkswagen, Betriebsrat
XIV	Volkswagen
XV	IG Metall, Wolfsburg
XVI	IG Metall, Vorstand (2)

Institutionelle Zuordnung bedeutet, dass die interviewten Personen zum Zeitpunkt der Auseinandersetzung um das VW-Gesetz dieser Institution zuzurechnen waren. Bis auf die kenntlich gemachten Interviews sind alle Gespräche mit einem Tonband aufgezeichnet worden.

(1) Mitschrift des Interviews sowie im Anschluss angefertigtes Gedächtnisprotokoll; keine Tonbandaufzeichnung.

(2) Telefonisches Interview.

Literatur

Adolff, Johannes, 2002: Turn of the Tide? The »Golden Share« Judgements of the European Court of Justice and Liberalization of the European Capital Markets. In: *German Law Journal* 3, <http://germanlawjournal.com/print.php?id=170>.

Aguilera, Ruth V./Gregory Jackson, 2003: The Cross-National Diversity of Corporate Governance: Dimensions and Determinants. In: *Academy of Management Review* 28, 447–465.

——, 2010: Comparative and International Corporate Governance. In: *The Academy of Management Annals* 4, 485–556.

Alter, Karen J., 1998: Who are the »Masters of the Treaty«? European Governments and the European Court of Justice. In: *International Organization* 52, 121–147.

——, 2001: *Establishing the Supremacy of European Law: The Making of an International Rule of Law in Europe.* Oxford: Oxford University Press.

Alter, Karen J./Jeannette Vargas, 2000: Explaining Variation in the Use of European Litigation Strategies: European Community Law and British Gender Equality Policy. In: *Comparative Political Studies* 33, 452–482.

Andenas, Mads/Tilmann Gütt/Matthias Pannier, 2005: Free Movement of Capital and National Company Law. In: *European Business Law Review* 16, 757–786.

Apeldoorn, Bastiaan van/Laura Horn, 2007: The Marketisation of European Corporate Control: A Critical Political Economy Perspective. In: *New Political Economy* 12, 211–235.

Armbrüster, Christian, 2003: »Golden Shares« und die Grundfreiheiten des EG-Vertrags. In: *Neue Juristische Wochenschrift (NJW)* 56, 224–227.

Armour, John/Wolf-Georg Ringe, 2011: *European Company Law 1999–2010: Renaissance and Crisis.* ECGI Working Paper Series in Law No. 175/2011. Brussels: European Corporate Governance Institute (ECGI).

Bakker, Age F. P., 1996: *The Liberalization of Capital Movements in Europe: The Monetary Committee and Financial Integration 1958–1994.* Dordrecht: Kluwer Academic Publishers.

Barnard, Catherine, 2004: *The Substantive Law of the EU: The Four Freedoms.* Oxford: Oxford University Press.

Beckmann, Martin, 2007: *Das Finanzkapital in der Transformation der europäischen Ökonomie.* Münster: Westfälisches Dampfboot.

Bekkum, Jaron van/Joost Kloosterman/Jaap Winter, 2008: Golden Shares and European Company Law: The Implications of *Volkswagen*. In: *European Company Law* 5, 6–12.

Bellamy, Richard, 2007: *Political Constitutionalism: A Republican Defence of the Constitutionality of Democracy.* Cambridge: Cambridge University Press.

——, 2008: Republicanism, Democracy, and Constitutionalism. In: Cécile Laborde/John Maynor (Hg.), *Republicanism and Political Theory.* Malden: Blackwell, 159–189.

Bellamy, Richard, 2011: Republicanism: Non-domination and the Free State. In: Gerard Delanty/Stephen P. Turner (Hg.), *Routledge International Handbook of Contemporary Social and Political Theory.* London: Routledge, 130–138.

Bennett, Andrew, 2010: Process Tracing and Causal Inference. In: Henry E. Brady/David Collier (Hg.), *Rethinking Social Inquiry: Diverse Tools, Shared Standards.* Lanham: Rowman & Littlefield, 207–220.

Bennett, Andrew/Colin Elman, 2006: Qualitative Research: Recent Developments in Case Study Methods. In: *Annual Review of Political Science* 9, 455–476.

Bieling, Hans-Jürgen/Jochen Steinhilber, 2002: Finanzmarktintegration und Corporate Governance in der Europäischen Union. In: *Zeitschrift für Internationale Beziehungen* 9, 39–74.

Blauberger, Michael, 2009: *Staatliche Beihilfen in Europa: Die Integration der Beihilfenkontrolle in der EU und die Europäisierung der Beihilfepolitik in den neuen Mitgliedstaaten.* Wiesbaden: VS Verlag für Sozialwissenschaften.

——, 2012: With Luxembourg in Mind ... The Remaking of National Policies in the Face of ECJ Jurisprudence. In: *Journal of European Public Policy* 19, 109–126.

Blauberger, Michael/Tilman Krüger/Susanne K. Schmidt, 2012: Die Pfadabhängigkeit internationaler Verrechtlichung: EU und WTO im Vergleich. In: *Zeitschrift für Internationale Beziehungen* 19, 37–63.

Bogdandy, Armin von, 2001: Beobachtungen zur Wissenschaft vom Europarecht: Strukturen, Debatten und Entwicklungsperspektiven der Grundlagenforschung zum Recht der Europäischen Union. In: *Der Staat: Zeitschrift für Staatslehre und Verfassungsgeschichte, deutsches und europäisches Öffentliches Recht* 40, 3–43.

Börzel, Tanja A., 2003: Guarding the Treaty: The Compliance Strategies of the European Commission. In: Tanja A. Börzel/Rachel A. Cichowski (Hg.), *The State of the European Union: Law, Politics, and Society.* Oxford: Oxford University Press, 197–220.

Buchanan, James M., 1990: Europe's Constitutional Opportunity. In: James M. Buchanan et al. (Hg.), *Europe's Constitutional Future.* London: The Institute of Economic Affairs, 1–20.

——, 1995: Federalism as an Ideal Political Order and an Objective for Constitutional Reform. In: *Publius* 25, 19–27.

——, 1995/96: Federalism and Individual Sovereignty. In: *Cato Journal* 15, 259–268.

Burley, Anne-Marie/Walter Mattli, 1993: Europe before the Court: A Political Theory of Legal Integration. In: *International Organization* 47, 41–76.

Callaghan, Helen, 2006: *European Integration and the Clash of Capitalisms: British, French and German Disagreement over Corporate Governance, 1970–2003.* Dissertation. Evanston: Northwestern University.

——, 2011: Constrain-Thy-Neighbor Effects as a Determinant of Transnational Interest Group Cohesion. In: *Comparative Political Studies* 44, 910–931.

Callaghan, Helen/Martin Höpner, 2005: European Integration and the Clash of Capitalisms: Political Cleavages over Takeover Liberalization. In: *Comparative European Politics* 3, 307–332.

Caporaso, James A./Sidney Tarrow, 2009: Polanyi in Brussels: Supranational Institutions and the Transnational Embedding of Markets. In: *International Organization* 63, 593–620.

Cappelletti, Mauro/Monica Seccombe/Joseph H. H. Weiler (Hg.), 1985a: *Integration Through Law: Europe and the American Federal Experience.* Berlin: Walter de Gruyter.

Cappelletti, Mauro/Monica Seccombe/Joseph H. H. Weiler, 1985b: Integration Through Law: Europe and the American Federal Experience. A General Introduction. In: Mauro Cappelletti/Monica Seccombe/Joseph H. H. Weiler (Hg.), *Integration Trough Law: Europe and the American Federal Experience.* Berlin: Walter de Gruyter, 3–68.

Cichowski, Rachel A., 1998: Integrating the Environment: The European Court and the Construction of Supranational Policy. In: *Journal of European Public Policy* 5, 387–405.

——, 2007: *The European Court and Civil Society: Litigation, Mobilization, and Governance.* Cambridge: Cambridge University Press.

Cioffi, John W., 2000: Governing Globalisation? The State, Law, and Structural Change in Corporate Governance. In: *Journal of Law and Society* 27, 572–600.

Conchon, Aline, 2011: *Unternehmensmitbestimmung in Europa: Fakten und Trends zur Rechtslage: Bericht 121.* Brüssel: Europäisches Gewerkschaftsinstitut (ETUI).

Conlon, Thomas, 1975: Industrial Democracy and EEC Company Law: A Review of the Draft Fifth Directive. In: *International and Comparative Law Quarterly* 24, 348–359.

Crouch, Colin, et al., 2005: Dialogue on ›Institutional Complementarity and Political Economy‹. In: *Socio-Economic Review* 3, 359–382.

Danwitz, Thomas von, 1997: Die gemeinschaftsrechtliche Staatshaftung der Mitgliedstaaten: Entwicklung, Stand und Perspektiven der Europäischen Haftung aus Richterhand. In: *DVBl. – Das Deutsche Verwaltungsblatt* 112, 1–10.

Davies, Gareth, 2012: Activism Relocated: The Self-Restraint of the European Court of Justice in Its National Context. In: *Journal of European Public Policy* 19, 76–91.

Demirakou, Maria, 2011: *Europäische Kapitalverkehrsfreiheit und deutsches Aktienrecht.* Frankfurt a.M.: Peter Lang.

Döhn, Lothar, 1998: Liberalismus – Spannungsverhältnis von Freiheit, Gleichheit und Eigentum. In: Franz Neumann (Hg.), *Handbuch Politische Theorien und Ideologien 1.* Opladen: Leske + Budrich, 159–234.

Dombois, Rainer, 2009: Die VW-Affäre – Lehrstück zu den Risiken deutschen Co-Managements? In: *Industrielle Beziehungen* 16, 207–231.

Eckstein, Harry, 1975: Case Study and Theory in Political Science. In: Fred Greenstein/Nelson W. Polsby (Hg.), *Handbook of Political Science.* Reading: Addison-Wesley, 79–137.

Edelmann, Heidrun, 1999: Privatisierung als Sozialpolitik: »Volksaktien« und Volkswagenwerk. In: Gerold Ambrosius (Hg.), *Jahrbuch für Wirtschaftsgeschichte 1999/1: Privates Eigentum – öffentliches Eigentum.* Berlin: Akademie Verlag, 55–72.

Edwards, Vanessa, 2004: The Directive on Takeover Bids – Not Worth the Paper It's Written On? In: *European Company and Financial Law Review (ECFR)* 1, 416–439.

Eilmansberger, Thomas, 1999a: Zur Reichweite der Grundfreiheiten des Binnenmarktes, 1. Teil. In: *Juristische Blätter* 121, 345–367.

——, 1999b: Zur Reichweite der Grundfreiheiten des Binnenmarktes, 2. Teil. In: *Juristische Blätter* 121, 434–453.

Enriques, Luca, 2004: Schweigen ist Gold: Die Europäische Aktiengesellschaft als Katalysator für regulative Arbitrage im Gesellschaftsrecht. In: *Zeitschrift für Unternehmens- und Gesellschaftsrecht (ZGR)* 33, 735–759.

——, 2006: EC Company Law Directives and Regulations: How Trivial Are They? In: *University of Pennsylvania Journal of International Economic Law* 27, 1–78.

Ferrara, Maurizio, 2005: *The Boundaries of Welfare: European Integration and the New Spatial Politics of Social Protection*. Oxford: Oxford University Press.

Flynn, Leo, 2002: Coming of Age: The Free Movement of Capital Case Law, 1993–2002. In: *Common Market Law Review (CML Rev.)* 39, 773–805.

Freudenberg, Tobias, 2008: Machtkampf um VW und das VW-Gesetz. In: *GmbHR – GmbH-Rundschau*, R145-R146.

Gamble, Andrew/Gavin Kelly, 2000: The Politics of the Company. In: John Parkinson/Andrew Gamble/Gavin Kelly (Hg.), *The Political Economy of the Company*. Oxford: Hart Publishing, 21–49.

Garrett, Geoffrey, 1992: International Cooperation and Institutional Choice: The European Community's Internal Market. In: *International Organization* 46, 533–560.

——, 1995: The Politics of Legal Integration in the European Union. In: *International Organization* 49, 171–181.

Garrett, Geoffrey/R. Daniel Kelemen/Heiner Schulz, 1998: The European Court of Justice, National Governments, and Legal Integration in the European Union. In: *International Organization* 52, 149–176.

Genschel, Philipp, 2002: *Steuerwettbewerb und Steuerharmonisierung in der Europäischen Union*. Frankfurt a.M.: Campus.

George, Alexander L., 1979: Case Studies and Theory: The Method of Structured Focused Comparison. In: Paul Larson (Hg.), *Diplomacy: New Approaches to History: Theory and Policy*. New York: Free Press, 43–68.

George, Alexander L./Andrew Bennett, 2005: *Case Studies and Theory Development in the Social Sciences*. Cambridge: MIT Press.

Gerner-Beuerle, Carsten, 2012: Shareholders Between the Market and the State: The VW Law and Other Interventions in the Market Economy. In: *Common Market Law Review (CML Rev.)* 49, 97–144.

Gerring, John, 2004: What Is a Case Study and What Is It Good for? In: *The American Political Science Review* 98, 341–354.

——, 2007: *Case Study Research: Principles and Practices*. Cambridge: Cambridge University Press.

Gerum, Elmar, 1998: Corporate Governance in Europa: Konvergenz trotz Varianz. In: Roland Berger/Ulrich Steger (Hg.), *Auf dem Weg zur Europäischen Unternehmensführung: Ein Lesebuch für Manager und Europäer*. München: Beck, 87–101.

Gilardi, Fabrizio, 2008: *Delegation in the Regulatory State: Independent Regulatory Agencies in Western Europe*. Cheltenham: Edward Elgar.

Gourevitch, Peter A./James Shinn, 2005: *Political Power and Corporate Control: The New Global Politics of Corporate Governance*. Princeton: Princeton University Press.

Grundmann, Stefan, 2004: The Structure of European Company Law: From Crisis to Boom. In: *European Business Organization Law Review* 5, 601–633.

Grundmann, Stefan/Florian Möslein, 2003a: Die Goldene Aktie und der Markt für Unternehmenskontrolle im Rechtsvergleich – insbesondere Staatskontrollrechte, Höchst- und Mehrfachstimmrechte sowie Übernahmeabwehrmaßnahmen. In: *Zeitschrift für Vergleichende Rechtswissenschaft (ZVglRWiss)* 102, 289–345.

Grundmann, Stefan/Florian Möslein, 2003b: Die Goldene Aktie: Staatskontrollrechte in Europarecht und wirtschaftspolitischer Bewertung. In: *Zeitschrift für Unternehmens- und Gesellschaftsrecht (ZGR)* 32, 317–366.

Günther, Klaus, 1992: »Ohne weiteres und ganz automatisch«? Zur Wiederentdeckung der »Privatrechtsgesellschaft«. In: *Rechtshistorisches Journal* 11, 473–500.

Haas, Ernst B., 1958: *The Uniting of Europe: Political, Social and Economic Forces, 1950–1957*. Stanford: Stanford University Press.

——, 1961: International Integration: The European and the Universal Process. In: *International Organization* 15, 366–392.

Haipeter, Thomas, 2000: *Mitbestimmung bei VW: Neue Chancen für die betriebliche Interessenvertretung?* Münster: Westfälisches Dampfboot.

Hall, Peter A., 2008: Systematic Process Analysis: When and How to Use It. In: *European Political Science* 7, 304–317.

Hall, Peter A./Daniel W. Gingerich, 2009: Varieties of Capitalism and Institutional Complementarities in the Political Economy: An Empirical Analysis. In: *British Journal of Political Science* 39, 449–482.

Hall, Peter A./David Soskice, 2001a: An Introduction to Varieties of Capitalism. In: Peter A. Hall/David Soskice (Hg.), *Varieties of Capitalism: The Institutional Foundations of Comparative Advantage*. Oxford: Oxford University Press, 1–71.

—— (Hg.), 2001b: *Varieties of Capitalism: The Institutional Foundations of Comparative Advantage*. Oxford: Oxford University Press.

Haltern, Ulrich, 2005: *Europarecht und das Politische*. Tübingen: Mohr Siebeck.

Hancké, Bob, 2009: *Intelligent Research Design: A Guide for Beginning Researchers in the Social Sciences*. Oxford: Oxford University Press.

Hayek, Friedrich A., [1939]1980: The Economic Conditions of Interstate Federalism. In: Friedrich A. Hayek (Hg.), *Individualism and Economic Order*. Chicago: University of Chicago Press, 255–272.

Hellwig, Martin, 2008: Zur Problematik staatlicher Beschränkungen der Beteiligung und der Einflussnahme von Investoren bei großen Unternehmen. In: *Zeitschrift für das gesamte Handels- und Wirtschaftsrecht (ZHR)* 172, 768–787.

Hilpold, Peter, 2008: Unionsbürgerschaft und Bildungsrechte oder: Der EuGH-Richter als »Künstler«. In: Günter H. Roth/Peter Hilpold (Hg.), *Der EuGH und die Souveränität der Mitgliedstaaten: Eine kritische Analyse richterlicher Rechtsschöpfung auf ausgewählten Rechtsgebieten*. Wien: Linde, 11–53.

Hirschl, Ran, 2004: *Towards Juristocracy: The Origins and Consequences of the New Constitutionalism*. Cambridge, MA: Harvard University Press.

Hoffmann, Stanley, 1964: Europe's Identity Crisis: Between the Past and America. In: *Daedalus* 93, 1244–1297.

——, 1966: Obstinate or Obsolete? The Fate of the Nation-State and the Case of Western Europe. In: *Daedalus* 95, 862–915.

Höpner, Martin, 2003: *Wer beherrscht die Unternehmen? Shareholder Value, Managerherrschaft und Mitbestimmung in Deutschland*. Frankfurt a.M.: Campus.

——, 2004: *Unternehmensmitbestimmung unter Beschuss: Die Mitbestimmungsdebatte im Licht der sozialwissenschaftlichen Forschung*. MPIfG Discussion Paper 04/8. Köln: Max-Planck-Institut für Gesellschaftsforschung.

Höpner, Martin, 2005: What Connects Industrial Relations and Corporate Governance? Explaining Institutional Complementarity. In: *Socio-Economic Review* 3, 331–358.

——, 2008: *Usurpation statt Delegation: Wie der EuGH die Binnenmarktintegration radikalisiert und warum er politischer Kontrolle bedarf.* MPIfG Discussion Paper 08/12. Köln: Max-Planck-Institut für Gesellschaftsforschung.

——, 2011: Der Europäische Gerichtshof als Motor der Integration: Eine akteursbezogene Erklärung. In: *Berliner Journal für Soziologie* 21, 203–229.

Höpner, Martin/Gregory Jackson, 2006: Revisiting the Mannesmann Takeover: How Markets for Corporate Control Emerge. In: *European Management Review* 3, 142–155.

Höpner, Martin, et al., 2011: Liberalisierungspolitik: Eine Bestandsaufnahme des Rückbaus wirtschafts- und sozialpolitischer Interventionen in entwickelten Industrieländern. In: *Kölner Zeitschrift für Soziologie und Sozialpsychologie* 63, 1–32.

Höpner, Martin/Armin Schäfer, 2008a: Eine neue Phase der europäischen Integration: Legitimitätsdefizite europäischer Liberalisierungspolitik. In: Martin Höpner/Armin Schäfer (Hg.), *Die Politische Ökonomie der europäischen Integration.* Frankfurt a.M.: Campus, 129–156.

——, 2008b: Grundzüge einer politökonomischen Perspektive auf die europäische Integration. In: Martin Höpner/Armin Schäfer (Hg.), *Die Politische Ökonomie der europäischen Integration.* Frankfurt a.M.: Campus, 11–45.

——, 2010: *Polanyi in Brussels? Embeddedness and the Three Dimensions of European Economic Integration.* MPIfG Discussion Paper 10/8. Köln: Max-Planck-Institut für Gesellschaftsforschung.

——, 2012: Embeddedness and Regional Integration: Waiting for Polanyi in a Hayekian Setting. In: *International Organization* 66, 429–455.

Höreth, Marcus, 2008: Warum ist der EuGH mächtig? Strategien der Streitschlichtung als »endogener« Erklärungsansatz. In: *Zeitschrift für Politikwissenschaft* 18, 233–255.

Hummer, Waldemar/Christoph Vedder, 2005: *Europarecht in Fällen: Die Rechtsprechung des EuGH, des EuG und deutscher und österreichischer Gerichte.* 4., neubearb. u. aktual. Aufl. Baden-Baden: Nomos.

Jackson, Gregory/Richard Deeg, 2006: *How Many Varieties of Capitalism? Comparing the Comparative Institutional Analyses of Capitalist Diversity.* MPIfG Discussion Paper 06/2. Köln: Max-Planck-Institut für Gesellschaftsforschung.

Jordana, Jacint/David Levi-Faur/Xavier Fernández i Marín, 2011: The Global Diffusion of Regulatory Agencies: Channels of Transfer and Stages of Diffusion. In: *Comparative Political Studies* 44, 1343–1369.

Jürgens, Ulrich, 2002: *Corporate Governance, Innovation, and Economic Performance: A Case Study on Volkswagen.* Veröffentlichungsreihe der Abteilung Regulierung von Arbeit des Forschungsschwerpunkts Technik-Arbeit-Umwelt des Wissenschaftszentrum Berlin für Sozialforschung, FS II 02–205. Berlin: Wissenschaftszentrum Berlin für Sozialforschung (WZB).

——, 2005: Corporate Governance – Anwendungsfelder und Entwicklungen. In: Gunnar Folke Schuppert (Hg.), *Governance-Forschung: Vergewisserung über Stand und Entwicklungslinien.* Baden-Baden: Nomos, 47–71.

——, 2008: Corporate Governance: Eine kritische Rekonstruktion der Grundlagen, Anwendungen und Entwicklungen aus soziologischer Sicht. In: Andrea Maurer/Uwe Schimank

(Hg.), *Die Gesellschaft der Unternehmen – Die Unternehmen der Gesellschaft: Gesellschaftstheoretische Zugänge zum Wirtschaftsgeschehen.* Wiesbaden: VS Verlag für Sozialwissenschaften, 105–123.

Jürgens, Ulrich, et al., 2002: The Arrival of Shareholder Value in the European Auto Industry: A Case Study Comparison of Four Car Makers. In: *Competition and Change* 6, 61–80.

Kelemen, R. Daniel, 2006: Suing for Europe: Adversarial Legalism and European Governance. In: *Comparative Political Studies* 39, 101–127.

Keller, Berndt/Frank Werner, 2009: Arbeitnehmerbeteiligung in der Europäischen Aktiengesellschaft (SE) – Empirische Befunde und (un-)erwartete Konsequenzen. In: *WSI-Mitteilungen* 62, 416–424.

Kiemel, Wolfgang, 2003: Der Kapital- und Zahlungsverkehr. In: Hans von der Groeben/Jürgen Schwarze (Hg.), *Vertrag über die Europäische Union und Vertrag zur Gründung der Europäischen Gemeinschaft: Kommentar.* Baden-Baden: Nomos, 1706–1794.

Kilian, Wolfgang, 2007: Vereinbarkeit des VW-Gesetzes mit Europarecht. In: *Neue Juristische Wochenschrift (NJW)* 60, 3469–3471.

Kingreen, Thorsten, 2003: Grundfreiheiten. In: Armin von Bogdandy (Hg.), *Europäisches Verfassungsrecht: Theoretische und dogmatische Grundzüge.* Berlin: Springer, 631–681.

Klages, Philipp, 2010: *Wirtschaftliche Interessen und juristische Ideen: Die Entwicklung des Aktienrechts in Deutschland und den USA.* Frankfurt a.M.: Campus.

Knudsen, Jette Steen, 2005: Is the Single European Market an Illusion? Obstacles to Reform of EU Takeover Regulation. In: *European Law Journal* 11, 507–524.

Koch, Günther, 1987: *Arbeitnehmer steuern mit: Belegschaftsvertretung bei VW ab 1945.* Köln: Bund.

Krause, Hartmut, 2002: Von »goldenen Aktien«, dem VW-Gesetz und der Übernahmerichtlinie. In: *Neue Juristische Wochenschrift (NJW)* 55, 2747–2752.

Kronenberger, Vincent, 2003: The Rise of the ›Golden‹ Age of Free Movement of Capital: A Comment on the Golden Shares Judgments of the Court of Justice of the European Communities. In: *European Business Organization Law Review* 4, 115–136.

Lambrecht, Philippe, 2002: The 13th Directive on Takeover Bids – Formation and Principles. In: Guido Ferrarini/Klaus J. Hopt/Eddy Wymeersch (Hg.), *Capital Markets in the Age of the Euro.* The Hague: Kluwer Law International, 441–465.

Lane, Christel, 2003: Changes in Corporate Governance of German Corporations: Convergence to the Anglo-American Model? In: *Competition and Change* 7, 79–100.

Lannoo, Karel, 1999: A European Perspective on Corporate Governance. In: *Journal of Common Market Studies* 37, 269–294.

Lannoo, Karel/Arman Khachaturyan, 2004: Reform of Corporate Governance in the EU. In: *European Business Organization Law Review* 5, 37–60.

Llanque, Marcus, 2003: Der Republikanismus: Geschichte und Bedeutung einer politischen Theorie. In: *Berliner Debatte Initial* 14, 3–15.

Mair, Peter, 2007: Political Opposition and the European Union. In: *Government and Opposition* 42, 1–17.

Majone, Giandomenico, 2001: Nonmajoritarian Institutions and the Limits of Democratic Governance: A Political Transaction-Cost Approach. In: *Journal of Institutional and Theoretical Economics* 157, 57–78.

Manne, Henry G., 1965: Mergers and the Market for Corporate Control. In: *Journal of Political Economy* 73, 110–120.

Mattli, Walter/Anne-Marie Slaughter, 1998: Revisiting the European Court of Justice. In: *International Organization* 52, 177–209.

Mayntz, Renate, 2004: Mechanisms in the Analysis of Social Macro-Phenomena. In: *Philosophy of the Social Sciences* 34, 237–259.

Mestmäcker, Ernst-Joachim, [1989]1993: Der Kampf ums Recht in der offenen Gesellschaft. In: Ernst-Joachim Mestmäcker (Hg.), *Recht in der offenen Gesellschaft: Hamburger Beiträge zum deutschen, europäischen und internationalen Wirtschafts- und Medienrecht.* Baden-Baden: Nomos, 11–25.

——, [1991]1993: Die Wiederkehr der bürgerlichen Gesellschaft und ihres Rechts. In: Ernst-Joachim Mestmäcker (Hg.), *Recht in der offenen Gesellschaft: Hamburger Beiträge zum deutschen, europäischen und internationalen Wirtschafts- und Medienrecht.* Baden-Baden: Nomos, 60–73.

——, 1994: Zur Wirtschaftsverfassung in der Europäischen Union. In: Rolf H. Hasse/Josef Molsberger/Christian Watrin (Hg.), *Ordnung in Freiheit: Festgabe für Hans Willgerodt zum 70. Geburtstag.* Stuttgart: Fischer, 263–293.

——, 2007: Europäische Prüfsteine der Herrschaft und des Rechts. In: *ORDO – Jahrbuch für die Ordnung von Wirtschaft und Gesellschaft* 58, 3–16.

Mohamed, Sideek, 1999: *European Community Law on the Free Movement of Capital and the EMU.* Dordrecht: Kluwer Law International.

Moravcsik, Andrew, 1993: Preferences and Power in the European Community: A Liberal Intergovernmentalist Approach. In: *Journal of Common Market Studies* 31, 473–524.

——, 1998: *The Choice for Europe: Social Purpose and State Power from Messina to Maastricht.* Ithaca: Cornell University Press.

——, 2002: In Defence of the ›Democratic Deficit‹: Reassessing Legitimacy in the European Union. In: *Journal of Common Market Studies* 40, 603–624.

Morin, Francois, 2000: A Transformation in the French Model of Shareholding and Management. In: *Economy and Society* 29, 36–53.

Möslein, Florian, 2007: Kapitalverkehrsfreiheit und Gesellschaftsrecht. In: *ZIP: Zeitschrift für Wirtschaftsrecht* 27, 208–215.

Müller-Michaels, 2010: Keine Wende bei Golden Shares und Kapitalverkehrsfreiheit. In: *Betriebs-Berater (BB)* 20, 2395–2396.

Nicolaysen, Rainer, 2002: *Der lange Weg zur VolkswagenStiftung: Eine Gründungsgeschichte im Spannungsfeld von Politik, Wirtschaft und Wissenschaft.* Göttingen: Vandenhoeck & Ruprecht.

Nölke, Andreas, 2005: Supranationalismus. In: Hans-Jürgen Bieling/Marika Lerch (Hg.), *Theorien der europäischen Integration.* Wiesbaden: VS Verlag für Sozialwissenschaften, 145–168.

O'Grady Putek, Christine, 2004: Limited but Not Lost: A Comment on the ECJ's Golden Share Decisions. In: *Fordham Law Review* 72, 2219–2285.

Oliver, Peter/Jean-Pierre Baché, 1989: Free Movement of Capital between the Member States: Recent Developments. In: *Common Market Law Review (CML Rev.)* 26, 61–81.

Oliver, Peter/Wulf-Henning Roth, 2004: The Internal Market and the Four Freedoms. In: *Common Market Law Review (CML Rev.)* 41, 407–441.

Pettit, Philip, 1999: *Republicanism: A Theory of Freedom and Government.* Oxford: Oxford University Press.

Pierson, Paul, 1996: The Path to European Integration: A Historical Institutionalist Analysis. In: *Comparative Political Studies* 29, 123–163.

Pießkalla, Michael, 2007: Beschränkung des freien Kapitalverkehrs und der Niederlassungsfreiheit durch das VW-Gesetz. In: *Europäische Zeitschrift für Wirtschaftsrecht (EuZW)* 18, 697–703.

Pläster, Sebastian, 2008: Nach VW und Golden Shares VII: Ein Krake namens Kapitalverkehrsfreiheit? In: *Europäisches Wirtschafts- und Steuerrecht (EWS)* 18, 173–180.

Pollack, Mark A., 1997: Delegation, Agency, and Agenda Setting in the European Community. In: *International Organization* 51, 99–134.

——, 2003: *The Engines of European Integration: Delegation, Agency, and Agenda Setting in the EU.* Oxford: Oxford University Press.

Polster, Werner/Klaus Voy, 1995: Öffnung der Märkte, Kooperation, Institutionalisierung: Zur Geschichte der europäischen Währungsintegration. In: Claus Thomasberger (Hg.), *Europäische Geldpolitik zwischen Marktzwängen und neuen institutionellen Regelungen.* Marburg: Metropolis, 23–72.

Rapaport, Orit/David Levi-Faur/Dan Miodownik, 2009: The Puzzle of the Diffusion of Central-Bank Independence Reforms: Insights from an Agent-Based Simulation. In: *The Policy Studies Journal* 37, 695–716.

Rhodes, Martin/Bastiaan van Apeldoorn, 1998: Capital Unbound? The Transformation of European Corporate Governance. In: *Journal of European Public Policy* 5, 406–427.

Rickford, Jonathan, 2009: Free Movement of Capital and Protectionism after Volkswagen and Viking Line. In: Michel Tison et al. (Hg.), *Perspectives in Company Law and Financial Regulation.* Cambridge: Cambridge University Press, 61–90.

Ringe, Wolf-Georg, 2008a: *Company Law and Free Movement of Capital: Nothing Escapes the ECJ?* Oxford Legal Research Paper No 42/2008. Oxford: University of Oxford.

——, 2008b: Nichts ist vor ihm sicher? Allgemeines Gesellschaftsrecht im Visier des EuGH. Untersuchungen zum Anwendungsbereich der Kapitalverkehrsfreiheit. In: Harald Baum et al. (Hg.), *Perspektiven des Wirtschaftsrechts: Deutsches, europäisches und internationales Handels-, Gesellschafts- und Kapitalmarktrecht.* Berlin: De Gruyter Recht, 217–236.

——, 2008c: The Volkswagen Case and the European Court of Justice. In: *Common Market Law Review (CML Rev.)* 45, 537–544.

Roe, Mark J., 2003: *Political Determinants of Corporate Governance: Political Context, Corporate Impact.* Oxford: Oxford University Press.

Roth, Günter H., 2008: Gesellschaftsrecht: Briefkastengründungen und Golden Shares. In: Günter H. Roth/Peter Hilpold (Hg.), *Der EuGH und die Souveränität der Mitgliedstaaten: Eine kritische Analyse richterlicher Rechtsschöpfung auf ausgewählten Rechtsgebieten.* Wien: Linde, 427–479.

Roth, Günter H./Peter Hilpold (Hg.), 2008: *Der EuGH und die Souveränität der Mitgliedstaaten: Eine kritische Analyse richterlicher Rechtsschöpfung auf ausgewählten Rechtsgebieten.* Wien: Linde.

Ruge, Reinhard, 2002: Goldene Aktien und EG-Recht. In: *Europäische Zeitschrift für Wirtschaftsrecht (EuZW)* 13, 421–424.

Rühland, Philipp, 2008: Die Rechtsprechung des EuGH zu Golden Shares und der Markt für Unternehmenskontrolle. In: Harald Baum et al. (Hg.), *Perspektiven des Wirtschaftsrechts: Deutsches, europäisches und internationales Handels-, Gesellschafts- und Kapitalmarktrecht.* Berlin: De Gruyter Recht, 501–520.

Sander, Florian, 2005: Volkswagen vor dem EuGH – der Schutzbereich der Kapitalverkehrsfreiheit am Scheideweg. In: *Europäische Zeitschrift für Wirtschaftsrecht (EuZW)* 16, 106–109.

Schäfer, Armin, 2006: A New Form of Governance? Comparing the Open Method of Coordination to Multilateral Surveillance by the IMF and the OECD. In: *Journal of European Public Policy* 13, 70–88.

Schäfer, Armin/Simone Leiber, 2009: The Double Voluntarism in EU Social Dialogue and Employment Policy. In: Sandra Kröger (Hg.), *What We Have Learnt: Advances, Pitfalls and Remaining Questions of OMC Research.* European Integration online Papers, Special Issue 1, Vol. 13, Art. 9.

Schäfer, Armin/Wolfgang Streeck, 2008: Korporatismus in der Europäischen Union. In: Martin Höpner/Armin Schäfer (Hg.), *Die Politische Ökonomie der europäischen Integration.* Frankfurt a.M.: Campus, 203–240.

Scharpf, Fritz W., 1999: *Regieren in Europa: Effektiv und demokratisch?* Frankfurt a.M.: Campus.

——, 2000: *Interaktionsformen: Akteurzentrierter Institutionalismus in der Politikforschung.* Opladen: Leske + Budrich.

——, 2001: Notes Toward a Theory of Multilevel Governing in Europe. In: *Scandinavian Political Studies* 24, 1–26.

——, 2006: The Joint-Decision Trap Revisited. In: *Journal of Common Market Studies* 44, 845–864.

——, 2008: Individualrechte gegen nationale Solidarität. In: Martin Höpner/Armin Schäfer (Hg.), *Die Politische Ökonomie der europäischen Integration.* Frankfurt a.M.: Campus, 89–99.

——, 2009a: Legitimacy in the Multilevel European Polity. In: *European Political Science Review* 1, 173–204.

——, 2009b: Legitimität im europäischen Mehrebenensystem. In: *Leviathan* 37, 244–280.

——, 2010: The Asymmetry of European Integration, or Why the EU Cannot Be a ›Social Market Economy‹. In: *Socio-Economic Review* 8, 211–250.

Schmidt, Reinhard H., 2006: *Stakeholderorientierung, Systemhaftigkeit und Stabilität der Corporate Governance in Deutschland.* Finance and Accounting Working Paper 162. Frankfurt a.M.: Goethe-Universität Frankfurt am Main.

Schmidt, Susanne K., 1998: *Liberalisierung in Europa: Die Rolle der Europäischen Kommission.* Frankfurt a.M.: Campus.

——, 2000: Only an Agenda Setter? The European Commission's Power over the Council of Ministers. In: *European Union Politics* 1, 37–61.

——, 2008: Europäische Integration zwischen judikativer und legislativer Politik. In: Martin Höpner/Armin Schäfer (Hg.), *Die Politische Ökonomie der europäischen Integration.* Frankfurt a.M.: Campus, 101–127.

Seawright, Jason/John Gerring, 2008: Case Selection Techniques in Case Study Research: A Menu of Qualitative and Quantitative Options. In: *Political Research Quarterly* 61, 294–308.

Seibert, Ulrich, 1994: *Die kleine AG: Leitfaden zur Aktienrechtsderegulierung*. 1. Auflage. Köln: Verlag Kommunikationsforum Recht.

Shapiro, Leonard, 1965: Foreword. In: *Government and Opposition* 1, 1–6.

Sick, Sebastian/Lasse Pütz, 2011: Der deutschen Unternehmensmitbestimmung entzogen: Die Zahl der Unternehmen mit ausländischer Rechtsform wächst. In: *WSI-Mitteilungen* 64, 34–40.

Siragusa, Mario, 1995: Privatization and EC Competition Law. In: *Fordham International Law Journal* 19, 999–1110.

Sjöberg, Ola, 2009: Corporate Governance and Earnings Inequality in the OECD Countries 1979–2000. In: *European Sociological Review* 25, 519–533.

Skog, Rolf, 2002: The Takeover Directive – an endless Saga? In: *European Business Law Review* 13, 301–312.

Slaughter, Anne-Marie/Alec Stone Sweet/Joseph H. H. Weiler (Hg.), 1998: *The European Court and the National Courts – Doctrine and Jurisprudence: Legal Change in Its Social Context*. Oxford: Hart Publishing.

Somek, Alexander, 2008: Das europäische Sozialmodell: Diskriminierungsschutz und Wettbewerb. In: *Juridicum* 3, 118–125.

Sorge, Arndt, 2006: Mitbestimmung für die Europäische Aktiengesellschaft: Nützliche Lehren aus mehr als dreißig Jahren Seifenoper. In: Jens Beckert et al. (Hg.), *Transformationen des Kapitalismus: Festschrift für Wolfgang Streeck zum sechzigsten Geburtstag*. Frankfurt a.M.: Campus, 249–271.

Speidel, Frederic, 2005: *Mitbestimmte versus managementbestimmte Globalisierung in der Automobilindustrie: Ein Vergleich der Internationalisierungsstrategien und ihrer Verarbeitungen durch die Akteure der industriellen Beziehungen am Beispiel VWs und Renaults*. Mering: Rainer Hampp Verlag.

Spindler, Gerald, 2003: Deutsches Gesellschaftsrecht in der Zange zwischen Inspire Art und Golden Shares? In: *Recht der Internationalen Wirtschaft (RIW)* 49, 850–858.

Stein, Eric, 1981: Lawyers, Judges, and the Making of a Transnational Constitution. In: *The American Journal of International Law* 75, 1–27.

Stone Sweet, Alec, 2003: European Integration and the Legal System. In: Tanja A. Börzel/ Rachel A. Cichowski (Hg.), *The State of the European Union: Law, Politics, and Society*. Oxford: Oxford University Press, 18–47.

——, 2004: *The Judicial Construction of Europe*. Oxford: Oxford University Press.

——, 2010: The European Court of Justice and the Judicialization of EU Governance. In: *Living Reviews in European Governance* 5, 5–50.

Stone Sweet, Alec/Thomas L. Brunell, 1998: Constructing a Supranational Constitution: Dispute Resolution and Governance in the European Community. In: *American Political Science Review* 92, 63–81.

Stone Sweet, Alec/Wayne Sandholtz, 1997: European Integration and Supranational Governance. In: *Journal of European Public Policy* 4, 297–317.

Story, Jonathan/Ingo Walter, 1997: *Political Economy of Financial Integration in Europe: The Battle of the Systems*. Manchester: Manchester University Press.

Streeck, Wolfgang, 1984: *Industrial Relations in West Germany: A Case Study of the Car Industry*. London: Heinemann.

Streeck, Wolfgang, 1997: Industrial Citizenship under Regime Competition: The Case of the European Works Councils. In: *Journal of European Public Policy* 4, 643–664.

——, 2001a: Introduction: Explorations into the Origins of Nonliberal Capitalism in Germany and Japan. In: Wolfgang Streeck/Kozo Yamamura (Hg.), *The Origins of Nonliberal Capitalism: Germany and Japan in Comparison.* Ithaca: Cornell University Press, 1–38.

——, 2001b: *The Transformation of Corporate Organization in Europe: An Overview.* MPIfG Working Paper 01/8. Köln: Max-Planck-Institut für Gesellschaftsforschung.

Streeck, Wolfgang/Martin Höpner, 2003: Einleitung: Alle Macht dem Markt? In: Wolfgang Streeck/Martin Höpner (Hg.), *Alle Macht dem Markt? Fallstudien zur Abwicklung der Deutschland AG.* Frankfurt a.M.: Campus, 11–59.

Streeck, Wolfgang/Philippe C. Schmitter, 1991: From National Corporatism to Transnational Pluralism: Organized Interests in the Single European Market. In: *Politics and Society* 19, 133–164.

Streinz, Rudolf/Stefan Leible, 2000: Die unmittelbare Drittwirkung der Grundfreiheiten. In: *Europäische Zeitschrift für Wirtschaftsrecht (EuZW)* 11, 459–467.

Szyszczak, Erika, 2002: Golden Shares and Market Governance. In: *Legal Issues of Economic Integration* 29, 255–284.

Tansey, Oisín, 2007: Process Tracing and Elite Interviewing: A Case for Non-probability Sampling. In: *Political Science and Politics* 40, 765–772.

Teichmann, Christoph, 2003: The European Company – A Challenge to Academics, Legislatures and Practitioners. In: *German Law Journal* 4, 309–331.

Teichmann, Christoph/Elisabeth Heise, 2007: Das VW-Urteil des EuGH und seine Folgen. In: *Betriebs-Berater (BB)* 17, 2577–2582.

Timmermans, Christian, 1991: Methods and Tools for Integration. In: Richard M. Buxbaum et al. (Hg.), *European Business Law: Legal and Economic Analyses on Integration and Harmonization.* Berlin: Walter de Gruyter, 129–148.

Verhoeven, Amaryllis, 1996: Privatisation and EC Law: Is the European Commission »Neutral« with Respect to Public versus Private Ownership of Companies? In: *The International and Comparative Law Quarterly* 45, 861–887.

Verse, Dirk A., 2008: Das VW-Urteil und seine Folgen. In: *Zeitschrift für Gemeinschaftsprivatrecht (GPR)* 5, 31–38.

Vitols, Sigurt, 2001: Varieties of Corporate Governance: Comparing Germany and the UK. In: Peter A. Hall/David Soskice (Hg.), *Varieties of Capitalism: The Institutional Foundations of Comparative Advantage.* Oxford: Oxford University Press, 337–360.

——, 2004: Negotiated Shareholder Value: The German Variant of an Anglo-American Practice. In: *Competition and Change* 8, 357–374.

Vossestein, Gert-Jan, 2008: Volkswagen: The State of Affairs of Golden Shares, General Company Law and European Free Movement of Capital. In: *European Company and Financial Law Review (ECFR)* 5, 115–133.

Walter, Konrad, 2009: *Rechtsfortbildung durch den EuGH: Eine rechtsmethodische Untersuchung ausgehend von der deutschen und französischen Methodenlehre.* Berlin: Duncker & Humblot.

Weiler, Joseph H. H., 1981: The Community System: The Dual Character of Supranationalism. In: *Yearbook of European Law* 1, 267–306.

——, 1991: The Transformation of Europe. In: *The Yale Law Journal* 100, 2403–2483.

Weiler, Joseph H. H., 1994: A Quiet Revolution: The European Court of Justice and its Interlocutors. In: *Comparative Political Studies* 26, 510–534.

Weingast, Barry R., 1995: The Economic Role of Political Institutions: Market-Preserving Federalism and Economic Development. In: *Journal of Law, Economics, and Organization* 11, 1–31.

Weiss, Michael, 2008a: *Goldene Aktien im Lichte der Rechtsprechung des EuGH: Unter besonderer Berücksichtigung des harmonisierten Übernahmerechts*. Baden-Baden: Nomos.

——, 2008b: Staatlicher Schutz vor Investitionen nach dem Urteil zum VW-Gesetz. In: *Europäisches Wirtschafts- und Steuerrecht (EWS)* 19, 13–21.

Wellige, Kristian, 2003: Weg mit dem VW-Gesetz! In: *Europäische Zeitschrift für Wirtschaftsrecht (EuZW)* 14, 427–434.

Windolf, Paul, 1994: Die neuen Eigentümer: Eine Analyse des Marktes für Unternehmenskontrolle. In: *Zeitschrift für Soziologie* 23, 79–92.

Wouters, Jan, 2000: European Company Law: Quo Vadis? In: *Common Market Law Review (CML Rev.)* 37, 257–307.

Ziltener, Patrick, 1999: *Strukturwandel der europäischen Integration: Die Europäische Union und die Veränderung von Staatlichkeit*. Münster: Westfälisches Dampfboot.

Zumbansen, Peer/Daniel Saam, 2007: The ECJ, Volkswagen and European Corporate Law: Reshaping the European Varieties of Capitalism. In: *German Law Journal* 8, 1027–1051.

Renate Mayntz
Über Governance
Institutionen und Prozesse politischer Regelung
2009. 171 Seiten

Renate Mayntz
Sozialwissenschaftliches Erklären
Probleme der Theoriebildung und Methodologie
2009. 182 Seiten

Fritz W. Scharpf
Föderalismusreform
Kein Ausweg aus der Politikverflechtungsfalle?
2009. 174 Seiten

Marius R. Busemeyer
Wandel trotz Reformstau
Die Politik der beruflichen Bildung seit 1970
2009. 252 Seiten

Christine Trampusch
Der erschöpfte Sozialstaat
Transformation eines Politikfeldes
2009. 268 Seiten

Saskia Freye
Führungswechsel
Die Wirtschaftselite und das Ende der Deutschland AG
2009. 227 Seiten

Fritz W. Scharpf
Community and Autonomy
Institutions, Policies and Legitimacy in Multilevel Europe
2010. 391 Seiten

Birgit Apitzsch
Flexible Beschäftigung, neue Abhängigkeiten
Projektarbeitsmärkte und ihre Auswirkungen auf Lebensverläufe
2010. 256 Seiten

Sascha Münnich
Interessen und Ideen
Die Entstehung der Arbeitslosenversicherung in Deutschland und den USA
2010. 436 Seiten

Philipp Klages
Wirtschaftliche Interessen und juristische Ideen
Die Entwicklung des Aktienrechts in Deutschland und den USA
2010. 216 Seiten

Mark Lutter
Märkte für Träume
Die Soziologie des Lottospiels
2010. 296 Seiten

Ulrich Dolata
Wandel durch Technik
Eine Theorie soziotechnischer Transformation
2011. 171 Seiten

Britta Rehder
Rechtsprechung als Politik
Der Beitrag des Bundesarbeitsgerichts zur Entwicklung der Arbeitsbeziehungen in Deutschland
2011. 400 Seiten

Renate Mayntz (ed.)
Crisis and Control
Institutional Change in Financial Market Regulation
2012. 299 Seiten

Dominic Akyel
Die Ökonomisierung der Pietät
Der Wandel des Bestattungsmarkts in Deutschland
2013. 239 Seiten

Daniel Seikel
Der Kampf um öffentlich-rechtliche Banken
Wie die Europäische Kommission Liberalisierung durchsetzt
2013. 259 Seiten

Tobias ten Brink
Chinas Kapitalismus
Entstehung, Verlauf, Paradoxien
2013. 372 Seiten